秦汉史论丛续编

廖伯源 著

中华书局

图书在版编目(CIP)数据

秦汉史论丛续编/廖伯源著. —北京:中华书局,2018.8
ISBN 978-7-101-13303-5

Ⅰ.秦⋯　Ⅱ.廖⋯　Ⅲ.中国历史-秦汉时代-文集
Ⅳ.K232.07-53

中国版本图书馆 CIP 数据核字(2018)第 126944 号

书　　名	秦汉史论丛续编
著　　者	廖伯源
责任编辑	樊玉兰
出版发行	中华书局 (北京市丰台区太平桥西里38号　100073) http://www.zhbc.com.cn E-mail:zhbc@zhbc.com.cn
印　　刷	北京瑞古冠中印刷厂
版　　次	2018 年 8 月北京第 1 版 2018 年 8 月北京第 1 次印刷
规　　格	开本/710×1000 毫米　1/16 印张 18½　插页 2　字数 250 千字
印　　数	1—2000 册
国际书号	ISBN 978-7-101-13303-5
定　　价	65.00 元

目 录

序 言 ………………………………………………………………… 1

第一部分　论汉光武帝

一　论汉代徙置边疆民族于塞内之政策 ……………………………… 3
二　论汉廷与匈奴关系之财务问题 …………………………………… 35
三　论光武帝定都洛阳 ………………………………………………… 51
四　楚王英案考论 ……………………………………………………… 75
五　试论光武帝之统御术 ……………………………………………… 107
六　试论光武帝用人政策之若干问题 ………………………………… 137

第二部分　张家山汉简考释及其他

七　辨"真二千石"为"二千石"之别名 …………………………… 169
八　汉初之二千石官 …………………………………………………… 181
九　汉初郡长吏杂考 …………………………………………………… 193
十　汉初县吏之秩阶及其任命 ………………………………………… 215
十一　鄼侯国及雍县考 ………………………………………………… 235
十二　汉代郡县乡亭之等级 …………………………………………… 247
十三　汉代县丞尉职掌杂考 …………………………………………… 261

征引文献 ………………………………………………………………… 275

序　言

本书文章十三篇,讨论秦汉史之问题,今结集出版,名之曰《秦汉史论丛续编》。盖前在中华书局出版论文集《秦汉史论丛(增订本)》,本书继其余绪,亦交中华书局出版,因名"续编"。本书文章大致可分为二类,其一讨论汉光武帝之生平、性格、治术、政策及其政策措施对东汉政治之影响。其二为利用"张家山汉简"之资料讨论秦汉之历史与官制。其初立意就"光武帝研究"与"张家山汉简研究"各写一本专书,唯积稿不足,难于独立成书,今年老力衰,恐难再有所发明,故合存稿集成此书。今稍述各篇文章之大意,以为本书之序言。

一　论汉代徙置边疆民族于塞内之政策

从汉景帝时代开始,汉朝政府间中安置归附之边疆民族于塞内缘边诸郡。境外之蛮夷成为境内之居民,盖有二途:其一,汉开拓疆土,新开疆土之原住蛮夷亦成郡县之百姓,如汉开金城、武威、张掖、酒泉、敦煌等郡,原居其地之羌、氐、匈奴。其二,境外蛮夷来降,汉廷徙置于塞内。东汉徙南匈奴于西河、朔方、五原、上郡、云中诸郡,其事最为明显。

大量外族徙入北边、西北边诸郡,造成此地原来之居民外移,纳税服役之户口大减。此地诸郡东汉之户口约为西汉户口之一半,甚至有少至5%以下者。如西河郡东汉户口为西汉户口之百分比,户数为4.18%,口数为4.13%。此区域诸郡所领县数从西汉之五百六十七县减为三百九十二县,大减三成。

徙戎入塞造成东汉中期以后北边、西边国界之内移。凉州、三辅、并州及幽州居民之经济活动从农业为主转变为畜牧业为主,大量农田转变为畜牧之草场。

入居塞内之游牧民族仍聚族而居,其内部之政治社会组织不变,其酋长仍领治其民,甚至保持武力。在汉族皇朝强盛之时,塞内之游牧民族受朝廷所置官员之监督,助汉守边。在中国内乱,皇纲不振之时,政府统治力量衰弱,汉人如一盘散沙。其时最有力量者,反是在塞内之匈奴、羌、鲜卑诸族,在其酋长领导之下,逐鹿中原,遂成五胡乱华之局。

二　论汉廷与匈奴关系之财务问题

游牧民族与农耕民族之经济条件与生产品性质不同,若同为一国,由国家调节其彼此之盈余不足与需求,互通有无,自可两蒙其利。若两者为相邻之两国,于古代除非一国臣服于对方,否则两国必互为敌国,难有和平。盖游牧民族以牲畜为财富与主要食物来源;大风雪、大旱、瘟疫等自然灾害之侵袭,牲畜于短期间大量死亡,饥荒随之而至。若得不到相邻之农耕社会之救助,游牧民族常向农耕社会入侵,抢掠其粮食物产。由于游牧民族经济上对农耕社会之依赖,无论游牧民族与农耕民族之关系为敌对或和平,农耕民族皆必须付予游牧民族粮食物资。付予之形式或为游牧民族入寇掠夺,或为农耕民族之君主给予游牧民族赏赐。国史中原皇朝与北方游牧民族之关系常如此。

汉廷与匈奴之关系,除武帝时长期征伐匈奴,北逐匈奴于漠北,匈奴无力入边侵盗外;无论汉匈和亲,或匈奴于塞外称臣,或南匈奴为东汉帝国内之属国,汉廷皆得付出金钱物资。和亲期间,匈奴于穷急时常来寇盗劫掠,此为汉廷被动付予金钱物资之方式。匈奴于塞外称臣或于塞内为属国,汉廷皆主动付予金钱物资:大量赏赐之,于其灾困之时,转输米粮以救济之。盖游牧经济依赖农耕社会之救济,不得不然。征伐匈奴固不必付予匈奴金钱物资,然战争之费用太昂,远过于任何方式之付费以维持与匈奴之和平关系。故武帝以后汉廷与匈奴关系之发展,在形势容许之下,汉廷不采战争之手段,光武帝且徙置南匈奴于塞内。汉代"徙戎入塞"有财政原因。

三 论光武帝定都洛阳

西汉都长安,以关中为帝国之中枢及根本之地,又徙天下豪强、吏二千石以实三辅,经营关中二百余年。然光武中兴,不沿西汉之旧,而别建新都于河南之洛阳。其原因如下:

其一,光武不都长安而都洛阳,盖关中生产之粮食不能支持帝国之首都,必须每年自东方转漕数百万石粮食入关,耗费极大。

其二,西汉后期,谶纬已有洛阳位于天下之中,乃是帝都之说。光武信奉图谶,此说必影响光武定都洛阳之决定。

其三,光武与群雄争天下时,以河北、三河为后方,则光武以洛阳为首都,是建都于后方。

其四,光武性格平实,少远大空泛之志,但求安稳无事。其选洛阳为都,盖居于内部中心之地,较为安全。且光武既无西向拓地之心,亦无必要都关中。

东汉以洛阳为帝国之首都,本文论其影响如下:

关中地区之衰落。西汉关中为全国政治重心地区,亦为经济文化发达地区。光武定都洛阳,政治中心东移,三辅户口大减,羌戎入侵。东汉后期,三辅之居民,"华夷居半",三辅实成边郡。而朝廷无向外拓地之企图,官员则"徙民逃寇",东汉后期,对并州、凉州之统治力,已非常弱。

光武都洛阳,远离边塞,已有放弃西域之意。不欲耗费,经营万里之外无用之地。东汉与西域之关系,基本上是放任不理,断绝不通。

四 楚王英案考论

东汉明帝永平十三年(70),楚王英谋反案发,王废,国除。楚王英为明帝异母兄,明帝对此案兴大狱,治狱官员承风旨,深文穷究,牵连甚广,"所连及死徙者数千人"。今考楚王英之罪名,是招聚奸猾(养宾客之贬语),造作图谶,及擅封爵拜官。按前二者甚为空泛,若皇帝及考治其事者心胸稍为广大,顾忌稍少,此类罪名可作其他解释而不必认定为谋逆。至于擅封爵拜官,于史书中全无佐证。前光武帝之易皇后更立太子,造成明帝与郭皇后所出之诸兄弟间有心结,关系紧张,楚王英势力最孤,明帝穷究楚王英案,盖治英狱较不伤其他兄弟之感情,又可收杀鸡儆猴之效。

五 试论光武帝之统御术

光武自谓欲以柔道理天下,盖其性格柔和,又采道家阴柔之术为其处世哲学。揆诸中兴史事,光武之所谓柔道,对己则屈己隐忍,对人则容忍小失,善待安抚,外示宽厚温和,终至天下归心。

然光武亦采用监军制度、人质制度控制麾下诸将。对出征之将领及边郡长吏,光武或留其妻子亲属于洛阳,或以任子之方式使其子弟任职京师,以羁縻之。益有甚者,光武对在外征战之将领,常以诏敕指挥其用兵,遥控于万里之外,亦可见光武猜忌,凡事亲自掌握之性格。

既战胜而天下平定,然数以百万计之降卒如何处置?军队如何复员?此关系成败至重之大事,王夫之以东汉史家不言而责其"无意于天下之略"。今考其事。光武之安置降卒,初期用以为兵,稍后所降太多,则以将军领之屯田于内郡，以军法部勒；盖不敢遣散，恐其又复为寇。及天下渐次平定，则以赋闲之将军领其部曲为郡太守。军队固着于郡，给养容易，稍后令其分批复员，和缓遣散数百万兵卒，消弭危机于无形，此亦可见光武之所谓柔道。

六　试论光武帝用人政策之若干问题

在范晔以前，已有议者谓光武不任功臣以职事；范晔《后汉书》亦持此说。今统计光武前后期三公、九卿及郡国守相中功臣之百分比，最少为21.7%，而高者竟达60%；又以云台功臣为例，三十二名云台功臣，至建武十三年初尚存者十九人。此十九人中，在建武十三年后不任官职者仅五人，其任职者之比例为73.7%。则光武不任功臣以职事之说，似可商榷。

至于谓光武偏用南阳人，则无论从统计数字或从功臣事迹观察，皆可肯定此说。

七　辨"真二千石"为"二千石"之别名

汉代史料有"真二千石"之名目，注释家如淳、颜师古、司马贞等及若干当代学者皆以为汉官秩有"真二千石"之秩级。杜佑则谓二千石"亦曰真二千石"。今考辨汉代并无官员之秩级为真二千石，真二千石为二千石之别名。

八　汉初之二千石官

《张家山汉墓竹简》有《二年律令》。《二年律令》之《秩律》明定百官秩级，其中所载官名、秩级与《汉书·百官公卿表》相异之处甚多。推测《二年律令·秩律》所载应是汉初朝廷命官之秩级，《百官公卿表》所载当是武帝太初元年以后之汉官制。考释两者之不同，当可推论汉初之官制及其后之变化。此文仅考释二千石官。

九　汉初郡长吏杂考

《张家山汉墓竹简·二年律令·秩律》所载朝廷任命之郡长吏，除《汉书·百官公卿表》及《后汉书·续百官志》所载之郡太守、郡都尉、太守丞、都尉丞外，尚有郡发弩令、司空令、轻车令、郡候、郡骑千人、郡司马、郡骑司马、卒长、塞尉、城尉等，又各有丞。是汉初朝廷任命之郡长吏，其官职与员额较之传统所知者，多出甚多；《秩律》所多出之郡长吏，全是武吏。推测为战国至秦时之建置，战国时武力争霸，各郡皆置郡兵，各有军吏若干。及秦统一，为镇压天下，且祚短，未遑改作。汉承秦制，《秩律》所载郡府之军官，盖战国秦制之遗迹。及文、景、武承平，渐裁省郡兵及军官，以后演变形成《百官表》及《续志》所述之郡府官制。

十　汉初县吏之秩阶及其任命

汉代县廷官吏分为长吏与少吏二类。长吏为朝廷任命之官员，所谓朝廷命官是也，有县令、长（侯国相）、丞、尉，秩二百石以上。少吏则长吏所自辟除，秩百石以下，为长吏之属吏，县廷之诸曹掾史及乡亭吏皆是。此传统所知之汉县官制。

《张家山汉墓竹简·二年律令·秩律》所载诸官吏，秩最低者百廿石。按吏秩百石以下，长吏得自辟除，不必上请。吏秩高过百石者，长吏得上书朝廷，批准乃得任用。则秩百廿石以上吏，皆朝廷所任命。本文考《秩律》所载县属吏，即乡部、田部、司空、"传、马、候、厩"，及"仓、库、少内、校长、髳长"等官，乃日后县廷诸曹掾史及乡亭吏，《秩律》载其秩高者二百五十石，其次二百石、百六十石，最低者百廿石。则汉初县廷诸属吏及乡亭吏之秩高者，皆朝廷所任命。

县属吏为郡县长吏自行辟除，此实西汉中叶以后形成之制度。汉朝初年之制度：县廷各分职部门之主管官吏，乃至乡、亭之主吏，皆由朝廷任命。

朝廷任命郡县吏之员额众多,任命必趋向依赖郡县长吏之推荐。其任命之程序,逐渐形成郡太守提名推荐,朝廷核准,颁布任命之诏令。后又以用人得经朝廷核准同意,手续烦琐,渐不复上请,而径以百石之秩任用,盖郡县长吏得自辟除百石以下属吏。郡太守乃自除郡属吏及诸县之有秩,放任县令长自除其余之县属吏。此所以史书所见郡县属吏秩最高不过百石。

汉初官吏,秩百石以下为少吏,百廿石以上为长吏。其后郡县属吏自辟除,皆百石以下,不复有秩百廿石及百六十石之官。长吏最低之秩乃定为比二百石。

此汉代地方官制之重大转变,传世文献不言,因张家山汉简之出土而显露。

十一　酂侯国及雍县考

《张家山汉墓竹简·二年律令·秩律》所列高后二年汉廷直辖之诸县名,其中有"䧳"县(见本书第 246 页,附录一)。释文释此字为"雎",释文【注释】谓此字即"酂"字,酂县即酂县,属沛郡。按《秩律》别有沛郡之酂县,《秩律》中同一县不应重出,䧳县不得为酂县。今据简文图片之字,又从《秩律》之前后文意及相关之历史背景,辨证"䧳"为内史之雍县。

高祖封萧何为酂侯。酂侯国所在,魏晋以下有二说,一谓属沛郡,一谓属南阳郡;二者证据皆不足下定论。《秩律》有酂、赞二县,得以证明酂属沛郡说。

十二　汉代郡县乡亭之等级

汉初郡不分等,郡守、尉皆秩二千石,与内史秩相同,亦与九卿同。其后京兆尹、左冯翊、右扶风三辅为畿郡,其长官亦称九卿;一般郡太守治行优异,为天下最者,乃入长三辅,然三辅长官与一般郡太守皆秩二千石。武帝征伐匈奴,边郡有万骑太守,秩中二千石。元帝以十二万户郡为大郡,大郡太守秩中二千石。成帝省万骑太守、大郡太守秩,其后郡太守皆秩二千石。

又据《秩律》,汉初高后时诸县分为五等。各等之长吏秩分别为:(一)县令秩各千石,丞、尉各四百石。(二)县令秩各八百石,丞、尉者半之。(三)县令秩各六百石,有丞、尉者半之。(四)县长秩各五百石,丞、尉三百石。(五)县长秩各三百石,丞、尉者二百石。

《汉书·百官公卿表》载西汉县令秩千石、八百石、六百石,县长秩五百石、四百石、三百石,而分汉县为六等。"成帝阳朔二年除八百石、五百石秩。"则汉县尚有县令秩千石、六百石,县长秩四百石、三百石凡四等。

西汉后期县主吏称令者甚少,为长者则甚多;与《秩律》所显示汉初县主吏多为令,为长者极少,刚好相反。或可据此谓汉初至西汉末二百年之发展,诸县主吏之秩位渐趋低落,为数不少县之主吏从县令降级为县长。

汉初乡之等级分为二等,依县令、长之秩级而分。县令秩千石至六百石,其县之乡部主吏秩二百石,此为一级。县长秩五百石至三百石,其乡部主吏秩百六十石,此为第二级。汉初乡部主吏秩在百石以上,须上请朝廷任命,其后乡部吏皆秩百石以下,由郡县长吏自辟除。

传世文献述汉乡亦分大小。五千户以上为大乡,郡为置乡有秩,五千户以下为小乡,县为置乡啬夫;乡有秩或乡啬夫为乡主管吏,管一乡之事。唯五千户之大乡极少,故乡置啬夫为通制。

汉初亭部亦分二等。《睡虎地云梦秦简》及《张家山汉墓竹简》所载亭部之校长即传世文献之亭长。《张家山汉墓竹简·二年律令·秩律》载县吏有校长,校长有秩百六十石、秩百廿石二等,故汉初之亭部可分二等。汉初校长秩百石以上,亦须上请朝廷任命。

十三　汉代县丞尉职掌杂考

《汉书·百官公卿表》不言县丞、尉之职掌;《后汉书·续百官志》本注谓县"丞署文书,典知仓狱。尉主盗贼"(志28/3623)。汉县丞、尉之职掌,文献资料极少。《尹湾汉墓简牍·东海郡下辖长吏不在署、未到官者名籍》有二十二条记录东海郡下辖长吏出外勤。外出公干之长吏,其官职为县长侯国相三人,县丞十三人(其中一人为县狱丞),县尉六人(其中一人以县尉守县丞事),显示县长吏职务之分工:县令长相为主吏,负责一县之行政,除特别事项外,俱坐镇县内。县廷之重要外出勤务,不便委托掾史者,由县丞、尉任其事,遣县丞主持者为多,遣县尉者次之。县丞、尉外出公干之任务可分三类:一为输钱都内:大司农属官有都内令,都内乃京师之国库,地方政府之盈余,输入都内。地方官署之经费,亦由都内调钱挹注,故地方政府输钱都内,不一定输往京师,亦可输往都内指定之官署,如输钱齐服官者是。二为送徒边郡:刑徒解边服刑,罚戍送边为卒。又移民边郡者,亦由县丞、尉护送。三为购买运输物资。又县为皇太后、皇后、公主食邑者称邑,邑丞得到京师向邑主上邑计。此项职掌为邑丞所独有,与一般县佐官无涉。

第一部分

论汉光武帝

一　论汉代徙置边疆民族
　　于塞内之政策

（一）汉代徙置降胡于塞内之事例

汉代徙置内附之边疆民族于塞内，其事始见于汉景帝时①，徙西羌研种于陇西郡之狄道、安故、临洮、氐道、羌道诸县。《后汉书·西羌传》曰：

---

① 汉代史籍有所谓"保塞蛮夷"。《史记·孝文本纪》谓文帝三年六月，诏遣匈奴"右贤王离其国，将众居河南降地，非常故，往来近塞，捕杀吏卒，驱保塞蛮夷，令不得居其故，陵轹边吏"（10/425。本书引用正史均为中华书局点校本，下文不复赘言）。《汉书·匈奴传》述此事同，唯谓匈奴"往来入塞，捕杀吏卒，驱侵上郡保塞蛮夷"。师古注曰："保塞蛮夷，谓本来属汉而居边塞自保守。"（94上/3756）所谓"保塞蛮夷"，盖指降附汉廷之蛮夷，居于边塞附近，依塞自保，亦助汉守边塞。宣帝甘露元年匈奴呼韩邪单于降汉后，史书言及匈奴，常称匈奴保塞。匈奴自称为汉保塞。如《汉书·匈奴传》竟宁元年，单于"上书愿保塞上谷以西至敦煌"（94下/3803）。汉人则谓匈奴"保塞为藩"，如《汉书·匈奴传》（94下/3801）。《息夫躬传》作"保塞称蕃"（45/2183）。"蕃"当作"藩"。《王莽传》：莽谓匈奴"保塞守徼"（99中/4121）。《后汉书·南匈奴传》谓匈奴呼韩邪、郅支"各遣侍子称藩保塞"（89/2946）。言及其他降附之蛮夷，亦谓其保塞。如《后汉书·乌桓传》："宣帝时，（乌桓）乃稍保塞降附。"（90/2981）《后汉书·窦融传》："保塞羌胡皆震服亲附。"（23/797）《后汉书·耿国传》：光武帝立南单于，"由是乌桓、鲜卑（转下页）

> 景帝时,研种留何率种人求守陇西塞,于是徙留何等于狄道、安故、至临洮、氐道、羌道县。(87/2876)注曰:"五县并属陇西郡。"(87/2877)

武帝时及以后,其事渐多。如《汉书·武帝纪》曰:

> (元狩二年)秋,匈奴昆邪王杀休屠王,并将其众合四万余人来降,置五属国以处之。以其地为武威、酒泉郡。(6/176)

《史记·卫将军骠骑列传》详此事曰:

> 浑邪王与休屠王等谋欲降汉……降者数万,号称十万……减陇西、北地、上郡戍卒之半,以宽天下之繇。居顷之,乃分徙降者边五郡故塞外,而皆在河南。因其故俗,为属国。(111/2933—2934)

所谓五郡,《史记正义》谓"陇西、北地、上郡、朔方、云中,并是故塞外"。又曰:"以降来之民徙置五郡,各依本国之俗而属于汉,故言'属国'也。"(111/2934)上引文言徙降者于"故塞外",今论述汉徙置外族降者于塞内之措施与政策,为免误解,先解释之。

所谓"故塞",秦始皇使蒙恬北驱匈奴之前,秦与匈奴之边界在黄河之南,是为故塞。及"蒙恬将十万之众北击胡,悉收河南地。因河为塞,筑四十四县城临河,徙适戍以充之"(《史记·匈奴列传》110/2886)。因河为塞者为"新塞"。其后秦亡,中国乱,匈奴又南返,及于故塞。《史记·匈奴列传》曰:

> (秦始皇时,)匈奴单于曰头曼,头曼不胜秦,北徙。十余年而蒙恬死,诸侯畔秦,中国扰乱,诸秦所徙适戍边者皆复去,于是匈奴得宽,复稍

(接上页)保塞自守,北虏远遁,中国少事"(19/716)。保塞蛮夷不必居于塞内,居于塞外近边亦得称之。如西汉宣帝时,呼韩邪单于降后,其所部居于塞外。《后汉书·马防传》:"建初二年,金城、陇西保塞羌皆反。"注曰:"羌,东吾烧当之后也,以其父滇吾降汉,乃入居塞内,故称保塞。"(24/855—856)注似谓入居塞内乃得称保塞,恐过泥。部分"保塞蛮夷"居于塞内,或其原居该地,及其地置郡县,其人乃成为朝廷治下之民。或其原居塞外,朝廷许其徙入塞内。其事乃北边各国为拓地安边之措施,在战国时代或已有之。徙蛮夷于塞内不必始于汉朝。

度河南与中国界于故塞。(110/2887—2888)

又曰：

> 冒顿……南并楼烦、白羊河南王。悉复收秦所使蒙恬所夺匈奴地者，与汉关故河南塞，至朝那、肤施，遂侵燕、代。(110/2890)

汉初匈奴强盛，汉匈奴之边界大致在安定郡之朝那(N35°55′ E106°30′)、上郡之肤施(N38° E109°40′)、雁门郡之楼烦(N39°12′ E112°15′)、雁门郡之武州塞①(N40° E112°45′)一线。直到武帝征伐匈奴，收复河南地，元朔二年，汉匈边界又北推回秦时蒙恬所筑边塞。《史记·匈奴列传》：

> 卫青复出云中以西至陇西，击胡之楼烦、白羊王于河南……于是汉遂取河南地，筑朔方，复缮故秦时蒙恬所为塞，因河为固。汉亦弃上谷之什辟县造阳地以予胡。是岁，汉之元朔二年也。(110/2906)

武帝元光二年始，改对匈奴之守势，主动出击匈奴。至元朔二年，匈奴已退出河南地，北遁河北乃至阴山之北。汉乃于元朔二年"收河南地，置朔方、五原郡"(《汉书·武帝纪》6/170)。元狩二年秋，匈奴浑邪王降汉。稍后武帝安置浑邪王之降众于"边五郡故塞外，而皆在河南"，其时汉匈以河为边塞，河南地已在汉之控制之下，"故塞外"之河南地为塞内之地矣。

武帝时，开拓湟中等地，居住于其地之月氏胡成为塞内之民。《后汉书·西羌传》曰：

> 湟中月氏胡……依诸羌居止，遂与共婚姻。及骠骑将军霍去病破匈奴，取西河地，开湟中，于是月氏来降，与汉人错居。虽依附县官，而首施两端……其大种有七，胜兵合九千余人，分在湟中及令居。又数百户在张掖，号曰义从胡。(87/2899)

---

① 《史记·匈奴列传》：武帝元光二年，汉使人与匈奴交市，"详为卖马邑城以诱单于。单于信之，而贪马邑财物，乃以十万骑入武州塞。汉伏兵三十余万马邑旁"(110/2905)。是武州为汉之"故塞"。

按霍去病取西河地在武帝元狩二年①。新拓地有羌胡,与安置降胡于塞内类似,因附述之。及宣帝时,平定反叛之西羌,置属国以安置之,其事亦类似。《汉书·宣帝纪》曰:

> (神爵元年)西羌反……遣后将军赵充国、强弩将军许延寿击西羌……二年……夏五月,羌虏降服……置金城属国以处降羌。(8/260—262)

《后汉书·西羌传》:"(论曰)先零侵境,赵充国迁之内地。"(87/2901)盖指此事而言②。

稍后宣帝于五凤三年(前55),又置西河属国与北地属国,以安置来降之匈奴部落。《汉书·宣帝纪》曰:宣帝五凤二年,"冬十一月,匈奴呼邀累单于帅众来降,封为列侯"。三年,"置西河、北地属国以处匈奴降者"(8/266—267)。据《汉书·地理志》:西河郡美稷县,本注曰:"属国都尉治。"(28下/1618)盖西河属国都尉治所在美稷县。北地属国都尉无考③。

光武中兴,沿袭西京徙置降胡于塞内之政策,且扩大其事。今述乌桓与南匈奴之徙置事以见之。

汉武帝于元狩四年之后,徙置乌桓于塞外缘边之地。《后汉书·乌桓传》曰:

> 武帝遣骠骑将军霍去病击破匈奴左地,因徙乌桓于上谷、渔阳、右北平、辽西、辽东五郡塞外,为汉侦察匈奴动静。其大人岁一朝见,于是始置护乌桓校尉,秩二千石④,拥节监领之,使不得与匈奴交通。

---

① 见《汉书·武帝纪》(6/176)及《卫青霍去病传》(55/2479—2481)。
② 《后汉书·西羌传》注曰:"宣帝时,后将军赵充国击先零,还,于金城郡置属国,以处降羌。"(87/2901)
③ 《汉书·地理志》"北地郡"条,本文及本注皆不见属国都尉。富平县,本注曰:"北部都尉治神泉障。浑怀都尉治塞外浑怀障。莽曰特武。"(28下/1616)此浑怀都尉或是北地属国都尉。然此仅是推估之辞。
④ 护乌桓校尉秩比二千石,见《后汉书·续百官志》志(28/3626)。此处谓"秩二千石",盖泛称。

(90/2981)

按骠骑将军霍去病于元狩四年夏击破匈奴左地①,当在稍后安置乌桓于五郡塞外。武帝徙置乌桓,其目的为以夷制夷,使其"侦察匈奴动静",又恐乌桓与匈奴联合寇边,乃置护乌桓校尉以监领之,"使不得与匈奴交通"。其时乌桓居于汉之塞外。

王莽时,欲击匈奴,"使东域将严尤领乌桓、丁令兵屯代郡,皆质其妻子于郡县,乌桓不便水土……遂自亡畔"(《后汉书·乌桓传》90/2981)。是王莽时曾短期徙置部分乌桓于塞内。

东汉建武二十五年,辽西乌桓大人郝旦等率众朝贡,光武帝乃徙置乌桓于塞内,复置护乌桓校尉以监领之。《后汉书·乌桓传》曰:

> 乌桓或愿留宿卫,于是封其渠帅为侯王君长者八十一人,皆居塞内,布于缘边诸郡,令招来种人,给其衣食,遂为汉侦候,助击匈奴、鲜卑。时司徒掾班彪上言:"乌桓天性轻黠,好为寇贼,若久放纵而无总领者,必复侵掠居人,但委主降掾史,恐非所能制。臣愚以为宜复置乌桓校尉,诚有益于附集,省国家之边虑。"帝从之。于是始复置校尉于上谷宁城,开营府,并领鲜卑,赏赐质子,岁时互市焉。(90/2982)

在光武复置护乌桓校尉之前,居于缘边诸郡之乌桓人,由"主降掾史"领其事;主降掾史盖边郡太守之属吏,以事临时加置者。班彪上言以为其职低权轻,不能制服乌桓,建议恢复西汉旧制,复置护乌桓校尉。光武从之。护乌桓校尉置幕府于上谷郡之宁县②,领兵监护居于塞内之乌桓,及塞外之鲜卑。

西汉安置降附之匈奴部落入居塞内,上文所举诸例可见之。然不置匈奴单于廷于塞内。宣帝助匈奴呼韩邪单于对抗郅支单于,受其降,然仅听单

---

① 参见《史记·卫将军骠骑列传》(111/2936—2937)、《汉书·武帝纪》(6/178)、《汉书·卫青霍去病传》(55/2486—2487)。
② 《后汉书·续郡国志》"上谷郡"(志23/3528)。

于居于塞外近边①,亦不徙其领辖之部落入居塞内。光武帝则内徙南匈奴单于于云中、西河等边郡之内。《后汉书·南匈奴传》曰:

> (建武)二十六年,遣中郎将段郴、副校尉王郁使南单于,立其庭,去五原西部塞八十里……郴等反命,诏乃听南单于入居云中。……(冬,北单于南下,)南单于遣兵拒之,逆战不利。于是复诏单于徙居西河美稷,因使中郎将段郴及副校尉王郁留西河拥护之,为设官府、从事、掾史。令西河长史岁将骑二千,弛刑五百人,助中郎将卫护单于,冬屯夏罢。自后以为常。(89/2943—2945)

此后至汉末,南单于廷皆在西河郡之美稷县。

南单于廷既移入塞内,其所领匈奴诸部亦分别安置于缘北边诸郡。《后汉书·南匈奴传》曰:

> 南单于既居西河,亦列置诸部王,助为扞戍。使韩氏骨都侯屯北地,右贤王屯朔方,当于骨都侯屯五原,呼衍骨都侯屯云中,郎氏骨都侯屯定襄,左南将军屯雁门,栗籍骨都侯屯代郡,皆领部众为郡县侦罗耳目。(89/2945)

其后北匈奴诸部投降,亦安置于塞内。请见下例:

《后汉书·南匈奴传》曰:"(元和)二年正月,北匈奴大人车利、涿兵等亡来入塞,凡七十三辈。"(89/2950)

《后汉书·南匈奴传》曰:"章和元年,鲜卑入左地击北匈奴,大破之……北庭大乱,屈兰、储卑、胡都须等五十八部,口二十万,胜兵八千人,诣云中、五原、朔方、北地降。"(89/2951)

---

① 《汉书·匈奴传》:宣帝甘露三年,呼韩邪单于来朝,"留月余,遣归国。单于自请愿留居光禄塞下,有急保汉受降城。汉遣长乐卫尉高昌侯董忠、车骑都尉韩昌将骑万六千,又发边郡士马以千数,送单于出朔方鸡鹿塞。诏忠等留卫单于,助诛不服,又转边谷米糒,前后三万四千斛,给赡其食"(94下/3798)。其后,"单于足以自卫,不畏郅支……竟北归庭,人众稍稍归之,国中遂定"(94下/3801)。

南匈奴居塞内久，对塞外民族之入侵，亦依靠汉之障塞为保护。《后汉书·南匈奴传》曰：

> 先是朔方以西障塞多不修复，鲜卑因此数寇南部，杀渐将王。（匈奴有左右渐将王。）单于忧恐，上言求复障塞，顺帝从之。乃遣黎阳营兵出屯中山北界，增置缘边诸郡兵，列屯塞下，教习战射。（89/2959—2960）

南匈奴单于请求修复障塞以御鲜卑。此条最可见匈奴居于塞内。

汉献帝时，南匈奴单于廷又南移至河东郡平阳县。今辨之如下：

《后汉书·南匈奴传》：单于羌渠死后，其子右贤王於扶罗立为单于。匈奴国人之杀单于羌渠者不奉於扶罗，别立须卜骨都侯为单于。"於扶罗诣阙自讼。会灵帝崩，天下大乱，（於扶罗）单于将数千骑与白波贼合兵寇河内诸郡。"（89/2965）於扶罗不得归国，驻止于河东郡，兴平二年死，其弟呼厨泉立为单于。"以兄被逐，不得归国。"此所谓归国者，归旧南单于廷西河美稷也。"建安元年，献帝自长安东归，右贤王去卑与白波贼帅韩暹等侍卫天子"，"还洛阳，又徙迁许，然后归国"。注曰："谓归河东平阳也。"（89/2965—2966）盖献帝自长安东归，道经河东，呼厨泉单于乃使其右贤王去卑侍卫天子。去卑与白波贼帅同往，盖自灵帝崩后，於扶罗单于已与白波贼合流，至呼厨泉单于时仍与白波贼结合。

位于西河美稷之南单于廷则灵帝中平六年后不复置单于。盖"须卜骨都侯为单于一年而死"，其后，虚单于之位，"以老王行国事"（89/2965）。於扶罗单于与呼厨泉单于皆居于河东平阳，则南单于廷移至河东平阳。

建安二十一年，呼厨泉单于朝天子于许，曹操因留之于邺。而遣去卑归监国。注曰："留呼厨泉于邺，而遣去卑归平阳，监其五国。"（89/2966）

所谓"五部国"，盖曹操分匈奴为五部。《晋书·北狄·匈奴传》曰：

> 建安中，魏武帝始分其众为五部，部立其中贵者为帅，选汉人为司马以监督之。魏末，复改帅为都尉。其左部都尉所统可万余落，居于太

原故兹氏县;右部都尉可六千余落,居祁县;南部都尉可三千余落,居蒲子县;北部都尉可四千余落,居新兴县;中部都尉可六千余落,居大陵县。(97/2548)

五部所在诸县皆在今山西省,其中蒲子、兹氏、祁、大陵皆在山西省南部,太原以南;新兴地望最北,亦在五台山之南。单于廷所在之平阳则在最南边。

东汉初,金城、陇西、汉阳、安定、武都等西北诸郡皆有诸种羌。建武九年,班彪建议承西汉之旧制,"凉州部置护羌校尉",光武从之。护羌校尉职掌领护诸羌,东汉护羌校尉可考者凡二十二任①。东汉徙置诸种羌,其事例见于《后汉书·西羌传》:

(建武)十一年夏,先零种复寇临洮,陇西太守马援破降之。后悉归服,徙置天水、陇西、扶风三郡。(87/2878)

"(光武中元元年,烧当羌大豪滇吾寇陇西塞。永平元年,汉兵)击滇吾于西邯,大破之……滇吾远引去,余众散降,徙七千口置三辅。"后滇吾降。滇吾死,"滇吾子东吾立,以父降汉,乃入居塞内……而诸弟迷吾等数为寇盗"。(87/2880—2881)

(章帝时,迷吾与诸种羌数反。迷吾子迷唐,与烧何、当煎、当阗等诸种羌相结,居大、小榆谷,人众甚盛。和帝永元九年,)迷唐率八千人寇陇西……乘胜深入,胁塞内诸种羌共为寇盗,众羌复悉与相应,合步骑三万人,击破陇西兵……(汉大发兵,四面并会,大败叛羌。十年,)诸种颇来内附。迷唐恐,乃请降……其余种人不满二千,饥窘不立,入居金城。和帝令迷唐将其种人还大、小榆谷……十二年,遂复背叛……(十三年,汉兵三万人出塞讨迷唐。)羌众折伤,种人瓦解,降者六千余口,分徙汉阳、安定、陇西。(87/2881—2884)

---

①见廖伯源:《使者与官制演变——秦汉皇帝使者考论》卷十一第四节,台北,文津出版社,2006年。

诸种羌原已多居于塞内,及其反叛,汉廷东向徙置其种,三辅本西汉京畿之地,东汉徙羌入三辅,羌族之居住地更向东发展。

汉代居于塞内之蛮夷,有原居于汉疆域之内者,如陇西、天水、武都、广汉诸郡山谷中,原有羌族居住。此外,境外之蛮夷成为境内之居民,盖有二途:其一,汉开拓疆土,新开疆土之原住蛮夷亦成郡县之百姓,如汉开金城、武威、张掖、酒泉、敦煌等郡,原居其地之羌、氐、匈奴。其二,境外蛮夷来降,汉廷徙置于塞内郡县,东汉徙南匈奴于西河、朔方、五原、上郡、云中诸郡,其事最为明显。

(二)汉代徙置降胡于塞内之若干后果

汉代徙置降胡于塞内,牵涉到徙置民族及徙置地原住民之数百万人口之生活,国家之边防,是重大事件,其后果必然是多方面。本文仅考察下列数问题。

1.北边及西北边诸郡户口大减。

《汉书·地理志》载西汉元始二年各郡国之户口数及全国户口总数;《后汉书·续郡国志》载东汉永和五年各郡国之户口数及全国户口总数。比较两《志》,可知北边及西北边诸郡(东汉之司隶校尉部、并州刺史部、凉州刺史部及幽州刺史部)之户口数,东汉较西汉大减。今先列表以见之:

两汉北边、西北边诸郡户口数及其比较表

西汉元始二年(2),全国总户数 12,233,062 户,总口数 59,594,978 口。
东汉永和五年(140),全国总户数 9,698,630 户,总口数 49,150,220 口。
东汉全国总户数是西汉全国总户数之 79.28%。
东汉全国总口数是西汉全国总口数之 82.47%。

郡名及刺史部	西汉户数 西汉口数	东汉户数 东汉口数	西汉户数占全国总户数百分比 西汉口数占全国总口数百分比	东汉户数占全国总户数百分比 东汉口数占全国总口数百分比	东汉户数是西汉户数之百分比 东汉口数是西汉口数之百分比
京兆尹	195,702 682,468	53,299 285,574	1.600% 1.145%	0.550% 0.581%	27.23% 41.84%
左冯翊	235,101 917,822	37,090 145,195	1.922% 1.540%	0.382% 0.295%	15.78% 15.81%
右扶风	216,377 836,070	17,352 93,091	1.769% 1.403%	0.179% 0.189%	8.02% 11.13%
弘农	118,091 475,954	46,815 199,113	0.965% 0.799%	0.483% 0.405%	39.64% 41.83%
河东	235,896 962,912	93,543 570,803	1.937% 1.616%	0.964% 1.161%	39.65% 59.28%
河内	241,246 1,067,097	159,770 801,558	1.972% 1.791%	1.647% 1.631%	66.22% 75.12%
河南	276,444 1,740,279	208,486 1,010,827	2.260% 2.920%	2.150% 2.057%	75.41% 58.08%
司隶校尉部	1,518,857 6,682,602	616,355 3,106,161	12.412% 11.213%	6.355% 6.32%	40.58% 46.48%
武都	51,376 235,560	20,102 81,728	0.420% 0.395%	0.207% 0.166%	39.13% 34.7%
陇西	53,964 236,824	5,628 29,637	0.441% 0.397%	0.058% 0.060%	10.43% 12.51%
金城	38,470 149,648	3,858 18,947	0.314% 0.251%	0.040% 0.039%	10.03% 12.66%
天水（汉阳）	60,370 261,348	27,423 130,138	0.493% 0.439%	0.283% 0.265%	45.42% 49.79%
武威	17,581 76,419	10,042 34,226	0.144% 0.128%	0.104% 0.070%	57.12% 44.79%
张掖	24,352 88,731	6,552 26,040	0.199% 0.149%	0.068% 0.053%	26.91% 29.35%
酒泉	18,137 76,726	12,706※	0.148% 0.129%	0.131%	70.06%
敦煌	11,200 38,335	748★ 29,170	0.092% 0.064%	0.008% 0.059%	6.68% 76.09%

续表

郡名及刺史部	西汉户数 西汉口数	东汉户数 东汉口数	西汉户数占全国总户数百分比 西汉口数占全国总口数百分比	东汉户数占全国总户数百分比 东汉口数占全国总口数百分比	东汉户数是西汉户数之百分比 东汉口数是西汉口数之百分比
安定	42,725 143,294	6,094 29,060	0.349% 0.240%	0.063% 0.059%	14.26% 20.27%
北地	64,461 210,688	3,122 18,637	0.527% 0.354%	0.032% 0.038%	4.84% 8.88%
张掖属国		4,656 16,952		0.048% 0.034%	
张掖居延属国		1,560 4,733		0.016% 0.010%	
凉州刺史部	382,636 1,517,573	100,691 419,268	3.128% 2.546%	1.038% 0.853%	26.32% 27.63%
上郡	103,683 606,658	5,169 28,599	0.848% 1.018%	0.053% 0.058%	4.99% 6.36%
西河	136,390 698,836	5,698 28,838	1.115% 1.173%	0.059% 0.059%	4.18% 4.13%
朔方	34,338 136,628	1,987 7,843	0.281% 0.229%	0.020% 0.016%	5.79% 5.74%
五原	39,322 231,328	4,667 22,957	0.321% 0.388%	0.048% 0.047%	11.87% 9.92%
云中	38,303 173,270	5,351 26,430	0.313% 0.291%	0.055% 0.054%	13.97% 15.25%
定襄	38,559 163,144	3,153 13,571	0.315% 0.274%	0.033% 0.028%	8.18% 8.32%
雁门	73,138 293,454	31,862 249,000	0.598% 0.492%	0.329% 0.507%	43.56% 84.85%
太原	169,863 680,488	30,902 200,124	1.389% 1.142%	0.319% 0.407%	18.19% 29.41%
上党	73,798 337,776	26,222 127,403	0.603% 0.567%	0.270% 0.259%	35.53% 37.72%
并州刺史部	707,394 3,321,582	115,011 704,765	5.783% 5.574%	1.186% 1.434%	16.26% 21.22%

续表

郡名及刺史部	西汉户数 西汉口数	东汉户数 东汉口数	西汉户数占全国总户数百分比 西汉口数占全国总口数百分比	东汉户数占全国总户数百分比 东汉口数占全国总口数百分比	东汉户数是西汉户数之百分比 东汉口数是西汉口数之百分比
代郡	56,771 278,754	20,123 126,188	0.464% 0.468%	0.207% 0.257%	35.45% 45.27%
上谷	36,008 117,762	10,352 51,204	0.294% 0.198%	0.107% 0.104%	28.75% 43.48%
渔阳	68,802 264,116	68,456 435,740	0.562% 0.443%	0.706% 0.887%	99.46% 164.98%
右北平	66,689 320,780	9,170 53,475	0.545% 0.538%	0.095% 0.109%	13.75% 16.67%
辽西	72,654 352,325	14,150 81,714	0.594% 0.591%	0.146% 0.166%	19.48% 23.19%
辽东	55,972 272,539	64,158 81,714◎	0.458% 0.457%	0.662% 0.166%	114.63% 29.98%
玄菟	45,006 221,845	1,594 43,163	0.368% 0.372%	0.016% 0.088%	3.54% 19.46%
乐浪	62,812 406,748	61,492 257,050	0.513% 0.683%	0.634% 0.523%	97.90% 63.20%
涿郡	195,607 782,764	102,218 633,754	1.599% 1.313%	1.054% 1.289%	52.26% 80.96%
广阳◆	20,740 70,658	44,550 280,600	0.170% 0.119%	0.459% 0.571%	214.8% 397.12%
辽东属国					
幽州刺史部	681,061 3,088,291	406,163 2,044,602	5.567% 5.182%	4.188% 4.16%	59.64% 66.2%

此表所列户口数,西汉据《汉书·地理志》。东汉据《后汉书·续郡国志》。《后汉书·续郡国志》注列有东汉数组不同年份之全国户口数,与《续郡国志》正文所列比较,稍有增减(志23/3533—3534),今不采。

※《续郡国志》酒泉郡缺口数。

★《续郡国志》敦煌郡之户数作748户,疑误。袁延胜取武威、张掖、张掖属国之每户平均口数为3.67推算,认为敦煌郡之户数应为7748①。

◎《续郡国志》辽东郡之口数作81,714口,与辽西郡之口数相同,然其户数比辽西郡多约5万户。疑辽东郡之口数误植辽西郡之口数。

◆广阳于西汉元始二年为王国,于东汉永和五年为郡。《汉书·地理志》:广阳国,辖蓟、方城、广阳、阴乡四县(28下/1634)。《后汉书·续郡国志》:广阳郡,辖蓟、广阳、昌平、军都、安次五县(志23/3527)。据谭其骧主编《中国历史地图集》第二册②,东汉广阳郡(页61—62)之面积比西汉广阳国(页27—28)之面积大数倍。

《后汉书·续郡国志》所载东汉全国户口总数,约为《汉书·地理志》所载西汉全国户口总数之80%(户数79.28%,口数82.47%)。然大多数北边及西北边诸郡(西河郡等二十六郡)之户口数,东汉仅为西汉之50%以下,甚至有少至5%以下者③。超过50%者仅有河南郡等十郡。今据上表之第六栏,列出诸郡名,以其东汉户口数是西汉户口数之百分比之小大为顺序,小者为先(户数与口数不相符合时,以口数为据):

1. 西河(户数:4.18%,口数:4.13%)
2. 朔方(5.79%,5.74%)
3. 上郡(4.99%,6.36%)
4. 定襄(8.18%,8.32%)
5. 北地(4.84%,8.88%)
6. 五原(11.87%,9.92%)
7. 右扶风(8.02%,11.13%)

---

① 参见袁延胜:《〈续汉书·郡国志〉户口数字辨析》,收入袁祖亮、袁延胜:《人口研究论稿》,页142,北京,新华出版社,2004年。
② 谭其骧主编:《中国历史地图集》第二册,上海,中国地图出版社,1982年。
③ 谭其骧据《汉书·地理志》及《后汉书·续郡国志》沿边十郡(朔方、五原、云中、定襄、西河、上郡、北地、安定、汉阳、陇西)之户口,列表比较东汉户口与西汉户口,谓"各郡全都减少好几倍,甚至二十倍"(见谭其骧:《何以黄河在东汉以后会出现一个长期安流的局面》,《长水集》下册,页20,北京,人民出版社,1987年)。减少二十倍即谓东汉户口数是西汉户口数之5%,盖指西河郡。

8. 陇西(10.43%,12.51%)

9. 金城(10.03%,12.66%)

10. 云中(13.97%,15.25%)

11. 左冯翊(15.78%,15.81%)

12. 右北平(13.75%,16.67%)

13. 玄菟(3.54%,19.46%)

14. 安定(14.26%,20.27%)

15. 辽西(19.48%,23.19%)

16. 张掖(26.91%,29.35%)

17. 太原(18.19%,29.41%)

18. 辽东(114.63%,29.98%)

19. 武都(39.13%,34.7%)

20. 上党(35.53%,37.72%)

21. 弘农(39.64%,41.83%)

22. 京兆尹(27.23%,41.84%)

23. 上谷(28.75%,43.48%)

24. 武威(57.12%,44.79%)

25. 代郡(35.45%,45.27%)

26. 天水(汉阳)(45.42%,49.79%)

以上诸郡东汉户口数是西汉户口数50%以下。

27. 河南(75.41%,58.08%)

28. 河东(39.65%,59.28%)

29. 乐浪(97.9%,63.20%)

30. 酒泉(户数:70.06%)

31. 河内(66.22%,75.12%)

32. 敦煌(6.68%,76.09%)

33. 涿郡(52.26%,80.96%)

34. 雁门(43.56%,84.85%)

35. 渔阳(99.46%,164.98%)

36. 广阳(214.8%,397.12%)

诸郡东汉永和五年之口数,仅为西汉元始二年之口数10%以下者,凡六郡;10%至20%者,凡八郡;20%至30%者,凡四郡;30%至50%者,凡八郡。超过50%者凡10郡。

以刺史部为单位计,东汉户口数是西汉户口数之百分比如下:

司隶校尉部(户数:40.58%,口数:46.48%)

凉州刺史部(26.32%,27.63%)

并州刺史部(16.26%,21.22%)

幽州刺史部(59.64%,66.2%)

东汉户口比西汉户口减少最多者,为西河郡(户数:4.18%,口数:4.13%),东汉户口仅约为西汉户口之1/24。按光武徙南匈奴于塞内,置南匈奴单于廷于西河郡之美稷县,匈奴聚居西河之人口多,宜西河之汉人数量大减。又《后汉书·南匈奴传》曰:

> 南单于既居西河,亦列置诸部王,助为扞戍。使韩氏骨都侯屯北地,右贤王屯朔方,当于骨都侯屯五原,呼衍骨都侯屯云中,郎氏骨都侯屯定襄,左南将军屯雁门,栗籍骨都侯屯代郡,皆领部众为郡县侦罗耳目。(89/2945)

南匈奴诸部帅领民分屯北地、朔方、五原、云中、定襄、雁门、代郡诸郡,此数郡亦是东汉户口比西汉户口减少较多者;又上郡、北地在此数郡之旁,亦当为匈奴聚居之地,故其东汉户口之减少幅度亦与此数郡类似。

陇西、金城、安定、武都、天水、右扶风、左冯翊、京兆尹数郡,东汉时户口亦大幅减少,盖诸种羌人口大量增加,汉人多移走,户口减少。按金城、陇西、安定、武都、天水(汉阳)广汉诸郡山谷中,部分种羌原居其地,西汉时,又有塞外诸种羌移入。羌人射猎畜牧农耕并作,王莽末东汉初战乱,汉人流移他处,羌人自山谷出,分布日广,人众渐多,东汉且入居三辅。三辅为西汉王畿,户口众多,繁华热闹;东汉则户口减少至西汉之几分之一乃至十几分之一(右扶风〔户数:8.02%,口数:11.13%〕,左冯翊〔15.78%,15.81%〕,京兆尹〔27.23%,41.84%〕),大部分地区"城郭皆为丘墟"①,成为羌人畜牧射猎之地。

东汉后期,凉州、并州、幽州之汉人户口稀少,而匈奴、羌等民族人口所占之比例大增,为当时人之常识。《后汉书·段颎传》:桓帝问段颎征羌方略,颎对曰:

> (羌)久乱并、凉,累侵三辅,西河、上郡,已各内徙,安定、北地,复至单危,自云中、五原,西至汉阳二千余里,匈奴、种羌,并擅其地……(65/2148)

《汉书·地理志》及《后汉书·续郡国志》所载诸郡户口数,为编户之户口,即交纳赋税之户口。东汉之北边、西北边诸郡户口较西汉大减,其原因之一为匈奴、乌桓、氐及诸种羌成为主要之居民。夷狄居于郡县,"不输贡赋"②,不入郡县之户口。夷狄增多,汉人移走,宜边郡之户口大减。

为维持边郡之户口,汉廷立例禁止边人内徙。桓、灵间名将张奂,敦煌渊泉人。永康元年,奂讨羌有功,"赐钱二十万,除家一人为郎。并辞不受,而愿徙属弘农华阴。旧制边人不得内移,唯奂因功特听,故始为弘农人焉"。后奂为数任九卿,不与宦官合作,被陷"党罪,禁锢归田里"。司隶校尉段颎与奂有隙,"欲逐奂归敦煌"。奂致书颎哀求,乃得留弘农(《后汉书·张奂传》65/2141—2142)。边郡多战乱,人情欲去危险之地,居平安之区,张奂求内徙,其心意当与多数边郡人相同。虽政府立法禁止,仍必有不少边人想尽办法内徙,此恐亦是汉代流民众多之一原因。安、顺间汉廷"徙民逃寇",暂徙民离开战乱地区以避寇锋,乱后复员,恐不少已徙至后方之百姓不再返回其户籍所在地。

---

①《后汉书·窦融传》,窦融与隗嚣书,责让之辞(23/801)。
②《晋书·北狄·匈奴》追述汉代安置匈奴之事(97/2548)。

既然上述诸郡于东汉永和五年之户口数较西汉末年之户口数大量减少，则此诸郡于东汉所领县必较西汉时为少。今据《汉书·地理志》及《后汉书·续郡国志》所载列表以见之：

两汉司隶、并州、凉州及幽州刺史部诸郡领县数目表

郡名	西汉领辖县数目	东汉领辖县数目
京兆尹	12	10
左冯翊	24	13
右扶风	21	15
弘农郡	11	9
河东郡	24	20
河内郡	18	18
河南郡(河南尹)	22	21
司隶校尉部	132	106
太原郡	21	16
上党郡	14	13
上郡	23	10
西河郡	36	13
朔方郡	10	6
五原郡	16	10
云中郡	11	11
定襄郡	12	5
雁门郡	14	14
并州刺史部	157	98
武都郡	9	7

续表

郡名	西汉领辖县数目	东汉领辖县数目
陇西郡	11	11
金城郡	13	10
天水郡(汉阳郡)	16	13
武威郡	10	14
张掖郡	10	8
酒泉郡	9	9
敦煌郡	6	6
安定郡	21	8
北地郡	19	6
张掖属国		5
张掖居延属国		1
凉州刺史部	124	98
代郡	18	11
上谷郡	15	8
渔阳郡	12	9
右北平郡	16	4
辽西郡	14	5
辽东郡	18	11
玄菟郡	3	6
乐浪郡	25	18
涿郡	29	7
广阳国(广阳郡)	4	5
辽东属国		6
幽州刺史部	154	90

　　两汉司隶、凉州、并州、幽州诸郡所领县,其数目从西汉之五百六十七县减为三百九十二县,大减三成。

2.东汉西北边界之内移。

东汉初,光武帝以武力不及,放弃部分边疆郡县,徙其民入内地。《后汉书·光武纪》:建武九年正月,"徙雁门吏人于太原"(1下/55)。是雁门郡虽不省罢,其吏人暂时徙于太原郡。十年,"是岁,省定襄郡,徙其民于西河"(1下/57)。十二年,"省金城郡属陇西"(1下/60)。十三年,"复置金城郡"(页63)。十五年"二月,徙雁门、代郡、上谷三郡民,置常山关、居庸关以东",注曰:"前书曰代郡有常山关,上谷郡居庸县有关。时胡寇数犯边,故徙之。"(页64)按雁门、代郡、上谷三郡自西向东排列,其北界皆为汉匈边界。常山关位于代郡最南边、居庸关则在上谷郡之东南角。"徙雁门、代郡、上谷三郡民,置常山关、居庸关以东",实是放弃雁门、代郡二郡及上谷郡之大部分①。又建武二十年,"省五原郡,徙其吏人置河东"(页73)。

综述上文,至建武二十年,光武凡省定襄、五原二郡,金城郡省后不久又复置,雁门郡建置虽在,其吏人徙于太原郡暂置。后又放弃雁门、代郡二郡及上谷郡之大部分。

建武二十二年,"乌桓击破匈奴,匈奴北徙,幕南地空。诏罢诸边郡亭候吏卒"(页74)。其后匈奴分为南北,南匈奴单于内附称臣,乌桓内属。二十六年,光武徙南匈奴于塞内,北边事少,光武乃恢复缘边诸郡建制,安排前此内徙之边郡百姓回归故土。《后汉书·光武帝纪》曰:

> "遣中郎将段郴授南单于玺绶,令入居云中,始置使匈奴中郎将,将兵卫护之。南单于遣子入侍,奉奏诣阙。于是云中、五原、朔方、北地、定襄、雁门、上谷、代八郡民归于本土。遣谒者分将施刑补理城郭。发遣边民在中国者,布还诸县,皆赐以装钱,转输给食。"注曰:"《东观记》曰:'时城郭丘墟,扫地更为,上悔前徙之。'"(1下/78—79)

东汉初年,以国力不足,光武帝放弃若干边郡。至建武二十六年,重置前所

---

① 参见谭其骧主编:《中国历史地图集》第二册,页17、18、27、28。

省弃诸郡,恢复西汉之北界。所不同者,东汉北边诸郡,安置大量入居塞内之匈奴、乌桓。

安帝以后,羌患日甚,羌人自西向东,自凉州诸郡入侵三辅,汉之西北边界乃向东退缩。

安帝永初元年(107)夏,汉征西域,"发金城、陇西、汉阳羌数千百骑……群羌惧远屯不还,行到酒泉,多有散叛"。郡县追捕逃兵,搜查羌人部落居屋,引起惊恐,于是烧当、勒姐、当煎、先零、钟羌等诸种羌同时奔溃,反叛寇掠。汉廷遣车骑将军邓骘领诸郡兵五万往讨,二年,汉军数败绩。"于是(先零羌)滇零等自称'天子'于北地,招集武都参狼、上郡、西河诸杂种,众遂大盛,东犯赵、魏,南入益州,杀汉中太守董炳,遂寇钞三辅,断陇道……百姓死亡不可胜数……转运难剧,遂诏骘还帅,留任尚屯汉阳,为诸军节度。"(《后汉书·西羌传》87/2886)

朝廷召回邓骘,政策转攻为守,盖庞参上书建议弃凉州以保三辅。《后汉书·庞参传》曰:

> 参……上书曰:"……臣愚以为万里运粮,远就羌戎,不若总兵养众,以待其疲。车骑将军骘宜且振旅,留征西校尉任尚使督凉州士民,转居三辅……"书奏……召拜谒者,使西督三辅诸军屯,而征邓骘还。(51/1687)

所谓"使督凉州士民,转居三辅",盖弃凉州,徙凉州吏民于三辅。时邓太后临朝,乃召回邓骘,拜为大将军。加强三辅之防务。永初四年,诏任尚将吏兵还屯长安。又置京兆虎牙都尉,屯于长安;置扶风都尉,屯于雍县①。至于

---

① 《后汉书·西羌传》曰:安帝永初四年,以"军营久出无功,有废农桑,乃诏任尚将吏兵还屯长安……置京兆虎牙都尉于长安,扶风都尉于雍,如西京三辅都尉故事"(87/2887)。《后汉书·安帝纪》曰:永初四年二月,"乙丑,初置长安、雍二营都尉官"。注引《汉官仪》曰:"京兆虎牙、扶风都尉以凉州近羌,数犯三辅,将兵卫护园陵。扶风都尉居雍县,故俗人称雍营焉。"(5/214)

"弃凉州",则不完全采纳庞参之建议,仅弃守金城郡。《后汉书·安帝纪》曰:

"(永初四年三月,)徙金城郡都襄武。"注曰:"襄武,县名,属陇西郡……"(5/215)

《后汉书·续郡国志》载金城郡之首书县为允吾(志23/3529)。金城郡之郡府本在允吾县。据《中国历史地图集》:东汉金城郡在陇西郡之西北方,襄武县地处陇西郡之东南部,靠近汉阳郡。金城郡之郡府自允吾(约E103°8′N36°10′)徙至陇西郡之襄武县(约E104°42′N34°50′)①,恐金城郡全部及陇西郡之部分皆已弃守。

永初四年,庞参再建议弃凉州。《后汉书·庞参传》曰:

四年,羌寇转盛,兵费日广……参奏记于邓骘曰:"比年羌寇特困陇右,供徭赋役为损日滋,官负人责数十亿万……遂乃千里转粮,远给武都西郡……名救金城,而实困三辅。三辅既困,还复为金城之祸矣。参前数言宜弃西域,乃为西州士大夫所笑。今苟贪不毛之地……果破凉州,祸乱至今……三辅山原旷远,民庶稀疏,故县丘城,可居者多。今宜徙边郡不能自存者,入居诸陵,田成故县。孤城绝郡,以权徙之;转运远费,聚而近之……"骘及公卿以国用不足,欲从参议,众多不同,乃止。(51/1688)

以邓骘主导,与议之公卿多同意弃凉州。《后汉书·虞诩传》谓郎中虞诩说太尉李脩,以为弃凉州之非计,盖"凉州既弃,即以三辅为塞;三辅为塞,则园陵单外……羌胡所以不敢入据三辅,为心腹之害者,以凉州在后故也"。再者,凉州人"习兵壮勇",其"所以推锋执锐,无反顾之心者,为臣属于汉故也。若弃其境域,徙其人庶,安土重迁,必生异志。如使豪雄相聚,席卷而东",必天下大乱。虞诩又献计宜多征辟凉州人士为官,荫任凉州地方长吏之子弟,

---

① 谭其骧主编:《中国历史地图集》第二册,页57—58。本文所列各地之经纬度,皆据《中国历史地图集》作估算,必不精确,仅作参考。

"外以劝厉,答其功勤,内以拘致,防其邪计"。脩乃"更集四府,皆从谘议"(58/1866)。凉州乃得以不弃。

然羌乱不息,且有向东部发展之势。永初五年二月,"先零羌寇河东,遂至河内"(《安帝纪》5/216)。《西羌传》详其事曰:

> (永初)五年春,任尚坐无功征免。羌遂入寇河东,至河内,百姓相惊,多奔南度河。使北军中候朱宠将五营士屯孟津。诏魏郡、赵国、常山、中山缮作坞候六百一十六所。(87/2887)

东汉之三河,如西汉之三辅,乃京畿之地。河东、河内二郡在黄河之北,河南在黄河之南。羌"寇河东,遂至河内",是越过三辅往东入侵;河东、河内百姓惊恐,欲渡河到首都所在之河南郡。汉廷发遣京师之警备武力五营士屯孟津,盖巩固黄河之守卫,以防羌人自河内渡河南下。

朝廷无固守疆土之心,地方长吏亦无坚守死战之意;故政策虽不弃凉州,实际仅是维持凉州诸郡之行政组织,羌祸较严重之郡县,仍是弃土而徙其吏民以避难。《后汉书·西羌传》曰:

> 羌既转盛,而二千石、令、长多内郡人,并无守战意,皆争上徙郡县以避寇难。朝廷从之,遂移陇西徙襄武,安定徙美阳,北地徙池阳,上郡徙衙。百姓恋土,不乐去旧,遂乃刈其禾稼,发彻室屋,夷营壁,破积聚。(87/2887—2888)

按美阳县属右扶风,池阳县与衙县皆属左冯翊①。据《后汉书·续郡国志》,陇西郡之首书县为狄道(志23/3516)。陇西郡府原在狄道,狄道(约E103°50′ N35°25′)在襄武(约E104°42′ N34°50′)西北约90公里。安定郡之首书县为临泾县(志23/3519)。安定郡府从临泾(约E107°25′ N35°30′)徙到右扶风之美阳(约E108°4′ N34°25′)。北地郡之首书县为富平(志23/3520)。北地郡府从富平(约E106°6′ N37°52′)徙至左冯翊之池阳县(约E108°47′

---

① 《后汉书·西羌传》注(87/2888)。又见《后汉书·续郡国志》(志19/3405—3406)。

N34°35′)。上郡之首书县为肤施。上郡之郡府自肤施(约 E109°52′ N38°)移至左冯翊之徇县(约 E109°38 N35°25′)。

据《后汉书·安帝纪》，上引文之"移陇西徙襄武，安定徙美阳，北地徙池阳，上郡徙徇"，下诏之时间为永初五年三月(5/216)。又前文述永初四年三月，已徙金城郡治于陇西郡之襄武。则金城郡与陇西郡之郡府，皆徙置于襄武县，一县之内有二郡之郡政府，为此战乱弃边之怪现象。又金城、安定、北地、上郡之郡政府迁离本郡，虽各郡或有留守人员以协助驻屯讨伐之汉军，就民政事务而言，此四郡实已全部放弃。

安帝元初元年，羌寇武都，虞诩拜武都太守①，自京师洛阳往就职。虞诩行经三辅，然叛羌横行，政府似无力保护行旅。虞诩以地方长吏领兵履任，其旅程有如战斗中行军。《后汉书·虞诩传》曰：

> 羌乃率众数千，遮诩于陈仓、崤谷，诩即停军不进，而宣言上书请兵，须到当发。羌闻之，乃分钞傍县，诩因其兵散，日夜进道，兼行百余里。令吏士各作两灶，日增倍之，羌不敢逼。(58/1868)

按武都郡属凉州，位于陇西郡与汉阳郡之东南方，右扶风之西南方及汉中郡之西北方，秦岭横亘其中。虞诩发自洛阳，经陈仓，当取道弘农郡、京兆尹、右扶风，入武都。羌众阻止虞诩履任，"遮诩于陈仓、崤谷"。崤谷地望无考②。按陈仓(约 E107°14′ N34°21′)属右扶风，往西南约 25 公里，乃得入武都郡界。虞诩为逃避叛羌之追击，日夜"兼行百余里，令吏士各作两灶，日增倍之"。盖外示所领兵多，且兵数日增，以阻吓追击之羌众③。诩"既到郡，兵

---

① 史书不言虞诩拜武都太守之时间。《后汉书·虞诩传》曰："后羌寇武都，邓太后以诩有将帅之略，迁武都太守，引见嘉德殿。"(58/1868)《安帝纪》：元初元年九月，"先零羌寇武都、汉中，绝陇道"(5/221)。推估虞诩拜武都太守当在元初元年冬或二年春。
② 《后汉书·续郡国志》：弘农郡黾池县有二崤(志 19/3401)。《中国历史地图集》第二册：弘农郡二崤附近有崤底(页 42—43)。崤谷或崤底之别称。唯虞诩发自洛阳，当取道弘农郡、京兆尹、右扶风，入武都，史文谓羌众"遮诩于陈仓、崤谷"，先陈仓而后崤谷，似崤谷比陈仓更靠近武都。则崤谷似非弘农郡之崤底。
③ 《后汉书·虞诩传》：虞诩对人解释曰："虏见吾灶日增，必谓郡兵来迎。众多行速，必惮追我。"(58/1868)

不满三千,而羌众万余人,攻围赤亭数十日",诩以计破敌①。右扶风、武都地处"移民逃寇"之金城、陇西郡之东方,其治安之败坏如无政府,则已移民避寇之金城、陇西、安定、北地、上郡等郡之情况,可以想象。

虞诩击走武都郡之叛羌,《后汉书·虞诩传》谓"诩始到郡,户裁盈万。及绥聚荒余,招还流散,二三年间,遂增到四万余户"。注引《续汉书》曰:"诩始到……见户万三千。视事三岁……郡户数万。"(58/1869—1870)前谓虞诩拜武都太守在元初元年或二年,其到郡或在二年(115),其年郡户万三千,三年后,增到四万余。按《续郡国志》载永和五年(140),武都郡有20102户。二十余年间,武都郡户口剧增剧减,盖随羌乱之平息或盛炽而变。

此次羌乱自安帝永初元年(107)始,至顺帝永建元年(126),"凉州无事",前后凡二十年。前此"移民逃寇"之诸郡,其中陇西郡治于安帝延光三年秋"始还狄道"(87/2893)。至于安定、北地、上郡,《后汉书·西羌传》谓永建四年(129),尚书仆射虞诩上奏"今三郡未复,园陵单外"。"书奏,帝乃复三郡。使谒者郭璜督促徙者,各归旧县,缮城郭,置候驿。"(87/2893)《顺帝纪》载永建四年"九月,复安定、北地、上郡归旧土"(6/256)。尚有金城郡未复,或复而史书不载②。

顺帝永和五年,南匈奴左部吾斯、车纽等叛,串联乌桓、羌,遍及并、凉、幽、冀四州。汉廷又弃边逃寇,"徙西河治离石,上郡治夏阳,朔方治五原"。《后汉书·南匈奴传》曰:

> 五年夏,南匈奴左部句龙王吾斯、车纽等背畔,率三千余骑寇西

---

① 《后汉书·虞诩传》58/1869。
② 李晓杰《东汉政区地理》曰:"此后,金城郡再次复故。金城郡此次返回故土之确年,史籍失载……颇疑金城郡第二次复置即在元初五年羌叛平定之后。若此,则金城郡此次侨置陇西达八年之久。"(李晓杰:《东汉政区地理》,页149,济南,山东教育出版社,1999年)按此推测恐误。永初四年(110)三月,徙金城郡治于陇西郡之襄武,五年三月,又"移陇西徙襄武,安定徙美阳,北地徙池阳,上郡徙衙"。此四郡中,陇西郡治于安帝延光三年(124)秋"始还狄道"。而安定、北地、上郡三郡,至顺帝永建四年(129)九月,始"归旧土"。李氏谓金城郡于元初五年(118)复故,金城地处陇西、安定之西边,其复郡不应早于陇西、安定。

河……合七八千骑围美稷,杀朔方、代郡长史……秋,句龙吾斯等立句龙王车纽为单于。东引乌桓,西收羌戎及诸胡等数万人,攻破京兆虎牙营,杀上郡都尉及军司马,遂寇掠并、凉、幽、冀四州。乃徙西河治离石,上郡治夏阳,朔方治五原。(89/2960—2961)

据《后汉书·续郡国志》:西河、上郡、朔方三郡皆属并州。西河郡之首书县为离石(志 23/3524),盖郡治徙置后之记载。《顺帝纪》注曰:"西河本都平定县,至此徙于离石。"(6/270)按平定(E110°34′ N39°22′)在单于廷美稷之西南约五十公里,离石(E111°9′ N37°32′)在美稷之南约二百四十公里。是西河郡之郡政府向东南徙约二百一十公里。离石在西河郡之南部,西河郡治南徙后,西河郡之中部、北部等大部分领土当已放弃。上郡之首书县为肤施(志 23/3524)。夏阳县属左冯翊(志 19/3405)。上郡之郡府自肤施(E109°40′ N38°)徙至夏阳(E110°22′ N35°25′),约向南移二百九十公里。朔方郡之首书县为临戎(志 23/3526)。朔方之郡政府自临戎(E107°N40°30′)徙至五原郡之五原县(E109°22′N40°18′),约向东移二百三十公里。上郡、朔方之郡治皆徙出郡境,置于他郡,则此二郡当已全部放弃。

至于安定、北地边界又以羌叛而又东缩。顺帝永和五年,羌又反叛,攻金城、三辅。六年,东西羌大合,寇陇西、北地,掠关中,汉遣将与地方长吏击之,不利。"秋,诸种八九千骑寇武威,凉部震恐。于是复徙安定居扶风,北地居冯翊。"(87/2896)《顺帝纪》载徙二郡之诏书颁于永和六年"冬十月癸丑"(6/271),二郡郡治徙置之地点,史文仅言右扶风与左冯翊,不言徙于何县。而二郡郡治徙出郡境,置于他郡,则二郡当已全郡弃守。

永和五年"徙西河治离石,上郡治夏阳,朔方治五原"。六年"徙安定居扶风,北地居冯翊"。

安定是否归复故土,史无明文,无考①。北地郡徙置后,不复返故土②。

---

①《东汉政区地理》推测"安定郡返至旧土当在永嘉元年至延熹四年的十一年间"(页 153)。
②《东汉政区地理》,页 140。

上郡此次徙置于左冯翊后,不见归故土,献帝时省①。西河郡治南徙离石后,似不复北返。汉末,郡废②。朔方郡东徙后,亦不见归故土。《三国志·魏书·武帝纪》:建安二十年,"省云中、定襄、五原、朔方郡,郡置一县领其民,合以为新兴郡"(1/45)。新兴郡盖分割太原郡及雁门郡地别置③。

汉末时,金城、陇西、安定、北地、上郡、西河、朔方、五原、云中、定襄诸郡大多省废,或失其大半属县。汉末之北边国界南缩,西边国界东缩。

安帝、顺帝"徙民逃寇",弃土内迁,此后戎狄入侵三辅、三河渐多。今列举其例如下:

安帝永初二年"十一月……先零羌滇零称天子于北地,遂寇三辅"(5/211)。

永初五年二月,"先零羌寇河东,遂至河内"(5/216)。

元初元年"五月,先零羌寇雍城"(5/221)。

顺帝永和五年五月,"且冻羌寇三辅,杀令长"(6/269)。

永和六年"闰月,巩唐羌寇陇西,遂及三辅"(6/270)。

质帝永熹元年二月,"叛羌诣左冯翊梁并降"(6/277)。

桓帝延熹四年六月,"零吾羌与先零诸种并叛,寇三辅"(7/308)。

"永康元年春正月,先零羌寇三辅。"(7/318)

"夏四月,先零羌寇三辅。"(7/319)

"冬十月,先零羌寇三辅。"(7/319)

灵帝中平二年三月,湟中义从胡"北宫伯玉等寇三辅"(8/351)。

"十一月,张温破北宫伯玉于美阳。"(8/352)按美阳县属右扶风。

中平五年"九月,南单于叛,与白波贼寇河东"(8/356)。

---

① 《东汉政区地理》,页137。
② 《东汉政区地理》,页138。
③ 《东汉政区地理》谓新兴郡盖割太原郡地别置(页126)。比较《中国历史地图集》第二册页59—60"并州刺史部"及第三册页11—12"并州刺史部",新兴郡盖分太原郡及雁门郡而置。

献帝兴平元年"八月,冯翊羌叛,寇属县"(9/377)。

安帝以后,三辅已成诸种羌寇掠之地,亦成汉军讨伐叛羌之战场。长期之战争摧残,三辅成为人烟稀少之穷僻乡野及羌氏游牧之地,不复西汉京师之繁华。

戎狄入侵,边塞内徙,内郡成为前线,汉廷乃于内郡筑坞候以为防御工事①。《后汉书·西羌传》曰:

> (永初五年,)羌遂入寇河东,至河内,百姓相惊,多奔南度河。使北军中候朱宠将五营士屯孟津,诏魏郡、赵国、常山、中山缮作坞候六百一十六所。(87/2887)

按此次羌乱始于永初元年,先零羌滇零与诸种羌"大为寇掠,断陇道"。汉遣车骑将军邓骘、征西校尉任尚领兵五万征讨。二年冬,"尚军大败,死者八千余人。于是滇零等自称'天子'于北地,招集武都参狼②、上郡、西河诸杂种,众遂大盛,东犯赵、魏,南入益州……遂寇钞三辅,断陇道"(87/2886)。又按南匈奴入居塞内,主要分布于并州各郡。羌叛乱之范围,由西向东扩张,到达上郡、西河(此二郡属并州)、三辅、河东、河内(此五郡属司隶校尉部)、赵国、魏郡(此二郡国属冀州)诸郡国。汉廷讨乱无效,居于并州之南匈奴乃乘机反叛。永初三年(109),南单于檀"起兵反畔,攻(使匈奴)中郎将耿种于美稷……四年春,檀遣千余骑寇常山、中山"。汉发诸军往击破之,单于乞降(《后汉书·南匈奴传》89/2957—2958)。羌与南匈奴虽各自为乱,然互相牵动,且侵入内郡,乃至扩及京师所在之三河。此役当使汉廷知晓散居并州之

---

①金发根《坞堡溯源及两汉的坞堡》有"两汉内郡之坞堡"一节,其中有言及"后来因为羌乱侵及内郡,于是安帝顺帝先后命三河、三辅、魏郡、常山、中山国、汉阳等内郡也大规模地构筑坞候,此后坞在内郡大增,这坞之名称由边郡流行至内郡的由来"(页219)。金发根:《坞堡溯源及两汉的坞堡》,《中研院历史语言研究所集刊》,第37本上册,页201—220,台北,中研院历史语言研究所,1967年。

②《后汉书·西羌传》作"招集武都、参狼、上郡、西河诸杂种"(87/2886)。按参狼羌乃羌种之一,不应与诸郡并列。今改作"招集武都参狼、上郡、西河诸杂种"。

南匈奴对东方诸郡之威胁,乃于冀州之西界魏郡、赵国、常山、中山四郡国①"缮作坞候六百一十六所"。坞候本应筑于边界,以防外寇之入侵,今筑于内郡,盖匈奴已入居塞内,防御之形势已变。三年以后,又在河内郡之交通要道作坞堡三十三所,《后汉书·西羌传》曰:

  元初元年春,遣兵屯河内,通谷冲要三十三所,皆作坞壁,设鸣鼓。(87/2889)

按河内郡与河南尹以黄河为界,于河内郡屯兵作坞壁,盖为防御羌、南匈奴之南侵,保卫京师所在之河南尹。

二年之后,于元初三年(116)"秋,筑冯翊北界候坞五百所"(《后汉书·西羌传》87/2890)。约与此同时,武都太守虞诩在武都击破叛羌,"诩乃占相地势,筑营壁百八十所,招还流亡,假赈贫人,郡遂以安"(58/1869)。虞诩筑营壁事不见于本纪及《西羌传》,其事或非朝廷之命令,乃虞诩为保境安民而主动筑营壁。

十余年后,顺帝永和五年,羌又反叛,攻金城、三辅。汉发十万兵"屯汉阳。又于扶风、汉阳陇道②作坞壁三百所,置屯兵,以保聚百姓"(《后汉书·西羌传》87/2895)。《后汉书·顺帝纪》述此事曰:"九月,令扶风、汉阳筑陇道坞三百所,置屯兵。"(6/269)盖沿往陇西之道路筑坞堡,以保持陇道之通畅。

自安帝永初五年(111)始至顺帝永和五年(140)止,汉廷筑坞壁以防御南匈奴与诸种羌等入居塞内之边疆民族对内郡之入侵。坞堡之建筑,北起中山国,向南经常山国、赵郡,至魏郡凡六百一十所,形成一条南北走向之防

---

①魏郡、赵国、常山、中山四郡国位于东汉冀州刺史部之西界,与并州、幽州邻(《中国历史地图集》第二册,页47—48)。

②《后汉书·西羌传》书作"又于扶风、汉阳、陇道作坞壁三百所"(87/2895),扶风、汉阳二郡与陇道并列,似非原意。按陇道当谓经右扶风、汉阳郡过陇山往西北之道路。《后汉书·顺帝纪》述此事曰:"九月,令扶风、汉阳筑陇道坞三百所,置屯兵。"(6/269)坞沿陇道建筑,故谓"陇道坞"。今改《西羌传》作"又于扶风、汉阳陇道作坞壁三百所"。

御线,保卫冀州及东方之郡国。此防御线到河内郡转为自东北向西南筑三十三所坞堡,往西接筑左冯翊"北界候坞五百所",再西接筑于右扶风、汉阳郡之"陇道坞三百所"。此一坞候防御线,并州、凉州位于线外,盖此二州匈奴、羌、氐等民族之人口多于汉人,汉廷难于防守,乃向东向南后退,再建筑一条新防御线。

东汉凉州、并州、幽州及三辅户口大减,盖匈奴、羌、氐、乌桓、鲜卑在此区域与汉人杂居,戎狄不纳赋税,不在编户之内。戎狄入居塞内,部分转作农耕,主要产业仍是畜牧。虽然此地区仍居住不少汉人,甚至汉人超过一半①,但"在同样面积的土地上,从事畜牧与从事农耕相比,人们所能获得的食物能量相差十分悬殊,前者所能养活的人口数量不到后者的十分之一"②。则仅占此地区总人口一半之胡人从事畜牧所占之土地是农耕土地之十倍。故此区域自东汉初始至魏晋北朝,大量农地转变为畜牧之草场。耕地缩小,农村减少,乡野之景观主要是广阔之草原,大群马牛羊放牧,穹庐点缀其中。谭其骧谓"黄河中游大致即东以云中山、吕梁山,南以陕北高原南缘山脉与泾水为界,形成两个不同区域……此线以西、以北,基本上是牧区"③。谭氏并论黄河中游流域之主要生产事业自东汉始从农业转变为畜牧业,减少植被之破坏,土壤流失减少,因此东汉魏晋南北朝时期,黄河长期安流④。

---

① 《晋书·江统传》:统作《徙戎论》曰:"且关中之人百余万口,率其少多,戎狄居半。"(56/1533)东汉末并州、凉州之人口结构,汉戎各半是较为平实之推测。
② 见王利华:《中古时期北方地区畜牧业的变动》页44,《历史研究》,2001年第4期,页33—47,北京,中国社会科学院。
③ 见谭其骧:《何以黄河在东汉以后会出现一个长期安流的局面》,《长水集》下册,页22。
④ 谭其骧《何以黄河在东汉以后会出现一个长期安流的局面》又谓黄河中游流经之诸郡县自东汉以来户口大减,戎狄入居,成为以畜牧射猎为主之区域,农业居于次要之地位,耕地大幅减少,对土壤植被之破坏亦大大减少。"黄河中游土地利用情况的这一改变,结果使下游的洪水量和泥沙量也相应地大为减少,我以为这就是东汉一代黄河之所以能够安流无事的真正原因所在。"(《长水集》下册,页21)相同的原因,"在黄河史上的魏晋十六国时代……是一个最平静的时代"(页23)。

3.衍生五胡乱华之局。

汉代徙置匈奴、羌、乌桓、鲜卑等边疆民族入居塞内,并州、凉州、幽州及三辅等西北及北边州郡之汉人户口大减,而羌胡子孙孳息,人口渐多。曹魏时,以北方户口减少,继续徙置塞外民族入居郡县,用之为兵。如曹操平河北,乌丸降,"悉徙其族居中国,帅从其侯王大人种众与征伐,由是三郡乌丸为天下名骑"①。晋武帝对内附之塞外民族,来者不拒,许其内徙②。其时此区域之人口比例已是华夷居半。《晋书·北狄·匈奴传》曰:

> (晋武帝时,)侍御史西河郭钦上疏曰:"……魏初人寡,西北诸郡皆为戎居……若……有风尘之警,胡骑自平阳、上党不三日而至孟津。北地、西河、太原、冯翊、安定、上郡尽为狄庭矣……"(97/2549)

郭钦所言,盖谓西北诸郡多戎狄,预告五胡乱华之局面随时可能发生。建议"募取死罪"与军士四万家移居北地、西河、安定、上郡、冯翊诸郡,而"渐徙平阳、弘农、魏郡、京兆、上党杂胡,峻四夷出入之防"。

约与郭钦同时,江统撰《徙戎论》,亦伸此说。《徙戎论》所列塞内应徙之戎为居于凉州、三辅之羌、氐,并州之匈奴,及荥阳郡之高句骊③。谓其皆应"申谕发遣,还其本域";对于羌、氐,且明言其所在地及应徙返之地名。其文曰:

> 宜……徙冯翊、北地、新平、安定界内诸羌,著先零、罕开、析支之

---

① 《三国志·魏书·乌丸鲜卑东夷传》30/835。又《晋书·江统传》,统上《徙戎论》曰:"魏武皇帝令将军夏侯妙才讨叛氐阿贵、千万等,后因拔弃汉中,遂徙武都之种于秦川,欲以弱寇强国,扞御蜀虏。"(56/1531)
② 参见祝总斌:《评晋武帝的民族政策》,《中国古代史研究》,页126—151,西安,三秦出版社,2006年。
③ 《徙戎论》之文曰:"荥阳句骊本居辽东塞外,正始中,幽州刺史毌丘俭伐其叛者,徙其余种。始徙之时,户落百数,子孙孳息,今以千计,数世之后,必至殷炽。"(《晋书·江统传》56/1534)按西晋之荥阳郡乃分汉河南郡之东部而置之新郡,高句骊非强族,以其徙置地处京师之侧,故江统特别言之,以为应徙走之。

地;徙扶风、始平、京兆之氐,出还陇右,著阴平、武都之界……各附本种,反其旧土,使属国、抚夷就安集之。(《晋书·江统传》56/1532)

至于徙戎理由,《徙戎论》又曰:

> 戎狄志态,不与华同……居封域之内,无障塞之隔,掩不备之人,收散野之积,故能为祸滋扰,暴害不测。(56/1532)

盖戎狄既居塞内,与汉人杂居,一旦发难,难于防备,所谓"寇发心腹,害起肘腋,疢笃难疗,疮大迟愈"(56/1531)。

  更有甚者,边疆民族虽入居塞内,仍保有其原来之政治社会组织与军事力量。南匈奴入居并州,其单于廷驻在西河郡美稷县,汉末且南迁到河东郡平阳县。单于父子兄弟相继位,世代不绝,汉末仍可见呼厨泉单于。南匈奴诸部散居并州、幽州西部诸郡,各有诸王骨都侯等部帅以领率其民。单于或亲自领兵,或遣诸王骨都侯领兵,协同汉军北讨塞外之民族,其事终东汉之世史不绝书,《后汉书·南匈奴传》记载甚详。"灵帝崩,天下大乱,(於扶罗)单于将数千骑与白波贼合兵寇河内诸郡。""建安元年,献帝自长安东归"洛阳,匈奴右贤王去卑亦领兵侍卫天子(89/2965)。显示南匈奴虽入居塞内二百余年,受汉廷所遣之官员使匈奴中郎将、度辽将军及诸边郡太守之监护,仍保有相对独立之武力。又诸种羌、氐入居凉州、三辅,亦维持其部落组织,各有豪酋大人。虽有护羌校尉等汉官之监护,然诸种羌常解仇盟誓,寇掠郡县,攻击官府,几与东汉政权相始终,为东汉时期最严重之祸患。羌、氐亦保持其政治社会组织。

  皇帝制度下,朝廷直接统治百姓,官府与编户民之间,无有力之社会政治组织。当皇权巩固,政府行政贯彻于天下,朝廷尚能安抚、镇压、控制塞内之匈奴、羌、氐、鲜卑。及皇纲解纽,天下大乱,诏令不出都门,政府行政失效,百姓失其统驭,如一盘散沙。此时北方最有力量者,则是仍保持政治社会组织与武力之匈奴、羌、氐、鲜卑诸民族。其豪酋大人领其部民,乘势而起,建立政权,形成五胡乱华,十六国迭兴之局面。

五胡乱华之背景为戎狄长期入居塞内。余英时谓"晋朝胡人之患的祸根在汉朝尤其是东汉时期就深深地种下了"①。晋初,(汉代之)凉州、并州、幽州及三辅之人口,戎狄居半。追本溯源,此形势之造成,肇始于汉代徙置边疆民族入居塞内郡县,魏、晋二代亦沿袭此政策,有以致之。当时人已有此了解。汉桓、灵间平羌乱之名将段颎已谓"昔先零作寇,赵充国徙令居内,煎当乱边,马援迁之三辅,始服终叛,至今为鲠。故远识之士,以为深忧"(《后汉书·段颎传》65/2151)。盖以徙戎入塞内为不智。《后汉书·西羌传》论曰:

> 呜呼! 昔先王疆理九土,判别畿荒,知夷貊殊性,难以道御,故斥远诸华……若二汉御戎之方,失其本矣。何则? 先零侵境,赵充国迁之内地;煎当作寇,马文渊徙之三辅。贪其暂安之执,信其驯服之情,计日用之权宜,忘经世之远略,岂夫识微者之为乎?(87/2901)

直斥徙戎入塞之政策为"失其本……贪其暂安之执……忘经世之远略"。

段颎之言及范晔之论有价值判断之成分,盖二人皆见塞内之戎为乱,认为其乱肇因于前人之徙戎入塞,因斥徙戎入塞政策之不智。今人以民族融合立论,以徙戎入塞定居之政策"有利于提高内徙民族之经济文化,有利于民族融合"②。本文完全不做价值之判断,仅考察徙戎入塞政策之实行及其若干后果,着重说明汉代之徙戎入塞,造成西北边郡汉人户口减少,北边、西边之国界内移,乃至衍生晋朝及北朝时代之五胡乱华。

初刊于《中国中古史研究》第七期,页1—34,台北,兰台出版社,2007年12月。

---

①余英时著,邬文玲等译:《汉代贸易与扩张》,页166—167,上海,上海古籍出版社,2005年。
②前引祝总斌:《评晋武帝的民族政策》,页126—130。

二　论汉廷与匈奴关系之财务问题

（一）

古代农耕民族与游牧民族为邻,若势均力敌,必不能和平共处,及一方压倒对方,使其臣服,乃有和平可言。此盖游牧民族之生产不能自给自足,依赖农耕社会供给其不足使焉[1]。游牧民族以牧养牛羊等畜牲为其食物之

---

[1] 参见札奇斯钦:《北亚游牧民族与中原农业民族间的和平战争与贸易之关系》(台北,正中书局,1973年)。此书之主旨认为北亚游牧民族经济"缺乏农业生产品和它(的)附属工艺品,在经济上不得不对中原农业民族依存……导致战争与不安的主要因素……必须要有某种形态的贸易存在,使物资得以交流,尤其是农业物资必须导入于游牧社会,方可使两者间的和平得以保持;不然以夺取物资为主要目的的战争就会爆发"(《序》,页1)。札奇斯钦所谓之"某种形态的贸易",包括"赏赐、入贡、赠与、纳岁币、婚嫁、贸易、关市等七大类别"(页15)。是涵盖所有和平地互通有无之方式。然赏赐、入贡、赠与、纳岁币,其前提是一方臣属对方,向之入贡、纳岁币,对方则给予赏赐、赠与。婚嫁(和亲)之嫁奁不可能多至经常补充游牧民族不足之农产品,所需不足仍会掠边或入寇(页54)。经常之关市、边市等贸易当然可通畅两民族之互通有无,发展经济,提高生活水平。但古代并无国际公法可言,强者即是法律,农耕民族与游牧民族之社会文化、风俗习惯差异太大,互相不了解而生鄙视,全无互信,中原皇朝之政策及朝士之议论,常以开关市贸易为资敌;且掠边或入寇为常有之事。故通过贸易使双方和平相处,在双方对峙之时几无可能。唯有一方臣服于对方,双方乃有和平可言。

主要来源。在古代,畜牲屠宰后,不能久藏,故畜牲是将食用而后屠宰。在风调雨顺之时,畜牲之数量可快速增加,然若无外销之途径,畜牲之增加并无益处。故古代中国北边之游牧民族常欲维持与农耕民族之互市,以卖出其多余之畜产,换取谷类、布帛、工艺品①。唯古代中原皇朝经济为自给自足体系,不假外求,常以互市为手段,借以控制与边疆游牧民族之关系,双方关系不稳定,互市亦不稳定②。在年景不佳,如大旱、暴寒、瘟疫之时,畜牲可在短期内大量死亡,游牧民族马上面临断炊之厄③。故古代游牧民族有向外劫掠之习惯,盖困难时不向外劫掠难以为生。农耕民族之主要产品为粟麦等谷类,耐于久藏,所谓一岁丰年有三年之藏,正好是邻近游牧民族劫掠之目标。此经济条件之不同使此两民族不能和平共处。此亦是国史中原皇朝与北边游牧民族关系紧张与敌对之根本因素。中原皇朝除非驱逐游牧民族远离边界,令其不得入寇,否则必须付与游牧民族粮食物资,以解其困厄。付与之方式或是游牧民族入边抢劫,或是游牧民族降服称臣,皇帝给予赏赐。是即谓中原皇朝与游牧民族之关系,无论输赢,皇朝皆得付与粮食物资。此为理解历史上中原皇朝与北边游牧民族关系之前提。本文以汉朝与匈奴关系论之。

---

① 萧启庆《北亚游牧民族南侵各种原因的检讨》曰:"在草原经济繁荣时代,游牧民族必须向农耕社会推销过剩的畜产品……游牧社会主要的财富则为动物,动物在荒年会死亡,丰年时则因过剩而普遍贬值。所以,凡在草原牲畜繁衍时,游牧民必须向农耕社会倾销。"(页306)此文收入氏著《元代史新探》(台北,新文丰出版公司,1983年)。
② 前引札奇斯钦《北亚游牧民族与中原农业民族间的和平战争与贸易之关系》亦认为:"农业民族与游牧民族……做正常而互惠的贸易,应该是对于双方都有利益,对于和平也大有补助的……反对开市者,多半是不了解游牧民族生活实况,和他们在经济上对农业社会的依存,只是基于当时军事上的观念……总以为少开边市,少资敌,为最上之策。"(页361)所言甚是。唯匈奴为汉北边之大敌,虽和亲,入边寇盗不断,汉人有边市资敌之想法,并不为过。衡诸今日世界列强尚以经济制裁、禁运等手段以维持优势,则古代中原皇朝之防止资敌之言论与措施,可以理解。
③ 前引萧启庆《北亚游牧民族南侵各种原因的检讨》又曰:"在一定面积的牧地上,如遇气候良好,水丰草美,几年之内畜群便可增殖一倍以上。如雨量减少,牲畜必因乏草而大量死亡。此外,对于瘟疫、风雪等意外,也缺乏适当的应急办法,牲畜死亡率往往高达百分之五十至八十……游牧民可能在短期间丧失原有的生活资源,必须另辟蹊径,谋取生活。"(页304)

（二）

汉高祖经平城之役，知汉之国力不足以征服匈奴，乃采刘敬和亲之策，欲与匈奴维持和平关系。《史记·刘敬传》谓刘敬说高祖，其和亲之策内容有三：其一，"以适长公主妻之"。其二，"厚奉遗之"，"以岁时汉所余彼所鲜数问遗"。其三，"因使辩士风谕以礼节"（99/2719）。其后不遣长公主，而代以宗室女或宫女。遣女和蕃，虽为和亲表面之主要内容，实则作用不大。盖匈奴单于并不在乎来和亲之汉女，和亲之汉女在单于廷似无甚地位，以至史书完全无其人之记载①。而所谓"使辩士风谕以礼节"，盖汉人之文化自我中心表现，自以为礼仪之邦，欲教化四邻，使同于中国。实则风俗习惯之形成，有其历史文化与社会经济之背景，农耕民族之礼节风俗与游牧民族不同，汉辩士风谕礼节，必不为匈奴重视，在短期内亦不可能有影响。

和亲内容之真正影响汉匈奴关系者，为"厚奉遗之"及"以岁时汉所余彼所鲜数问遗"。盖送以大量物资，必然讨喜。而岁时所送"汉所余彼所鲜"者，主要应是粮食、布帛等物，《汉书·匈奴传》谓"岁奉匈奴絮缯酒食物各有数"是也②。汉之供给在匈奴荒年时可和缓其困难，使其不必南下劫掠。简单言之，汉廷和亲匈奴，盖以粮食物资贿赂匈奴，以求和平。而汉廷所送之粮食物资不足匈奴所需，匈奴仍间中南下入寇。《汉书·匈奴传》曰：

---

①王昭君之前和亲匈奴单于之汉女不见记载于史书。呼韩邪单于降汉后，元帝赐予宫人王昭君。昭君虽有汉廷之势，号宁胡阏氏，然在单于廷之地位仍然有限，仅为若干位阏氏之一。呼韩邪单于死后，王昭君子伊屠智牙师仅为右日逐王，不在单于继承人之列。呼韩邪单于长子"雕陶莫皋立，为复株累若鞮单于……复株累若鞮单于复妻王昭君"（94下/3807）。

②前引札奇斯钦《北亚游牧民族与中原农业民族间的和平战争与贸易之关系》亦认为刘敬所提出和亲之数点内容，唯有奉送匈奴物资可以改善双方关系。其文曰："（刘敬）主张以'汉所余，彼所鲜'为供给对方物资的方法，换取和平一事，确实是很收效的。"（页28）又曰："匈奴人之所以掠边的原因，是由于自然环境所限，不能耕种，缺乏农业资源所致，所以供给他们的需要，自然可以达到和平共存的目的。"（页31）

（文帝时，汉叛人中行说为匈奴谋士。）汉使欲辩论者，中行说辄曰："汉使毋多言，顾汉所输匈奴缯絮米蘖，令其量中，必善美而已……且所给备善则已，不备善而苦恶，则候秋孰，以骑驰蹂乃稼穑也。"（94 上/3760—3761）

是汉廷之供给不符所望，匈奴乃遣骑入寇。此所以汉初和亲期间，匈奴仍多次入寇。《汉书·匈奴传》赞曰：

约结和亲，赂遗单于，冀以救安边境。孝惠、高后时遵而不违，匈奴寇盗不为衰止……逮至孝文，与通关市，妻以汉女，增厚其赂，岁以千金，而匈奴数背约束，边境屡被其害。（94 下/3830—3831）

今据《汉书》诸帝纪及《汉书·匈奴传》之记载，陈列自惠帝至景帝末，匈奴入寇之事例：

1. 高后六年，"匈奴寇狄道，攻阿阳"（3/99）。

2. 高后"七年冬十二月，匈奴寇狄道，略二千余人"（3/99）。

3. 文帝三年，"匈奴右贤王入居河南地为寇"。汉遣丞相灌婴将击右贤王，"右贤王走出塞"（4/119，94 上/3756）。

4. 文帝十二年，"匈奴寇狄道"（4/123）。

5. "孝文十四年，匈奴单于十四万骑入朝那萧关，杀北地都尉卬，虏人民畜产甚多，遂至彭阳。使骑兵入烧回中宫，候骑至雍甘泉。"汉以二将军，"发车千乘，十万骑，军长安旁以备胡寇"。而拜五将军"大发车骑往击胡。单于留塞内月余，汉逐出塞即还，不能有所杀"（4/125—126，94 上/3761—3762）。

6. 文帝后元六年冬，"军臣单于立岁余，匈奴复绝和亲，大入上郡、云中各三万骑，所杀略甚众"。汉加强守备。"胡骑入代句注边，烽火通于甘泉、长安。数月，汉兵至边，匈奴亦远塞。"（4/130—131，94 上/3764）

7. 景帝中元六年，"六月，匈奴入雁门，至武泉，入上郡，取苑马。吏卒战死者二千人"（5/150）。

8.景帝后二年,"春,匈奴入雁门,太守冯敬与战,死。发车骑材官屯"(5/151)。

本纪与《匈奴传》所载匈奴之入寇事,皆是杀官伤人之情形较为严重者,小入盗劫掠者多不载,或仅总而言之。如《汉书·匈奴传》述文帝十四年匈奴大入寇后,续曰:

> 匈奴日以骄,岁入边,杀略人民甚众,云中、辽东最甚,郡万余人。汉甚患之。(94上/3762)

一郡杀略万人之入寇,史书竟无特别记载,则其时匈奴入寇为常事,所谓"岁入边"者是也。《汉书·匈奴传》又曰:"终景帝世,时时小入盗边,无大寇。"(94上/3765)盖时汉廷不欲战争,行和亲之策,对匈奴之入寇极为容忍①,仅采防守,尤其加强京师长安地区之防守。官书记载亦尽量淡化其事。

只有汉廷容许匈奴到关下互市,及给予大量粮食物资以救其敝,汉廷才能与匈奴关系融洽。《汉书·匈奴传》曰:"武帝即位,明和亲约束,厚遇关市,饶给之。匈奴自单于以下皆亲汉,往来长城下。"(94上/3765)唯长期"饶给"匈奴,非武帝所愿,故数年之后,武帝改变政策,于元光二年六月,主动遣将出击匈奴(《汉书·武帝纪》6/162—163),从此开始数十年之汉匈战争。

(三)

战争之费用极大。武帝元狩四年春,大将军卫青、骠骑将军霍去病"将各五万骑,步兵转者踵军数十万",击匈奴。"两军之出塞,塞阅官及私马凡十四万匹,而复入塞者不满三万匹。"(《史记·卫将军骠骑列传》111/2934、2938)是役损失之官马与私马凡十一万余。"居延汉简"第37.35条,谓"用

---

① 冒顿单于致吕太后书,语涉猥亵,有意污辱。吕后大怒,"议斩其使者,发兵而击之"。季布以为力不能击。太后乃使人报书曰:"年老气衰,发齿堕落,行步失度,单于过听,不足以自污。弊邑无罪,宜在见赦。"(《汉书·匈奴传》94上/3755)可谓极隐忍之能事。

马五匹直二万"①,则马一匹值四千钱,十一万匹马共值四亿四千万钱。是役之人员、武器、车辆、装备、粮草、赏赐等不算,仅马匹一项之损失费用就超过四亿四千万钱。故《汉书·食货志》曰:"大将军、票骑大出击胡,赏赐五十万金,军马死者十余万匹,转漕车甲之费不与焉。是时财匮,战士颇不得禄矣。"(24下/1165)汉初行黄老之治,与民休息,百姓各安生业,致力发财。至武帝初,凡六十余年之累积,极为富裕。《史记·平准书》曰:

> 非遇水旱之灾,民则人给家足,都鄙廪庾皆满,而府库余货财。京师之钱累巨万,贯朽而不可校。太仓之粟陈陈相因,充溢露积于外,至腐败不可食。众庶街巷有马,阡陌之间成群。(30/1420)

汉武帝初(建元元年,前140)积聚如此丰富,至元狩四年(前119),花费殆尽,"大司农陈臧钱经用,赋税既竭,不足以奉战士"(《汉书·食货志》24下/1159)。武帝好大喜功,兴作甚多②,然征伐匈奴无疑为最花费钱财物资之项目。且纳降胡于内郡,赏赐供养,亦为巨大之支出。《汉书·食货志》曰:

> 而胡降者数万人皆得厚赏,衣食仰给县官,县官不给,天子乃损膳,解乘舆驷,出御府禁臧以赡之。(24下/1161—1162)

对匈奴之战争造成汉廷之财政困难可见。

---

①"居延汉简"释文第37.35条曰:
　候长觻得广昌里公乘礼忠年卅　小奴二人直三万　用马五匹直二万　宅一区万
　　　　　　　　　　　　　　　　大婢一人二万　　牛车二两直四千　田五顷五万
　　　　　　　　　　　　　　　　轺车二乘直万　　服牛二六千　　　●凡訾直十五万
　谢桂华、李均明、朱国炤合校:《居延汉简释文合校》上册,页61,北京,文物出版社,1987年。此简文所列田地住宅牛马奴婢之物价,可以提供汉代居延地区物价之消息。
②前此武帝已"招徕东瓯,事两粤",开西南夷道、置沧海郡。元狩四年以后,除不断征伐匈奴外,又并吞南越,置郡县于西南夷地,伐朝鲜,开河西诸郡,通西域,皆花费巨大。国库不足以应付,乃用兴利之臣以敛财。武功爵、入财为郎,皮币荐享,算缗,平准均输,盐铁专卖,皆为搜括民间财富之手段。而征发太多,役使过制,百姓不安于生业。武帝在位五十三年,至其末年,官民俱困。《汉书·夏侯胜传》:宣帝初即位,欲褒武帝功德,令群臣议武帝庙乐。"长信少府(夏侯)胜独曰:'武帝虽有攘四夷广土斥境之功,然多杀士众,竭民财力,奢泰亡度,天下虚耗,百姓流离,物故者半……亡德泽于民,不宜为立庙乐。'"(75/3156)

战争费用巨大,东汉征讨诸羌之花费,征羌名将段颎上书桓帝,言及用钱之确实数字,可供参考。《后汉书·段颎传》,护羌校尉段颎上言桓帝曰:

> 伏计永初中,诸羌反叛,十有四年,用二百四十亿①;永和之末,复经七年,用八十余亿②。费耗若此,犹不诛尽,余孽复起,于兹作害。(65/2148)

段颎自请往讨东羌:

> 今若以骑五千,步万人,车三千两,三冬二夏,足以破定,无虑用费为钱五十四亿。如此,则可令群羌破尽,匈奴长服,内徙郡县,得反本土。(65/2148)

上引《段颎传》谓永初年间讨羌,十四年用费二百四十亿,平均一年花费十七亿余。段颎自请二年余征羌费用五十四亿,一年约二十亿。段颎之军队规模甚小,计"骑五千,步万人,车三千两",与西汉武帝元狩四年春,大将军卫青、骠骑将军霍去病"将各五万骑,步兵转者踵军数十万"之军队相比,仅为十分之一,然花费亦要一年二十余亿。

汉代政府之年财政收入不可考③。《汉书·王嘉传》载王嘉奏言,谓元帝时朝廷及帝室之藏钱数,可视作历年之积余。其文曰:

---

① 其事亦见于《后汉书·西羌传》:"自羌叛十余年间,兵连师老,不暂宁息。军旅之费,转运委输,用二百四十余亿,府帑空竭。延及内郡,边民死者不可胜数,并、凉二州遂至虚耗。"(87/2891)

② 《后汉书·西羌传》曰:"自永和羌叛,至乎是岁,十余年间,费用八十余亿。"(87/2897)

③ 《太平御览·治道部·赋敛》引桓谭《新论》曰:"汉定以来,百姓赋敛,一岁为四十余万亿,吏俸用其半,余二十万亿,藏于都内为禁钱。少府所领园地(池?)作务之八十三万万,以给宫室供养诸赏赐。"(627/2810a。台北,大化书局,1980年。)按少府所领钱为帝室之私财,于此不讨论。谓"汉定以来,百姓赋敛,一岁为四十余万亿",似嫌太少。按汉代政府之财政收入,主要有三大项:一为田租,二为算赋、口赋,三为更赋。田租所收为谷粟(参见李剑农:《先秦两汉经济史稿》,页269—270,台北,华世出版社,1981年)。第二、三项所收为钱。算赋、口赋为人头税,更赋为成年男丁之代役钱。算赋、口赋、更赋之总数皆与其时之人口总数有关。西汉二百年,人口数前后有变化,赋额前后亦有变化(加藤繁《关于算赋的小研究》认为:西汉文帝时算赋减少至一算40钱,武帝时大量增加,宣帝甘露二年之前一算为190钱;成帝建始二年(转下页)

> （哀帝时，日蚀，丞相王嘉奏封事曰:）孝元皇帝奉承大业，温恭少欲，都内钱四十万万，水衡钱二十五万万，少府钱十八万万。……赏赐节约。是时外戚赀千万者少耳，故少府水衡见钱多也。（ ／ ）

王嘉谓元帝少欲节约，故国家藏钱结余凡八十三亿。按武帝以后，昭帝、宣帝皆不再大击匈奴，昭帝"始元、元凤之间，匈奴和亲，百姓充实"①。宣帝时，匈奴内乱，甘露元年呼韩邪单于且送质子称臣，其后数十年北边无事。因长期无战争，故元帝时国家财政盈余甚多。

多年无战事，政府及帝室之盈余累积仅得八十余亿。依段颎所言之计筹，以小规模之军队征剿叛羌，年费二十余亿，八十余亿不足五年之用。若大规模发兵，必年耗钱过百亿。一二年后必藏钱殆尽，国库空虚，大加税赋尚不足供给，必用聚敛之臣百计搜括天下财富，乃得维持，一如武帝时所为者然。《后汉书·西羌传》论曰：

> （诸将）更奉征伐之命，征兵会众……摇动数州之境，日耗千金之资，至于假人增赋，借奉侯王，引金钱缣彩之珍，征粮粟盐铁之积。(87/2900)

西汉武帝伐匈奴，与东汉安、顺诸帝征羌，皆耗费巨大，百计筹钱。

战争费用庞大为汉武帝以后汉代诸帝采用和亲、徙戎入塞、以戎为兵、以夷制夷等边防政策之重要原因之一②。

（接上页）之前一算为160钱，建始二年改为一算120钱，其后沿袭至汉末。加藤繁:《中国经济史考证》中译本，页138,台北，华世出版社，1976年)。"更赋之中含有三种力役之征":一为给郡县每年一月之徭役，二为正卒一年之兵役，三为每年戍边三日之兵役(《先秦两汉经济史稿》页263)。兵役、徭役前后变化更大，某一年全国代役之更赋不可能计算清楚。故汉代政府某一年之财政收入，不可考。

①《汉书·昭帝纪》赞曰(7/233)。
②武帝以后，汉代诸帝不以战争为保卫边防之主要手段，其原因甚多，本文所论之财政因素为其中之一，其他原因之最重要者，征伐战争无论胜负，皆有大量之士卒百姓伤亡。正是"士卒不得其死者，白骨相望于野"(《后汉书·西羌传》87/2897)，父子相踵殒命于沙场，孤寡相对号哭于后方。

（四）

汉武帝征伐匈奴数十年，二败俱伤。匈奴固国力大衰，退至阴山以北，汉亦"海内虚耗，户口减半"①。《后汉书·南匈奴传》论曰："（武帝）穷竭武力，单用天财，历纪岁以攘之。寇虽颇折，而汉之疲耗略相当矣。"（89/2966）昭帝"轻徭薄赋，与民休息……匈奴和亲，百姓充实"②。宣帝时，匈奴内乱，五单于争立，各拥部落，相互攻击，呼韩邪单于势弱，于甘露元年遣子入侍。三年正月，呼韩邪单于入朝天子；皇帝赐予大量金钱、衣帛、粮食。《汉书·匈奴传》曰：

> （宣帝甘露三年正月，呼韩邪单于来朝。）汉宠以殊礼，位在诸侯王上……赐以……黄金二十斤，钱二十万，衣被七十七袭，锦绣绮縠杂帛八千匹，絮六千斤。……留月余，遣归国。单于自请愿留居光禄塞下，有急保汉受降城。汉遣长乐卫尉高昌侯董忠、车骑都尉韩昌将骑万六千，又发边郡士马以千数，送单于出朔方鸡鹿塞。诏忠等留卫单于，助诛不服，又转边谷米糒，前后三万四千斛，给赡其食。……（黄龙元年正月，）呼韩邪单于复入朝，礼赐如初，加衣百一十袭，锦帛九千匹，絮八千斤。（94下/3798—3799）

黄金、钱币、衣被、锦绣绮帛之赏赐，单于当分与其属下之诸王、骨都侯等贵人，至米糒之类粮食，则匈奴之百姓皆得分润。匈奴呼韩邪单于已降，而汉仍赐予"边谷米糒，前后三万四千斛，给赡其食"者，盖呼韩邪单于所领之匈

---

① 《汉书·昭帝纪》赞曰（7/233）。
② 《汉书·昭帝纪》赞曰（7/233）。

奴民众粮食不足,汉廷若不赏赐,恐已降之匈奴又叛而劫掠①。数年后,匈奴又有不足,汉廷再救济之。《汉书·匈奴传》:

> 元帝初即位,呼韩邪单于复上书,言民众困乏。汉诏云中、五原郡转谷二万斛以给焉。(94下/3800)

游牧经济之特性,以活的牲畜为财富,其产品为肉乳,不耐久藏。遇酷寒、干旱、瘟疫等自然灾害,牲畜大量死亡,游牧之人口马上面临饥荒,必须外求食物。匈奴已降,不得南下入塞劫夺汉民之粮食,为救其窘急,汉廷必须输粮以济之,才能与匈奴维持宗主与臣属之关系。

汉廷与匈奴和亲时期,匈奴灾荒不足,则南下入塞抢劫。及匈奴投降为汉天子之臣属,汉廷又必须赏赐粮食以解救其饥荒。匈奴降与不降,汉廷皆得付出粮食,盖游牧民族与农耕民族之经济特性使然。

单于入朝可得厚赐,呼韩邪单于于甘露三年(前51)初次入朝,二年后,于黄龙元年(前49)再次入朝,其赏赐可见于上引文。及郅支单于见诛,呼韩邪单于又请入朝。元帝"竟宁元年,单于复入朝,礼赐如初,加衣服锦帛絮,皆倍于黄龙时"(94下/3803)。呼韩邪单于入京朝见天子凡三次。呼韩邪单于死于建始二年(前31),其子复株累若鞮单于。河平二年,"单于上书愿朝河平四年正月,遂入朝,加赐锦绣缯帛二万匹,絮二万斤,它如竟宁时"(94下/3808)。其后,"搜谐单于立八岁,元延元年,为朝二年发行,未入塞,病死"(94下/3809)。建平四年(前3),乌珠留若鞮单于上书欲朝五年,公卿"以为虚费府帑,可且勿许"(94下/3812)。黄门郎扬雄上书谓匈奴降汉以

---

① 东汉南匈奴内属,光武徙之塞内,年荒岁急,朝廷亦转谷赐牛羊以济其急。如南匈奴初内属,汉天子即"转河东米糒二万五千斛,牛羊三万六千头,以赡给之"(《后汉书·南匈奴传》,89/2944)。其后凡南匈奴荒年不足,汉廷即输粮食救济之。如《后汉书·南匈奴传》:建武"二十九年,赐南单于羊数万头"(89/2948),"建初元年……南部苦蝗,大饥,肃宗禀给其贫人三万余口"(89/2950)。章帝以后,史书不见有救济南匈奴之例。按此时南匈奴居于塞内日久,荒年不足,朝廷当循例救济,史书或不复记载。又南匈奴已为塞内之民,容易与汉人贸易,年景好时,牲畜大量增殖,可交易收藏大量农产品,提高生活水平,仰赖救济之次数与救济物资之数量,必大为减少。

后,"欲朝者不距,不欲者不强"(94下/3814),盖不欲因小事而与匈奴生怨隙。应许其入朝,哀帝从之。《汉书·匈奴传》曰:

> 故事,单于朝,从名王以下及从者二百余人。单于又上书言:"蒙天子神灵,人民盛壮,愿从五百人入朝,以明天子盛德。"上皆许之。元寿二年,单于来朝……加赐衣三百七十袭,锦绣缯帛三万匹,絮三万斤,它如河平时。(94下/3817)

入朝天子可得大量金钱、衣物、布帛、粮食等物之赏赐,故呼韩邪单于于二十年间凡三次入朝,继位之单于亦皆欲入朝。单于入朝对汉廷是一重大之财务负担,故对单于请求入朝,朝臣有"虚费府帑,可且勿许"之议。此议恐使匈奴"生怨隙",不为皇帝接受。单于入朝耗费汉廷大量资财,则为时人所共知。

东汉光武帝建武二十三年,匈奴内乱。明年,匈奴南边八部大人共议立前呼韩邪单于孙比为单于,袭其祖父之号,亦称呼韩邪单于,匈奴遂分南北。二十五年,"南单于复遣使诣阙奉藩称臣,献国珍宝,求使者监护,遣侍子"。二十六年,"诏乃听南单于入居云中"。冬,南单于遣兵与北匈奴战,不利,"于是复诏单于徙居西河美稷"(《后汉书·南匈奴传》89/2942—2945)。西河郡美稷县地处黄河之南。便于汉军对南单于之保护。汉廷亦置使匈奴中郎将,领兵驻单于廷。《后汉书·南匈奴传》曰:

> 因使中郎将段郴及副校尉王郁留西河拥护之,为设官府、从事、掾史。令西河长史岁将骑二千,弛刑五百人,助中郎将卫护单于,冬屯夏罢。自后以为常。(89/2945)

光武帝"徙戎入塞",安置南匈奴诸部散居于缘边之北地、朔方、五原、云中、西河、定襄、雁门、代等数郡①,"助为扞戍"。东汉之南匈奴是居住于汉帝国境内,受汉官管辖之藩国,天子之赏赐,较之西汉后期之匈奴,数量更大。

---

① 《后汉书·南匈奴传》曰:"南单于既居西河,亦列置诸部王,助为扞戍。使韩氏骨都侯屯北地,右贤王屯朔方,当于骨都侯屯五原,呼衍骨都侯屯云中,郎氏骨都侯屯定襄,左南将军屯雁门,栗籍骨都侯屯代郡,皆领部众为郡县侦罗耳目。"(89/2945)

《后汉书·南匈奴传》曰：

> （建武二十六年）秋，南单于遣子入侍，奉奏诣阙。诏赐单于冠带、衣裳、黄金玺、盭绶绂、安车羽盖、华藻驾驷、宝剑弓箭、黑节三、驸马二、黄金、锦绣、缯布万匹、絮万斤、乐器鼓车、棨戟甲兵、饮食什器。又转河东米糒二万五千斛，牛羊三万六千头，以赡给之。（89/2943—2944）

此为初内属时之赏赐，同时输米糒牛羊以赡给之。盖匈奴前数年"连年旱蝗……人畜饥疫"，故南单于遣子入侍即救济之。其后南匈奴为汉天子之藩国，每年元旦之赏赐，岁以为常。《后汉书·南匈奴传》曰：

> 元正朝贺，拜祠陵庙毕，汉乃遣单于使，令谒者将送，赐彩缯千匹，锦四端，金十斤，太官御食酱及橙、橘、龙眼、荔支；赐单于母及诸阏氏、单于子及左右贤王、左右谷蠡王、骨都侯有功善者，缯彩合万匹。岁以为常。（89/2944）

每年其他时节之赏赐，亦当有习惯规定，故一年供给南匈奴单于有定数。《后汉书·袁安传》：和帝时，司徒袁安上封事曰：

> 且汉故事，供给南单于费直岁一亿九十余万，西域岁七千四百八十万。（45/1521）

所言为天子赏赐南单于每年固定之数目，赏赐南匈奴，多于对西域数十国之赏赐①。至于非每年发生之事项，另有赏赐。如单于薨，新单于立，亦有赏赐。《后汉书·南匈奴传》曰：

---

① 光武建武二十五年，辽东太守祭肜招纳鲜卑诸种，令其击匈奴，持头诣郡受赏赐。自后鲜卑岁岁攻击匈奴，"自是匈奴衰弱，边无寇警，鲜卑、乌桓并入朝贡"（《后汉书·祭肜传》20/745）。"于是鲜卑大人皆来归附，并诣辽东受赏赐，青、徐二州给钱，岁二亿七千万为常。明章二世，保塞无事。"（《后汉书·鲜卑传》90/2986）此所谓赏赐鲜卑"给钱岁二亿七千万为常"，是鲜卑持匈奴首级受赏赐，其后北匈奴西迁，鲜卑亦西徙，据有匈奴旧地，且为得赏赐，不断西追攻杀北匈奴。《三国志·魏书·鲜卑传》注引《魏书》曰："……于是鲜卑自燉煌、酒泉以东邑落大人，皆诣辽东受赏赐，青、徐二州给钱，岁二亿七千万以为常。"（30/837）辽东郡在汉疆土北边之极东，燉煌郡、酒泉郡则为汉疆上北边极西之郡，居住于燉煌、酒泉之鲜卑部落大人（转下页）

>单于比立九年薨,中郎将段郴将兵赴吊,祭以酒米,分兵卫护之。比弟左贤王莫立,帝遣使者赍玺书镇慰,拜授玺绶,遗冠帻,绛单衣三袭,童子佩刀、绲带各一,又赐缯彩四千匹,令赏赐诸王、骨都侯已下。其后单于薨,吊祭慰赐,以此为常。(89/2948)

东汉朝廷对匈奴赏赐之厚,证以单于上奏之言,更为明白。章和二年七月,单于自请出击北匈奴曰:"臣等生长汉地,开口仰食,岁时赏赐,动辄亿万,虽垂拱安枕,惭无报效之地。"(《后汉书·南匈奴传》89/2952)

汉廷安置南匈奴于缘边诸郡,欲其"助为扞戍",盖为以夷制夷。南匈奴对抗北匈奴及其他犯边之民族,斩首获生,得依例赏赐。《后汉书·南匈奴传》曰:

>元和二年……单于遣兵千余人猎至涿邪山,卒与北虏温禺犊王遇,因战,获其首级而还。……(武威太守)孟云上言:"北虏以前既和亲,而南部复往钞掠,北单于谓汉欺之,谋欲犯塞,谓宜还南所掠生口,以慰安其意。"肃宗从太仆袁安议,许之。乃下诏曰:"……今与匈奴君臣分定,辞顺约明,贡献累至,岂宜违信自受其曲。其敕度辽及领中郎将庞奋倍雇南部所得生口,以还北虏。其南部斩首获生,计功受赏如常科。"于是南单于复令奠鞬日逐王师子将轻骑数千出塞掩击北虏,复斩获千人。北虏众以南部为汉所厚,又闻取降者岁数千人。(89/2950—2951)

南匈奴斩获北匈奴及其他犯边之民族,得计功受赏,其数每年不定。此赏赐应不在上文袁安所言"岁一亿九十余万"之内。

前述东汉光武帝徙置南匈奴于塞内,南单于廷置于西河郡美稷县,南匈奴诸部散居于缘边之西河、北地、朔方、五原、云中、定襄、雁门、代等诸郡,造成此诸郡于东汉户口大减①。按《后汉书·续郡国志》所载东汉全国户口总

(接上页)东诣辽东领赏,盖沿袭永平初年故事。鲜卑自辽东郡之北转徙至燉煌、酒泉,必经历至少数十年,则此鲜卑部落大人"皆诣辽东受赏赐,青、徐二州给钱,岁二亿七千万以为常"之故事,亦必沿袭至少数十年。

①详本书第一篇《论汉代徙置边疆民族于塞内之政策》。

数,约为《汉书·地理志》所载西汉全国户口总数之80%(户数79.28%,口数82.47%)。然此数郡东汉之户口数与西汉户口数之百分比远比80%为低:

  西河(户数:4.18%,口数:4.13%)
  朔方(5.79%,5.74%)
  定襄(8.18%,8.32%)
  北地(4.84%,8.88%)
  五原(11.87%,9.92%)
  云中(13.97%,15.25%)
  代郡(35.45%,45.27%)
  雁门(43.56%,84.85%)①

此八郡中,西河、朔方、定襄、北地四郡之东汉户口数皆在西汉户口数之10%以下,五原、云中二郡在15%以下,代郡、雁门二郡在50%以下。此八郡东汉之户口数较西汉大减,盖与南匈奴入居其地有关。户口大量减少,赋税亦必大量减少,朝廷必须自内郡大量调拨款项粮食物资,方可维持此诸郡之郡县行政。此项费用亦当算入汉廷与匈奴关系之财政负担。

(五)

  游牧民族与农耕民族之经济条件与生产品性质不同,若同为一国,由国家调节其彼此之盈余不足与需求,互通有无,自可两蒙其利。若两者为相邻之两国,于古代除非一国臣服于对方,否则两国必互为敌国,难有和平。盖游牧民族以牲畜为财富与主要食物来源;大风雪、大旱、瘟疫等自然灾害之侵袭,牲畜于短期间大量死亡,饥荒随之而至。若得不到相邻之农耕社会之救助,游牧民族常向农耕社会入侵,抢掠其粮食物产。由于游牧民族经济上对农耕社会之依赖,无论游牧民族与农耕民族之关系为敌对或和平,农耕民

---

① 《后汉书·续郡国志》:雁门郡31,862户,249,000口(志23/3525)。平均每户7.8人。恐有误。

族皆必须付予游牧民族粮食物资①。付予之形式或为游牧民族入寇掠夺,或为农耕民族之君主给予游牧民族赏赐。国史中原皇朝与北方游牧民族之关系常如此。

汉初行和亲,汉廷馈赠匈奴甚少②,边市不能御灾荒③,故匈奴常入边侵盗,和亲不足以羁縻匈奴。

宣帝甘露元年以后,匈奴投降,单于入朝,汉帝大量赏赐匈奴单于,又数次转输米谷以万石计,以解匈奴之灾荒困急。

东汉匈奴分为南北,南匈奴内属于汉。光武徙置南匈奴于塞内,诸部散居于缘北边之数郡,南匈奴为东汉帝国内之属国,天子之赏赐,较之西汉后期之匈奴,数量更大。经常性之费用,"岁一亿九十余万",灾荒之救济在其外。南单于薨,新单于立,皇帝遣使吊祭慰贺,赏赐亦在经常岁费之外。又汉廷以夷制夷,用南匈奴为兵,南匈奴击北匈奴及其他犯边之民族,斩首获生,得计功受赏,其费不菲,其数每年不同,亦不在经常岁费之内。

汉廷与匈奴之关系,除武帝时长期征伐匈奴,北逐匈奴于漠北,匈奴无力入边侵盗外;无论汉匈和亲,或匈奴于塞外称臣,或南匈奴为东汉帝国内之属国,汉廷皆得付出金钱物资。和亲期间,匈奴于穷急时常来寇盗劫掠,此为汉廷被动付予金钱物资之方式。匈奴于塞外称臣或于塞内为属国,汉廷皆主动付予金钱物资:大量赏赐之,于其灾困之时,转输米粮以救济之。盖游牧经济依赖农耕社会之救济,不得不然。征伐匈奴固不必付予匈奴金钱物资,然战争之费用太昂,远过于任何方式之付费以维持与匈奴之和平关

---

① 前引萧启庆《北亚游牧民族南侵各种原因的检讨》曰:"游牧经济有对自然变化的脆弱性,对农耕社会的倚存性……对农耕社会的贸易与掠夺,是游牧民族解决经济问题的两个变换手段。"(页316)
② 《汉书·匈奴传》孝文前六年,遗匈奴书曰:"使者言单于自将并国有功,甚苦兵事.服绣袷绮衣、长襦、锦袍各一,比疏一,黄金饬具带一,黄金犀毗一,绣十匹,锦二十匹,赤绨、绿缯各四十匹,使中大夫意、谒者令肩遗单于。"(94上/3758)馈赠之数量甚少,与呼韩邪单于降汉后之赏赐相差千万倍。
③ 风调雨顺,牲畜孳息之好年境,游牧民族乃有边市之需求。年荒灾急,剩余之牲畜尚不足以食用,无物可以出卖交易。边市贸易为汉廷与匈奴关系之重要内容。唯本文之重点在汉廷对匈奴关系之财政负担,边市贸易增加汉廷之财政收入有限,于此不讨论。

系。故武帝以后汉廷与匈奴关系之发展,在形势容许之下,汉廷不采战争之手段,光武帝且徙置南匈奴于塞内。汉代"徙戎入塞"有财政原因。

匈奴于塞外称臣与徙置匈奴于塞内为属国,后者之效益高于前者。其一,就财政而言,南匈奴入居塞内,容易与汉人互市。前文已述游牧经济之特性,风调雨顺之好年景,畜群在短期可增殖一倍以上,大旱、暴寒与瘟疫,牲畜可在几天内就大量死亡。南匈奴入居塞内后,年景好时容易卖出其牲畜及畜产品,换取农产品,收藏备用,年景坏时仰赖救济之次数与救济物资之数量必然减少,可以缓和汉廷之财政负担。其二,就政治而言,匈奴于塞外称臣,仅名义上臣属于汉天子,汉廷对其控制指挥较难。南匈奴入居塞内为属国,汉廷对南匈奴之控制力较大:汉帝遣使匈奴中郎将驻扎南单于廷,以皇帝使者之权力,监督指导南单于①;使匈奴中郎将之属吏又对南匈奴社会"参辞讼,察动静"。其三,就军事而言,汉廷以夷制夷,安置南匈奴于缘北边诸郡,助防守北边。塞外之入寇者进入北边后,即遭遇南匈奴;东汉兵出塞征伐,常发南匈奴兵,南单于或亲自领兵,或遣其诸王骨都侯领兵,配合汉军作战,减轻汉军之军事负担及百姓之兵役。

2007年4月15日初稿。承洪金富兄指正,并提示札奇斯钦著《北亚游牧民族与中原农业民族间的和平战争与贸易之关系》一书,据以修改。2007年6月4日二稿。

初刊于《中国文化研究所学报》第48期,页1—13,香港,香港中文大学中国文化研究所,2008年。

---

① 永和五年,使匈奴中郎将陈龟逼迫"单于及其弟左贤王皆自杀"(《后汉书·南匈奴传》89/2960,《后汉书·陈龟传》51/1692)。又灵帝光和二年,使匈奴中郎将张修"与单于不相能,修擅斩之,更立右贤王羌渠为单于"(《后汉书·南匈奴传》89/2964)。虽此二人后皆因此下狱。然此二事可见使匈奴中郎将在南单于廷之权势。参见廖伯源:《使者与官制演变——汉皇帝使者考论》,页282—287。

三　论光武帝定都洛阳

（一）前　言

西汉都长安二百余年，以关中为帝国之中枢及根本之地，又徙天下豪强、吏二千石以实三辅，在全国各地区中，关中之地位最为重要。然光武中兴定都，舍关中之长安而取河南之洛阳，其原因何在？而东汉都洛阳，对东汉帝国之国势有何影响？此皆为史家关心之问题，论者甚多。今考察其言，论其得失。此历史之重大事件，其原因与影响必然甚多而复杂，今之考论与推测，仅为一家言，不到之处，恐比所论为多。

汉高祖初都洛阳，及听娄敬之言，询之张良以为然，即日起驾西都关中。娄敬之言谓关中形胜之地，"四塞以为固……山东虽乱，秦之故地可全而有也"。坐镇关中，可以控制天下①。娄敬之言盖以战国相争之形势立论。时高祖诛项羽不久，山东诸侯兵强势大。高祖又以秦孤立，十余年而亡天下之鉴，因欲并行封建与郡县，以同姓诸侯代异姓诸侯。诸侯国皆在山东，行封

---

① 《史记·刘敬传》99/2715—2716。娄敬赐姓刘，亦作刘敬。

建,而帝都与诸侯国拥挤山东,帝都无形势之胜。故封建诸侯王于山东,帝都以在关中为宜。高祖定都关中长安,以汉初并行郡县与封建之国策而不得不然。汉初诸侯王之力量太大,天子不得安枕。故文帝、景帝及武帝以削弱诸侯王之力量为其最重要之政策,削减诸侯王国之领土,改革诸侯王国之制度。结果是武帝以后,诸侯王"与富室亡异",西汉末年之诸侯王国多是地广仅数县,无力抗拒汉朝廷。光武封诸子各四县,"是即度西汉末年最小之封国而置制也"。"明、章二帝封国更明以钱谷为准,不以郡县地区为准。"①光武所封诸侯王,其王国占地甚小。光武定都洛阳,无帝室与诸侯王于山东争地之问题。

(二)东汉都洛阳之原因

1.长安残破恐非光武都洛阳之原因。

或以两汉之际战乱,关中长安残破,为光武不都长安之一原因②。按诛王莽之役,"唯未央宫被焚而已,其余宫馆一无所毁"③。三辅长安之残破,为稍后更始、赤眉之政乱、战乱所造成。《汉书·王莽传》曰:

> (更始二年二月,)更始到长安……三辅悉平,更始都长安,居长乐宫。府藏完具,独未央宫烧攻莽三日,死则案堵复故。……明年夏,赤眉樊崇等众数十万人入关,立刘盆子,称尊号,攻更始,更始降之。赤眉遂烧长安宫室市里,害更始。民饥饿相食,死者数十万,长安为虚,城中无人行。宗庙园陵皆发掘,唯霸陵、杜陵完。(99下/4193)

---

①严耕望:《中国地方行政制度史》上编卷上《秦汉地方行政制度》,页28—29,台北,《中研院历史语言研究所专刊》之四十五,1974年。
②钱穆《论首都》曰:"光武以长安毁于赤眉,不再西驾。"见钱穆:《政学私言》上卷,页62,台北,商务印书馆,1996年台二版。
③《后汉书·刘玄刘盆子列传》11/470。

更始政乱,诸将拥兵放纵,横暴三辅。更始二年(24)"十二月,赤眉西入关"。更始将张卬、廖湛、胡殷等欲劫更始,"勒兵掠(长安)东西市。昏时,烧门入,战于宫中,更始大败……东奔赵萌于新丰……(更始诸将分为二方,互相攻战)于(长安)城内,连战月余"。而赤眉已至,更始败亡(《后汉书·刘玄刘盆子列传》,11/473—475)。是关中、长安经更始年余之乱政,诸将与更始又互相攻战,以三辅及长安为战场。更始败亡时,三辅长安已因战乱而残破。

赤眉之将吏兵卒暴虐无序,更甚于更始之兵将。赤眉诸将于更始二年六月立刘盆子为帝,十二月,赤眉入关中,次年(更始三年,建武元年,公元25),更始败降。《后汉书·刘玄刘盆子列传》曰:

> 盆子居长乐宫,诸将日会论功,争言谨呼,拔剑击柱,不能相一。三辅郡县营长遣使贡献,兵士辄剽夺之。又数虏暴吏民……盆子坐正殿……(诸将)更相辩斗,而兵众遂各逾宫斩关,入掠酒肉,互相杀伤……(建武二年正月,)赤眉贪财物,复出大掠。城中粮食尽,遂收载珍宝,因大纵火烧宫室,引兵而西……自南山转掠城邑……遂入安定、北地……乃复还,发掘诸陵……九月,赤眉复入长安,止桂宫……时三辅大饥,人相食,城郭皆空,白骨蔽野,遗人往往聚为营保,各坚守不下。赤眉虏掠无所得。(11/481—484)

光武于建武元年"冬十月癸丑"定都洛阳(《后汉书·光武帝纪》1上/25)。二年正月,"赤眉焚西京宫室,发掘园陵,寇掠关中"(1上/28)。至十二月,赤眉乃出关向东。建武三年闰正月,赤眉降。

按光武初都洛阳在长安宫室焚毁之前,则其初都洛阳,非因长安宫室焚毁。及降赤眉,灭陇西隗嚣政权,诛巴、蜀公孙氏,统一天下后,光武不徙都关中长安,关中长安残破,是否为其原因之一,则甚为难说。

洛阳于莽末亦为战场,多次攻战易手,《后汉书·刘玄刘盆子列传》曰:更始元年九月,王莽见杀。"是月,拔洛阳……十月……更始遂北都洛阳……二年二月,更始自洛阳而西。"(11/470)《后汉书·光武帝纪》曰:"更始使大司马朱鲔、舞阴王李轶等屯洛阳,光武亦令冯异守孟津以拒之。"(1

上/18)明年,即光武建武元年,七月,吴汉率朱祐等十一将军"围朱鲔于洛阳"。九月"朱鲔举城降。冬十月癸丑,车驾入洛阳,幸南宫却非殿,遂定都焉"(1上/23—25)。

洛阳为中原之大城市,逐鹿者各方争夺,必受战火毁伤。是其时城市宫室毁坏言,长安、洛阳或有程度之不同,然皆须修缮。关中三辅经更始、赤眉之战乱而残破,三河亦经历战火,其残破不必轻于三辅,以关中残破,长安宫室焚毁为光武舍长安而都洛阳之原因,恐甚为薄弱。

2.转漕粮食入关中之耗费太大。

光武不都长安而都洛阳,盖关中生产之粮食不能支持帝国之首都,必须每年自山东转漕数百万石粮食入关中,耗费太大①。

都于关中,关中粮产不足供给,必须漕转山东之粮食、物品,转运困难,费用又大。近人沙学浚于其论文《西安时代与北平时代》言之甚详②,今述其大意如下:

战国时之秦国,关中粮产可自给自足。但天下一统之后,首都在关中,始皇"徙天下豪富于咸阳十二万户",西汉徙天下豪强、吏二千石于三辅。又中央政府之各级官吏甚多,与其家眷皆居住于京师。保卫京师之军队、皇宫之卫士,亦不下数十万。而首都之公共工程特多,如秦始皇以天下徙七十余万治郦山、阿房宫,皆使大量人口集中于关中。故秦统一天下后,关中粮食不足,仰给山东之漕转。汉初事少,漕转山东粟,岁不过数十万石,中叶以后,"岁漕关东谷四百万斛,以给京师,用卒六万人"③。经常之专职漕转关东粮食入关中之兵卒就多达六万人,而船夫、纤夫、马夫、车夫尚不计在内。洛阳至陕县三百余里,因有三门砥柱之险,舟覆者几半,船夫多死,而纤夫亦常

---

①钱穆《战后新首都问题》曰:"关中虽称沃野,然实不足供养一首都。"又谓:都洛阳"可省转漕挽粟之劳"。载前引《政学私言》下卷,页166。
②沙学浚:《西安时代与北平时代》,《地理学论文集》,页116—122,台北,商务印书馆,1972年。
③宣帝五凤中,大司农中丞耿寿昌奏言。见《汉书·食货志》(24上/1141)。

绳断坠死,不得不改为陆运。此三百里陆运之费,于唐代大约二石谷为钱一千①。

按汉唐之铜钱比价难知,即使汉钱之价值是唐钱之一倍,则此三百里运一石谷之费用为汉钱二百五十。专家推测汉代谷价为一石约三十钱至二百钱,此三百里之运费已超过所运之谷价甚多。洛阳至长安八百余里,后五百里虽漕运,然仓库码头起卸装载,费用亦大。是汉代自关东漕转粮食入关中,费用极昂。

西汉朝廷常欲有所兴作,以减少对山东漕粟之依赖。《史记·河渠书》曰:

> 其后河东守番系言:"漕从山东西,岁百余万石,更砥柱之限,败亡甚多,而亦烦费。穿渠引汾溉皮氏、汾阴下,引河溉汾阴、蒲阪下,度可得五千顷。五千顷故尽河壖弃地,民茭牧其中耳,今溉田之,度可得谷二百万石以上。谷从渭上,与关中无异,而砥柱之东可无复漕。"天子以为然,发卒数万人作渠田。数岁,河移徙,渠不利,则田者不能偿种。久之,河东渠田废,予越人,令少府以为稍入。(29/1410)

此事在武帝时,是在河东郡修水利,冀得灌溉"河壖弃地"为良田,产粮可输入关中,节省漕转之费。然其事卒无功。武帝又欲利用褒水、斜水漕粮,其事亦类似。《史记·河渠书》曰:

> 其后人有上书欲通褒斜道及漕事,下御史大夫张汤。汤问其事,因言:"抵蜀从故道,故道多阪,回远。今穿褒斜道,少阪,近四百里;而褒水通沔,斜水通渭,皆可以行船漕。漕从南阳上沔入褒,褒之绝水至斜,间百余里,以车转,从斜下下渭。如此,汉中之谷可致,山东从沔无限,便于砥柱之漕。且褒斜材木竹箭之饶,拟于巴蜀。"天子以为然,拜汤子卬为汉中守,发数万人作褒斜道五百余里。道果便近,而水湍石,不可

---

① 前引沙学浚:《西安时代与北平时代》,页118—122。又参见全汉昇:《唐宋帝国与运河》,《中国经济史研究》上册,页286—287,香港,新亚研究所,1976年。

漕。(29/1411)

盖欲南越秦岭,另辟水道,沟通沔水、褒水、斜水、渭水,以漕山东、江、淮、巴、蜀、汉中之谷入关中。其事亦无功。

汉代东谷西运,非经过洛阳逆黄河而西不可,运输之役甚苦而耗费极大,此为都关中长安所必须负担者。光武于建武七年"二月辛巳,罢护漕都尉官"(《后汉书·光武帝纪》1下/51)。此时离建武十二年底统一天下,尚有六年,光武已确定帝国之首都为洛阳,不会变更,此后不复漕运西往关中,故罢护漕都尉官。

漕转山东之粮食,西入关中,役苦而耗费,应是光武舍关中长安而都洛阳之重要原因①。

3.谶书言洛阳乃帝都。

汉代经学的特色之一是以谶纬说经。谶纬本分谶与纬二类,后合而为一。谶者,验也,先言其事,应验于后,是谶即预言。"亡秦者胡也"是秦谶,"董仲舒,乱我书""刘氏复起,李氏为辅""刘秀当为天子"是汉谶。既造作预言,为取见信,乃依托天命或圣人之言,故谶又称"符命之书"②。

西汉后期,已有洛阳位于天下之中,天子当徙都其地之说。元帝时,中郎翼奉上疏谓迁都可以更始改运,其言曰:

> 天道有常,王道亡常,亡常者所以应有常也……臣愿陛下徙都于成周……今东方连年饥馑,加之以疾疫,百姓菜色,或至相食。地比震动,天气溷浊,日光侵夺……故臣愿陛下因天变而徙都,所谓与天下更始者也,天道终而复始,穷则反本,故能延长而亡穷也。今汉道未终,陛下本而始之,于以永世延祚,不亦优乎!(《汉书·翼奉传》75/3176—3177)

迁都更始,以延汉祚。然为何必是洛阳?《汉书·王莽传》曰:

---

①前引钱穆《战后新首都问题》曰:光武"都洛阳,未尝非顾惜社会物力运输之艰难"(页168)。
②《后汉书·光武帝纪》注,1上/3。

> （王莽始建国五年二月,）莽曰:"玄龙石文曰'定帝德,国雒阳'。符命著明,敢不钦奉! 以始建国八年,岁缠星纪,在雒阳之都……"(99中/4132)

翼奉已言应徙都洛阳,则王莽所谓以洛阳为国都之符命,恐在西汉后期已有其渊源。故王莽在一年之前,始建国四年夏,已"下书曰:'……其以洛阳为新室东都,常安为新室西都。'"(99中/4128)又于一年后,天凤元年正月:

> 莽曰:"予以二月建寅之节行巡狩之礼……毕北巡狩之礼,即于土中居雒阳之都焉……"……(群臣劝莽不必于一岁巡狩四方。)莽曰:"……厥明年,岁在实沈,仓龙辛巳,即土之中雒阳之都。"乃遣太傅平安、大司空王邑之雒阳,营相宅兆,图起宗庙、社稷、郊兆云。(99中/4133—4134)

王莽迁都洛阳,亦如其诸多改革,仅见空言,并无实行。然其所言之符命之言,乃其欲迁都洛阳之根据。

光武信奉图谶,其即天子位,以赤伏符为受命之符;即位告天之祝文,引"谶记曰:'刘秀发兵捕不道,卯金修德为天子。'"[1]赵翼《廿二史札记》谓"光武尤笃信其术,甚至用人行政,亦以谶书从事"[2]。谶书言洛阳位于天下之中,乃帝都之地。此说必影响光武定都洛阳之决定。

4.建都于后方根据之地。

汉高祖与项羽争天下,以关中为根据地,故天下已定,选择定都关中。光武与群雄争天下,以河北、中原地区为根据地,至建武十二年十一月乃夷灭巴蜀公孙述,统一天下,其时上距以洛阳为都已十余年,因继续都洛阳。高祖与光武皆建都于其根据地中,此二者之相同点。

---

[1]《后汉书·光武帝纪》注曰:"卯金,刘字也。《春秋演孔图》曰:'卯金刀,名为刘,赤帝后,次代周。'"(1上/23)
[2]赵翼:《廿二史札记》卷四"光武信谶书"条(4/9—11),《四部备要》本,台北,中华书局,1968年台二版。

群雄灭秦,项羽为领袖。汉元年正月,项羽"立沛公为汉王,王巴、蜀、汉中,都南郑……项王自立为西楚霸王,王九郡,都彭城"①。八月,汉军经故道过秦岭,入关中。二年,击败项羽所封关中诸王,"于是置陇西、北地、上郡、渭南、河上、中地郡,关外置河南郡"②。高祖出关与项羽争天下,"令太子守栎阳,诸侯子在关中者皆集栎阳为卫"③。"汉二年,汉王与诸侯击楚,(丞相萧)何守关中,侍太子……立宗庙社稷宫室县邑……关中事计户口转漕给军,汉王数失军遁去,何常兴关中卒,辄补缺。"④是楚汉相争时,汉高祖以关中为后方,汉军虽数败,赖关中补充兵员、粮草而复振,卒击败项羽而有天下。汉五年十二月,项羽败死。正月"甲午,(高祖)乃即皇帝位汜水之阳……高祖都雒阳……五月……高祖欲长都雒阳,齐人刘敬说,及留侯劝上入都关中,高祖是日驾,入都关中"⑤。刘敬、张良劝说高祖之言各见本传。二人之言所以见听而马上实行,楚汉相争时汉以关中为后方,前方屡败而国力不损,反而越战越强。此经验对高祖决策入都关中,或为相当重要之原因。

光武帝与高祖之经验不同,关中、陇西、汉中、巴、蜀是光武最后征服之地,光武之根据地为河北中原之地。

更始元年十月,更始遣光武以破房将军行大司马事为使者,持节镇慰河北州郡,"如州牧行部事"⑥,光武始独当一面。然光武初到河北,其从属恐不过数十人,凭更始使者之身份,号召河北郡县归附;及王郎称帝,光武乃发河北郡县兵击郎,因自壮大⑦。更始二年,光武与友军围王郎于邯郸之前,光武占领之郡县如下:信都郡、和成郡、堂阳、贳县、昌城、宋子、下曲阳、卢奴、新

---

① 《史记·项羽本纪》7/316—317。
② 《史记·高祖本纪》8/368—369。
③ 《史记·高祖本纪》8/372。
④ 《史记·萧相国世家》53/2014—2015。
⑤ 《史记·高祖本纪》8/378—381。
⑥ 《后汉书·光武帝纪》1上/10—12。
⑦ 参见本书第五篇《试论光武帝之统御术》。

市、真定、元氏、防子、广阿①。按和成郡分自巨鹿郡，注曰："《东观记》曰：'王莽分巨鹿为和成郡。'"②据章怀注，堂阳、贳县、宋子、下曲阳、新市、广阿属巨鹿郡，昌城属信都国，卢奴属中山国，真定、元氏、防子属常山郡③。据《后汉书·续郡国志》，下曲阳属巨鹿郡，真定、元氏、防子属常山国，卢奴、新市属中山国，昌城（阜城）、堂阳属安平国④。则诛王郎之前，光武领辖之地为信都郡、巨鹿郡、常山国、中山国之部分属县。

光武以更始使者，"移檄边部，共击邯郸……上谷太守耿况、渔阳太守彭宠各遣其将吴汉、寇恂等将突骑来助击王郎，更始亦遣尚书仆射谢躬讨郎"。遂围巨鹿、邯郸，诛王郎。光武为击王郎诸军之首领，战后，更始遣使"立光武为萧王，悉令罢兵诣行在所。光武辞以河北未平，不就征。自是始贰于更始"（1上/14—15）。更始令光武罢兵诣行在所，盖恐光武坐大。光武不就征，独立自主，收吴汉、寇恂等于麾下，发北边诸郡兵，击铜马、高湖、重连等诸股兵，降其众数十万。又使吴汉等袭杀更始之尚书仆射谢躬，并其众。"更始使大司马朱鲔、舞阴王李轶等屯洛阳，光武亦令冯异守孟津以拒之。"（1上/16—18）

次年六月己未，光武即皇帝位于鄗，"改鄗为高邑"。高邑属常山国（《续郡国志》志20/3434）。七月，遣大司马吴汉率十一将军"围朱鲔于洛阳"。"九月，赤眉入长安，更始奔高陵……辛卯，朱鲔举城降。冬十月癸丑，车驾入洛阳，幸南宫却非殿，遂定都焉。"（1上/23—25）二年正月"壬子，起高庙，建社稷于洛阳，立郊兆于城南，始正火德，色尚赤"（1上/27）。正式定都于洛阳。

光武即皇帝位时，"同月，赤眉立刘盆子为天子"（1上/23）。又除更始之诸将领兵各处者尚多外，群雄自号割据者尚有：梁王刘永于梁郡睢阳（于

---

① 《后汉书·光武帝纪》1上/12—14。
② 《后汉书·光武帝纪》1上/14。
③ 《后汉书·光武帝纪》1上/12—14。
④ 《后汉书·续郡国志》志20/3431—3437。参见谭其骧主编：《中国历史地图集》第二册，东汉"冀州刺史部"，页47—48。

二年十一月自称天子),公孙述于巴、蜀,李宪于淮南(于二年自称天子),秦丰于楚,张步于琅邪,董宪于东海,延岑于汉中(于二年二月自称武安王),田戎于南郡夷陵,隗嚣于陇西,窦融于河西,其他百姓灾民起事流窜者甚多。光武为逐鹿者之一,以河北诸郡及三河为后方,遣将领兵四出,诛讨不服。先讨灭东方之割据武装,再与隗嚣、延岑、公孙述争关中,最后击灭之,收关中以西及巴蜀而统一天下。

高祖立基于蜀汉关中,出与项羽争天下,自易接受建都于关中。光武与群雄争天下时,以河北、三河为后方,则光武以洛阳为首都,亦自然而理顺。

更始、赤眉及光武皆先后攻占关中长安,关中之易守难攻,就光武之经验言,似无关紧要。且更始先都洛阳,后徙都长安,未几败亡。光武或以此为前车之鉴,其后收复关中长安,亦不向西迁都。

5.光武性格务实,择都为安全,又无西进拓地之企图。

光武性格平实低调,少远大空泛之企图,但求安稳无事。其选洛阳为都,盖居于内部中心之地,较为安全。不欲如西汉之都关中,与羌、氐相邻,暴露在外,易见侵扰①。且光武既无西向拓地之心,亦无必要都关中。

光武之性格务实,可于下列数事见之。其一:督察奖罚军吏,因事制宜,不拘以成法,但以胜负衡量。《后汉书·光武帝纪》曰:

"(建武十二年,)诏边吏力不足战则守,追虏料敌不拘以逗留法。"
注曰:"汉法:军行逗留畏懦者斩。追虏或近或远,量敌进退,不拘以军法,直取胜敌为务也。"(1下/60)

盖军法之规定为大原则,实际战争之攻守进退,形势多变,前线指挥应以实际形势判断进退之宜,以求最大之军事利益,非徒谨守军法,有进无退。《后汉书·光武帝纪》又曰:

---

① 前引钱穆《战后新首都问题》曰:"若论军事形势,则长安地近羌、胡,实嫌豁露,洛阳乃中原腹地,又可反锁函、潼以自固。"(页166)

(建武十六年九月,)郡国大姓及兵长、群盗处处并起,攻劫在所,害杀长吏。郡县追讨,到则解散,去复屯结……冬十月,遣使者下郡国,听群盗自相纠擿,五人共斩一人者,除其罪。吏虽逗留回避故纵者,皆勿问,听以禽讨为效。其牧守令长坐界内盗贼而不收捕者,又以畏懦捐城委守者,皆不以为负,但取获贼多少为殿最,唯蔽匿者乃罪之。于是更相追捕,贼并解散。徙其魁帅于它郡,赋田受禀,使安生业。自是牛马放牧,邑门不闭。(1下/67)

法律以辖境内有盗贼为地方长吏之罪,引发长吏习惯以隐蔽其事为先,不敢发动大规模之剿伐,卒致盗贼难于清除。光武遣使者下郡国督讨盗贼,不以界内有盗贼罪长吏,甚至长吏避盗贼而弃守城池者,亦不问罪,唯以蔽匿盗贼为罪,而以"获贼多少为殿最"。此盖务实监督地方讨贼,使其诚实报告贼情,又可视贼势自行斟酌讨伐进退攻守之宜,不必守不合时宜之法律,困守孤城,坐视盗贼劫掠。结果大见成效,盗贼崩解,地方平静。

其二:封卢芳为代王。《后汉书·光武帝纪》曰:建武十六年十月,"卢芳遣使乞降。十二月甲辰,封芳为代王"(1下/67)。按汉不封异姓王,今封卢芳,此亦光武务实、少进取性格之表现。盖不欲大兴军旅,劳民伤财,乃破祖宗之旧规,王卢芳于之边地,遮蔽匈奴之南侵。十八年五月,"卢芳复亡入匈奴"(1下/70)。

其三:光武于仪礼法器、文书调役、献御享受、陵墓制作皆尽量简化朴素,以低调不扰民为务。《后汉书·光武帝纪》曰:

(建武十三年四月,)益州传送公孙述瞽师、郊庙乐器、葆车、舆辇,于是法物始备。时兵革既息,天下少事,文书调役,务从简寡,至乃十存一焉。(1下/62)

(建武十三年正月)戊子,诏曰:"往年已敕郡国,异味不得有所献御,今犹不止,非徒有豫养导择之劳,至乃烦扰道上,疲费过所。其令太官勿复受。明敕下以远方口实所以荐宗庙,自如旧制。"(1下/60—61)

(建武二十六年,)初作寿陵……帝曰:"……今所制地不过二三顷,

无为山陵,陂池裁令流水而已。"(1下/77—78)

其四:禁止有司宣扬祥瑞。光武崇信谶纬,于阴阳灾异祥瑞之说,当信奉有加,然其在位,禁止有司奏记祥兆瑞征。《后汉书·光武帝纪》曰:

> (中元元年,)是夏,京师醴泉涌出,饮之者痼疾皆愈,惟眇、蹇者不瘳。又有赤草生于水崖。郡国频上甘露。群臣奏言:"……岂可使祥符显庆,没而不闻?宜令太史撰集,以传来世。"帝不纳。常自谦无德,每郡国所上,辄抑而不当,故史官罕得记焉。(1下/82—83)

盖光武自信天命所归,不必多作宣传。

其五:光武务实,少进取之性格,又可见之于其得天下后不求广土拓地,反而放弃边近匈奴领土之政策措施。如平定天下之初,不与匈奴争地,放弃北边数郡。《后汉书·光武帝纪》曰:

> (建武二十六年,)遣中郎将段郴授南单于玺绶,令入居云中,始置使匈奴中郎将,将兵卫护之。南单于遣子入侍,奉奏诣阙。于是云中、五原、朔方、北地、定襄、雁门、上谷、代八郡民归于本土。遣谒者分将施刑补理城郭。发遣边民在中国者,布还诸县,皆赐以装钱,转输给食。(1下/78)

按南匈奴单于降附后,光武令"云中、五原、朔方、北地、定襄、雁门、上谷、代八郡民归于本土"。是此前曾放弃此八郡,史书尚可见其事:

> 建武九年春正月,"徙雁门吏人于太原"(1下/55)。
> 建武十年,"省定襄郡,徙其民于西河"(1下/57)。
> 建武十五年二月,"徙雁门、代郡、上谷三郡民,置常山关、居庸关以东"。注曰:"时胡寇数犯边,故徙之。"(1下/64)
> 建武二十年五月,"省五原郡,徙其吏人置河东"(1下/73)。

上引可见建武九年至二十年间,光武曾弃雁门、定襄、代郡、上谷、五原等五郡,或省其郡,或徙其民。又上引文八郡中,云中、朔方、北地三郡不见其事,盖史有阙文。其他不在上述八郡中者,又建武十二年,"省金城郡属陇西"(1

下/60)。建武十三年十二月,"复置金城郡"(1下/63)。盖省金城郡后发现有所不便,乃于次年复置。又建武十一年,"省朔方牧,并并州"(1下/58)。

光武之政策,乃是尽量省并州郡,减少吏员,以节省耗费。《后汉书·光武帝纪》又曰:

> (建武六年)六月辛卯,诏曰:"夫张官置吏,所以为人也。今百姓遭难,户口耗少,而县官吏职所置尚繁,其令司隶、州牧各实所部,省减吏员。县国不足置长吏可并合者,上大司徒、大司空二府。"于是条奏并省四百余县,吏职减损,十置其一。(1下/49)

光武对西汉、王莽已置之州郡县领土尚且省并放弃,对万里之外之西域诸国,更不欲如西汉之纳入管辖。故西域诸国遣子入侍,请置西域都护,光武婉拒之。《后汉书·光武帝纪》曰:

> (建武二十一年)冬,鄯善王、车师王等十六国皆遣子入侍奉献,愿请都护。帝以中国初定,未遑外事,乃还其侍子,厚加赏赐。(1下/73)

汉儒批评武帝,多持"不为无用之地烦扰中国"之论,自公孙弘、夏侯胜以来,成一派之言。光武出身儒生,或受影响。不好高慕远,故不以拓地万里之外为功德①。然其性格之务实,不好虚荣,恐亦为重要因素。

光武之性格务实,少冒险进取之雄心,谦和守成,勤治家业,为治世富家之佳子弟。《后汉书·光武帝纪》谓其"性勤于稼穑,而兄伯升好侠养士,常非笑光武事田业,比之高祖兄仲"(1上/1)。又建武十七年冬,光武幸章陵,"置酒作乐,赏赐。时宗室诸母因酣悦,相与语曰:'文叔少时谨信,与人不款曲,唯直柔耳。今乃能如此!'"(1下/68)是光武自小温柔谨慎,故其宗室诸母有是言。然光武生于王莽乱世,其兄伯升豪杰,"自王莽篡汉,常愤愤,怀

---

①《后汉书·臧宫传》曰:建武二十七年,臧宫请击北匈奴,光武诏报曰:"舍近谋远者,劳而无功;舍远谋近者,逸而有终。逸政多忠臣,劳政多乱人。故曰务广地者荒,务广德者强。有其有者安,贪人有者残。残灭之政,虽成必败。今国无善政,灾变不息,百姓惊惶,人不自保,而复欲远事边外乎?"(18/696)此为光武对拓地边外之思想背景,此思想之形成,除受前人之影响外,应与其性格之务实,少冒险进取之精神相契所致。

复社稷之虑,不事家人居业,倾身破产,交结天下雄俊"。莽末,伯升召豪杰宾客、舂陵子弟起事(《后汉书·齐武王縯传》13/549)。时造反者九族连坐,其兄既领宗族宾客起事反莽,光武自不得不追随①。伯升为更始所杀后,光武忧不见容,极隐忍之能事,求远离更始朝廷。及见遣出使河北,镇抚州郡,乃领数十人往河北②,凭借更始使者之权威,号召河北郡县归属;及王郎称帝,光武乃发河北若干郡县兵击郎,因自壮大。既诛王郎,兵力渐盛,恐不见容于更始,乃割据独立,而既然独立自主,乃不得不与群雄争天下。是光武从起事反莽,至自立争天下,皆形势所逼,不得不然,命运如此,非其性格好捣乱,爱争雄长而强出头。

光武性格务实,少冒险进取之空泛企图。洛阳地处帝国之内部中心,远离戎狄,较为安全,此为光武定都洛阳之重要原因。且光武既无西进拓地之企图,亦无必要西都关中。

(三)东汉都洛阳之影响

1.关中之衰落。

西汉建都长安,政治中心近西北边塞,故加强防御,征伐匈奴,开拓西域,塞内无夷狄之患。光武定都洛阳,政治中心东移,三辅户口大减,羌戎入侵,朝廷弃西域;又有弃凉州之议,"徙民逃寇"之实。

西汉都长安,以关中为根本之地,法律制度,皆以关中优先,限制东方诸侯国,徙天下富人豪强、吏二千石于三辅陵县,至末年元帝时乃止,故三辅富人最多。帝室后宫、皇亲国戚,京师官署百官及其眷属,其需求物资之供给,带动关中之工商经济,西汉关中极为繁荣。及光武都洛阳,关中失其优势,

---

①《后汉书·光武帝纪》似谓光武兄弟分头与客谋反。实则光武知其兄必反,所谓"然独念兄伯升素结轻客,必举大事"是也(1上/2)。伯升所谋,光武必有所知,故光武亦早为之备。
②参见本书第五篇《试论光武帝之统御术》。

朝廷不复以大量之人力、物资输入关中。且自莽末战乱,更始诸将以为战场,及赤眉寇掠破坏,关中长安残破。东汉既都洛阳,不复重视三辅,疏于经营三辅及以西之郡县,且放任羌戎入居其地,故东汉三辅及以西诸郡人口大减。兹据《后汉书·续郡国志》及《汉书·地理志》所载诸郡户口数做比较,列出三辅及西方诸郡之东汉户口数是西汉户口数之百分比①如下:

右扶风(户数:8.02%,口数:11.13%)

左冯翊(15.78%,15.81%)

京兆尹(27.23%,41.84%)

陇西(10.43%,12.51%)

金城(10.03%,12.66%)

安定(14.26%,20.27%)

武都(39.13%,34.7%)

天水(汉阳)(45.42%,49.79%)

武威(57.12%,44.79%)

张掖(26.91%,29.35%)

酒泉(户数:70.06%)②

敦煌(6.68%,76.09%)

三辅及西边诸郡户口之大量减少,固与两汉之"徙戎入塞"政策有关③。光武之都洛阳,不复向西经营,亦为其重要原因。东汉时,关中大为衰落。

2.戎狄向东南进,汉西北边界之内移。

东汉都洛阳,不但不复经营关中,且放弃西边、西北边部分郡县。东汉西北边界乃在戎狄不断向东向南推进之下,渐向东南移。其事详本书第一篇《论汉代徙置边疆民族于塞内之政策》,于此仅述其大意。

---

①详细之比较数字,参见本书第一篇《论汉代徙置边疆民族于塞内之政策》之《两汉北边、西北边诸郡户口数及其比较表》。

②《后汉书·续郡国志》:酒泉郡缺口数。

③参见本书第一篇《论汉代徙置边疆民族于塞内之政策》。

东汉初年，以国力不足，光武帝放弃若干西边、北边之边郡。至建武二十六年，以南匈奴内附，朝廷乃重置前所省弃诸郡，恢复西汉之旧边界。所不同者，东汉北边诸郡，安置大量入居塞内之匈奴、乌桓①。而羌、氐本居凉州，东汉逐渐东移。安帝以后，羌患日甚，羌人自西向东，自凉州诸郡入侵三辅，汉之西北边界乃向东退缩。

安帝永初中，诸种羌寇乱北地、武都、上郡、西河、三辅，东犯赵、魏，南入益州（《后汉书·西羌传》87/2886），朝廷乃有弃凉州以保三辅之议（《后汉书·虞诩传》58/1866）。朝廷无固守疆土之心，地方长吏亦无坚守死战之意；故政策虽不弃凉州，实际仅是维持凉州诸郡之行政组织，羌祸较严重之郡县，仍是弃土而徙其吏民以避难（《后汉书·西羌传》87/2887—2888）。至顺帝永建元年（126），"凉州无事"。永建四年"九月，复安定、北地、上郡归旧土"（《后汉书·顺帝纪》6/256）。

顺帝永和五年，南匈奴左部吾斯、车纽等叛，串联乌桓、羌，遍及并、凉、幽、冀四州。汉廷又弃边逃寇。

汉末时，金城、陇西、安定、北地、上郡、西河、朔方、五原、云中、定襄诸郡大多省废，或失其大半属县。北边国界南缩，西边国界东缩。

安帝、顺帝"徙民逃寇"，弃土内迁，边塞内徙，内郡成为前线，汉廷乃于内郡筑坞候以为防御工事。自安帝永初五年（111）始至顺帝永和五年（140）止，汉廷筑坞壁以防御南匈奴与诸种羌等入居塞内之边疆民族对内郡之入侵。坞堡之建筑，北起中山国，向南经常山国、赵郡，至魏郡凡六百一十所，形成一条南北走向之防御线，保卫冀州及东方之郡国。此防御线到河内郡转为自东北向西南筑三十三所坞堡，往西接筑左冯翊"北界候坞五百所"，再西接筑于右扶风、汉阳郡之"陇道坞三百所"。此一坞候防御线，并州、凉州位于线外，盖此二州匈奴、羌、氐等民族之人口多于汉人，汉廷难于防守，乃向东向南后退，再建筑一条新防御线。

东汉向东南退却，不积极经营三辅及其西北面诸郡，西边之羌戎乃不断

---

① 参见本书第一篇《论汉代徙置边疆民族于塞内之政策》。

向东发展,此所以造成东汉时期羌戎内侵不断,讨羌之战争几与东汉皇朝相终始。

周室逼于戎狄,自关中东徙至成周,其后诸侯争霸,标榜"尊王攘夷"。东汉都洛阳,疏于经营三辅及其西北面诸郡,戎狄乃大量徙入,以至其地人口华夷居半。东周与东汉之夷夏对峙之形势,有类似之处。

3.东汉放弃西域。

西汉建都关中长安,政治中心近西北边塞,故西汉加强防御,武帝易守为攻,征伐匈奴,拓地西域。宣帝且置西域都护,护西域诸国。西汉可谓是一进取扩张之帝国,塞内无夷狄之患。东汉光武定都洛阳,洛阳在中原之内,政治中心东移,远离羌、胡,朝廷安于文治,故"东汉常为退婴的国家"①。光武拒西域诸国请置都护,显示光武不欲为无用之地而烦扰中国。明、章、和帝时虽屯田西域,亦置西域都护,然不旋踵又省置。大致可谓东汉放弃西域。

东汉与西域诸国之关系,详《后汉书·西域传》及《后汉书·班超传》,今据以简述其事:

《后汉书·西域传》先述西汉时期西域内属,汉置官领护西域诸国及屯田,其言曰:

> 武帝时,西域内属,有三十六国。汉为置使者、校尉领护之。宣帝改曰都护。元帝又置戊己二校尉,屯田于车师前王庭。(88/2909)

武帝以后西域诸国内属于中国。及王莽时,西域诸国役属于匈奴,不堪匈奴之重税。西域诸国乃于"建武中,皆遣使求内属,愿请都护。光武以天下初定,未遑外事,竟不许之"(《后汉书·西域传》88/2909)。据《光武帝纪》,此事在建武二十一年冬(1下/73)。时离建武十二年十一月灭公孙述,统一天下,已近十年。天下已定,光武拒诸国所请,不遣都护,盖不欲为万里之外之

---

① 参见前引钱穆《战后新首都问题》,页165—168。

夷狄而烦扰中国。此态度与其定都洛阳,远离戎狄,可谓前后一致。

明帝时,北匈奴胁诸国寇河西郡。永平十六年,明帝遣兵讨北匈奴,"取伊吾卢地,置宜禾都尉以屯田,遂通西域……明年,始置都护,戊己校尉"(《后汉书·西域传》88/2909)。

明帝崩,焉耆、龟兹、车师等国叛,"攻没都护陈睦"。建初元年,章帝"不欲疲敝中国以事夷狄",乃裁撤都护与戊己校尉官。"二年,复罢屯田伊吾。"(88/2909—2910)仅军司马班超留于寘。据《后汉书·班超传》,班超乃不听诏征,擅自逗留西域不还(47/1575)。

此次置都护在明帝永平十七年(74),章帝建初元年(76),裁撤都护与戊己校尉官,前后仅三年。屯田伊吾始于永平十六年,罢屯田在建初二年,前后亦仅五年。

据《后汉书·班超传》,永平十六年,奉车都尉窦固击北匈奴,班超为窦固麾下之假司马,窦固遣超使西域(47/1572)。按汉代将军领兵曰营,营分若干部,"部校尉一人,比二千石;军司马一人,比千石……其不置校尉部,但军司马一人。又有军假司马……为副贰"①。军司马为部校尉之副贰,部不置校尉时,军司马为部之长官。军假司马亦为副贰之职,或资历不足者以军假司马之名而担任军司马之职务。奉车都尉窦固领兵击北匈奴,比将军,麾下军队分若干部,班超为其某部之假司马。时西域诸国役属北匈奴,窦固遣班超为使者,往联络西域诸国,抵抗北匈奴。班超为使者,所领仅数十人②。及班超击斩在鄯善之匈奴使者,鄯善王纳子为质,超乃以功升为军司马(47/1572)。

章帝于建初元年弃西域,召回在西域之吏士。班超独违诏不返,领其部下数十人,率疏勒、于寘等国兵,欲平定西域诸国。建初三年,超上疏请兵。建初五年(80),朝廷乃遣假司马徐幹"将弛刑及义从千人就超"(47/1576)。

---

① 《后汉书·续百官志》志24/3564。又参见廖伯源:《试论西汉诸将军之制度及其政治地位》,《历史与制度——汉代政治制度试释》,页156—158,香港,香港教育图书公司,1997年。
② 窦固遣班超"与从事郭恂俱使西域"。班超在鄯善"悉会其吏士三十六人",夜击匈奴使者等百余人,郭恂不与此役(47/1572—1573)。郭恂或尚有从人,故谓班超领至西域者仅数十人。

此为汉廷于建初元年弃西域后,首次遣兵支持班超在西域之行动。

班超上疏谓乌孙西域大国,"控弦十万",请朝廷派遣大使招慰。建初"八年,拜超为将兵长史,假鼓吹幢麾。以徐幹为军司马,别遣卫候李邑护送乌孙使者,赐大小昆弥以下锦帛"(47/1577)。此为汉廷认可班超在西域之功效,并同意其建议,别遣使者出使乌孙,又提高班超之地位,增益其威仪,以方便其在西域之行动。此为章帝对西域之开拓转趋积极。章帝元和元年(84),"复遣假司马和恭等四人将兵八百诣超"(47/1579)。

和帝永元三年(91),"班超遂定西域,因以超为都护,居龟兹。复置戊己校尉,领兵五百人,居车师前部高昌壁,又置戊部候,居车师后部候城,相去五百里"(《后汉书·西域传》88/2910)。永元六年,班超发龟兹、鄯善等国兵讨焉耆、危须、尉犁等国,诛焉耆王广,立先尝质京师之焉耆左候元孟为焉耆王。"于是西域五十余国悉皆纳质内属焉。"(《后汉书·班超传》47/1582)

班超在西域三十一年,汉廷对班超之增兵支持,仅有上述二次:建初五年千人,及元和元年八百人;则汉廷派到西域给班超之军士,仅约一千八百人。故和帝永元"六年秋,超遂发龟兹、鄯善等八国兵合七万人,及吏士贾客千四百人讨焉耆"(47/1581)。班超麾下之汉人吏士贾客千四百余人,盖历年之折损,减员数百。超领此不足二千吏士,凭借大汉帝国使者之威,指挥归顺诸国之兵众,讨平不服,诛其王之曾攻杀汉官者,改立其王族之心向中国者为王。所谓"改立其王,而绥其人。不动中国,不烦戎士,得远夷之和,同异俗之心,而致天诛,蠲宿耻,以报将士之雠"①。和帝诏书言班超"不动中国,不烦戎士"而绥服西域。可见和帝时期西域之归服中国,汉廷既无军事动员,亦无大力支援,而是坐享其成。

永元七年,和帝封班超为"定远侯,邑千户"(47/1582)。

永元十二年,班超以"老病衰困",又以"蛮夷之俗,畏壮侮老"②,其老衰之身不足以镇压夷狄,请求得去西域返归故土。超书上三年,不见朝廷征

---
① 和帝封班超为定远侯,策册诏书之语。见《后汉书·班超传》(47/1582)。
② 班超请求去都护之职,以归故土,其上书之语。见《后汉书·班超传》(47/1583)。

召。乃又使其妹班昭上书为请,其言曰:

> 今(超)且七十,衰老被病,头发无黑,两手不仁,耳目不聪明,扶杖乃能行……蛮夷之性,悖逆侮老,而超旦暮入地,久不见代,恐开奸宄之源,生逆乱之心……如有卒暴,超之气力不能从心……超后有一旦之变,冀幸超家得蒙赵母、卫姬先请之贷。(《后汉书·班超传》47/1584—1585)

和帝"乃征超还。超在西域三十一岁,(永元)十四年八月至洛阳……其年九月卒,年七十一"(47/1585—1586)。据前所述,班超于建初八年(83)拜为将兵长史。永元三年(91),班超为西域都护。至永元十四年(102),征还卸任。超为汉廷派遣在西域之最高长官凡二十年,为都护亦前后十二年。虽谓适材久任,然朝廷无育才轮调之计划,至班超以年老力衰,不能胜任其职请代,朝廷竟三年不复其所请。可谓朝廷上下,不以经营西域为意。既然班超在西域,使西域诸国纳质内属,即完全不欲有所更动,漠视班超之请求。及超死后五年,西域反叛,朝廷即弃西域,无恢复之意愿。

永元十四年,征班超还洛阳,"以戊己校尉任尚为都护"(47/1586)。五年之后,安帝永初元年(107),西域反叛,"频攻围都护任尚、段禧等,朝廷以其险远,难相应赴,诏罢都护。自此遂弃西域"(《后汉书·西域传》88/2911)。"后西域绝,无汉吏十余年。"(47/1587)

汉廷弃西域,北匈奴因收服西域诸国。元初六年(119),敦煌太守曹宗上请遣行长史索班领千余人屯伊吾。索班为北匈奴攻没。曹宗请"出兵击匈奴,报索班之耻,复欲进取西域。邓太后不许。但令置护西域副校尉,居敦煌,复部营兵三百人,羁縻而已。其后北虏连与车师入寇河西,朝廷不能禁,议者因欲闭玉门、阳关,以绝其患"(88/2911)。

安帝延光二年(123),"以班勇为西域长史,将弛刑士五百人,西屯柳中"(88/2912)。据《后汉书·安帝纪》,邓太后于安帝建光元年(121)三月崩(5/232)。安帝乃得真正亲政,对西域之政策稍为积极。然仅发五百人出屯,盖朝廷不肯出资经营西域,遣班超之子班勇为西域长史,盖企望如前之用班超,得以坐享其成。

延光三年,班勇领鄯善、龟兹兵众平定车师前部,次年,又平车师后部(47/1589—1590)。"顺帝永建二年,勇复击降焉耆。于是龟兹、疏勒、于寘、莎车等十七国皆来服从,而乌孙、葱领已西遂绝。六年……置伊吾司马",屯田伊吾。自阳嘉(132—135)以后,西域诸国渐不听长史号令,"(桓帝)元嘉二年,长史王敬为于寘所没。永兴元年,车师后王复反攻屯营"(《后汉书·西域传》88/2912)。汉廷于西域之威势日衰。

综言之,"自建武至于延光,西域三绝三通"(88/2912)。据前文所述:建武二十一年,西域诸国"皆遣使求内属,愿请都护。光武于天下初定,未遑外事,竟不许之"。此一绝也。

永平十六年,明帝遣兵讨北匈奴,"取伊吾卢地,置宜禾都尉以屯田,遂通西域……明年,始置都护、戊已校尉"。此一通也。

建初元年,章帝裁撤都护与戊已校尉官。"二年,复罢屯田伊吾。"此二绝也。

班超违旨私留西域。建初五年,朝廷遣兵千人就超。建初八年,拜超为将兵长史。元和元年,又遣兵八百诣超。和帝永元三年(91),"班超遂定西域,因以超为都护,居龟兹。复置戊已校尉,领兵五百人,居车师前部高昌壁,又置戊部候,居车师后部候城,相去五百里"。此为二通也。

安帝永初元年(107),西域反叛,"频攻围都护任尚、段禧等,朝廷以其险远,难相应赴,诏罢都护。自此遂弃西域"。"后西域绝,无汉吏十余年。"此为三绝也。

安帝延光二年(123),"以班勇为西域长史,将弛刑士五百人,西屯柳中"。勇平服车师,焉耆,"龟兹、疏勒、于寘、莎车等十七国皆来服从,而乌孙、葱岭已西遂绝。(永建)六年……置伊吾司马",屯田伊吾。此三通也。

所谓"三绝三通",止于延光。第三通仅通部分,"而乌孙、葱岭已西遂绝"。顺帝阳嘉以后,已通之诸国亦多不听号令,或竟反叛。盖东汉后期国力渐衰,羌祸又急,朝廷且有弃凉州之议,边郡又有"徙民逃寇"之实。无暇顾及西域,逐渐放弃西域。则可谓"四绝"。东汉对西域可谓"四绝三通"。

建武二十一年,西域诸国"皆遣使求内属,愿请都护"。光武不许。此确定东汉政府对西域政策之主调:放弃西域。光武都洛阳,远离边塞,朝廷不欲耗费,经营万里之外无用之地。其后明帝、和帝时曾置西域都护,屯田伊吾,然皆为时甚暂。且其事非东汉朝廷军事动员,派兵遣将,大事征伐之结果。而是讨北匈奴之将军遣其属吏,通使西域;西域诸国久困于北匈奴之重税,愿属中国。汉朝之小吏乃得秉大国之威,用少数吏士指挥诸国兵众,攻杀匈奴使者,讨伐不服,而使西域诸国纳质内属。东汉朝廷之支持兵卒不过弛刑士千人,及于成功时给予官爵赏赐。可谓朝廷坐享其成。一旦有反叛不服,朝廷不思增兵固守,即令撤退人员,放弃西域。

(四)结　论

西汉都长安,以关中为帝国之中枢及根本之地,又徙天下豪强、吏二千石以实三辅,经营关中二百余年。然光武中兴,不沿西汉之旧,以关中长安为都,而别建新都于河南之洛阳。此历史之重大事件,其原因与影响必然甚多而复杂,今之考论与推测,仅为一家言,不到之处,恐比所论为多。

或以两汉之际战乱,长安残破,为光武不都长安之原因。按光武初都洛阳在长安宫室焚毁,关中残破之前,则其初都洛阳,非因关中残破。洛阳为中原之大城市,逐鹿者各方争夺,必受战火毁伤。是其时城市宫室毁坏,长安、洛阳或有程度之不同,然皆须修缮,以关中残破为光武舍长安而都洛阳之原因,恐甚为薄弱。

今考论光武以洛阳为首都之原因如下:

其一,光武不都长安而都洛阳,盖关中生产之粮食不能支持帝国之首都,必须每年自东方转漕数百万石粮食入关,耗费极大。

其二,汉代经学的特色之一是以谶纬说经。西汉后期,谶纬已有洛阳位于天下之中,天子当徙都其地之说。王莽之时,符命且明谓洛阳为帝都。光武信奉图谶,谶书言洛阳乃帝都之地。此说必影响光武定都洛阳之决定。

其三,高祖立基于蜀汉关中,出与项羽争天下,自易接受建都于关中。光武与群雄争天下时,以河北、三河为后方,则光武以洛阳为首都,亦自然而理顺。

更始、赤眉及光武皆先后自山东向西,攻占关中长安,关中之易守难攻,就光武之经验言,似无关紧要。且更始先都洛阳,后徙都长安,未几败亡。光武或以此为前车之鉴,其后收复关中长安,亦不向西迁都。

其四,光武性格平实低调,少远大空泛之志,但求安稳无事。其选洛阳为都,盖居于内部中心之地,较为安全。不欲如西汉之都关中,与羌氐相邻,暴露在外,易见侵扰。且光武既无西向拓地之心,亦无必要都关中。

东汉以洛阳为帝国之首都,本文论其影响如下:

其一,关中地区之衰落。西汉关中为全国政治重心地区,亦为经济文化发达地区之一。光武定都洛阳,政治中心东移,三辅户口大减,羌戎入侵。东汉后期,三辅之居民,"华夷居半",三辅实成边郡。

其二,东汉都洛阳,不但不复经营关中,且放弃西边、西北边部分郡县。东汉西北边界乃在戎狄不断向东向南推进之下,渐向东南移。朝廷又有弃凉州之议,"徙民逃寇"之实。

自安帝永初五年(111)始至顺帝永和五年(140)止,汉廷筑坞壁以防御南匈奴与诸种羌等入居塞内之边疆民族对内郡之侵扰。坞堡之建筑,北起中山国,向南经常山国、赵郡,至魏郡凡六百一十所,形成一条南北走向之防御线,保卫冀州及东方之郡国。此防御线到河内郡转为自东北向西南筑三十三所坞堡,往西接筑左冯翊"北界候坞五百所",再西接筑于右扶风、汉阳郡之"陇道坞三百所"。此一坞候防御线,并州、凉州位于线外,盖此二州匈奴、羌、氐等民族之人口多于汉人,汉廷难于防守,乃向东向南后退,再建筑一条新防御线。

其三,建武二十一年,西域诸国"皆遣使求内属,愿请都护"。光武不许。此确定东汉政府对西域政策之主调:放弃西域。光武都洛阳,远离边塞,朝廷不欲耗费,经营万里之外无用之地。其后明帝、和帝时曾置西域都护,屯田伊吾,然皆为时甚暂。其事非东汉朝廷军事动员,派兵遣将,大事征伐之结果。而是少数汉朝之小吏秉大国之威,指挥西域诸国兵众,攻杀匈奴使者,讨伐不服,而使西域诸国纳质内属。可谓朝廷坐享其成。一旦有反叛不服,朝廷不愿固守,即令撤退人员,放弃西域。

2009年7月18日初稿。11月6日二稿。2011年8月24日三稿。

初刊于《史学集刊》2010年第3期(总128期),页20—34,长春,吉林大学,2010年。

四　楚王英案考论

（一）

东汉明帝永平十三年（70），"十一月，楚王英谋反，废，国除，迁于泾县，所连及死徙者数千人"①。楚王英为明帝异母兄②。明帝对此案兴大狱，治狱官员承风旨，深文穷究，牵连甚广。《后汉书·楚王英传》谓"楚狱遂至累年，其辞语相连，自京师亲戚诸侯州郡豪桀及考案吏，阿附相陷，坐死徙者以千数"（42/1430）。楚王英案为明帝朝之大案，其事与光武帝之易皇后更立太子有密切关系，明帝穷究其事，政治之考虑甚重。本文拟从光武帝之婚姻、皇后及太子之废立、诸皇子之关系等角度讨论楚王英案。

---

①《后汉书·明帝纪》2/117。
②明帝为光武之第四子。见《后汉书·明帝纪》（2/95）。光武诸子之先后排行，楚王英常排第三，可知楚王英比明帝年长。

(二)

光武帝先娶阴氏,后纳郭氏;且初闻阴氏之美,即以阴氏为最佳之婚配人选,而有"娶妻当得阴丽华"之叹语。光武即位,阴氏与郭氏俱为贵人。建武二年(26)择后,舍阴氏而立郭氏,殊不可解。建武十七年(41)又废郭皇后为中山王太后,而立贵人阴氏为皇后,并因此而更立皇太子,引起家人兄弟关系之紧张。

光武帝于更始元年(23)六月娶阴丽华于宛。《后汉书·皇后纪》曰:

> 光烈阴皇后讳丽华,南阳新野人。初,光武适新野,闻后美,心悦之。后至长安,见执金吾车骑甚盛,因叹曰:"仕宦当作执金吾,娶妻当得阴丽华。"更始元年六月,遂纳后于宛当成里,时年十九。及光武为司隶校尉,方西之洛阳,令后归新野。(10上/405)

光武兄弟于王莽地皇三年(22)十一月起事反莽①。明年二月,刘圣公即天子位,改元更始,以光武兄伯升为大司徒,光武为太常偏将军。三月,光武别与诸将攻下昆阳等地。五月,"伯升拔宛。六月,更始入都宛城"(《刘玄传》11/469)。而光武与诸将亦于六月大破王莽大司徒王寻、大司空王邑所领之百万大军于昆阳②。稍后,伯升见害于宛,光武乃赴宛。《光武帝纪》曰:

> 会伯升为更始所害,光武自父城驰诣宛谢。司徒官属迎吊光武,光武难交私语,深引过而已。未尝自伐昆阳之功,又不敢为伯升服丧,饮食言笑如平常。(1上/9)

光武在伯升见害后赴宛,在宛娶阴丽华。上引《皇后纪》谓光武于更始元年六月,"纳后于宛当成里"是也。伯升之死与光武娶阴氏,二事同在六月。光

---

① 参见本书第五篇《试论光武帝之统御术》。
② 此段文字参考《后汉书·光武帝纪》1上/4—9,及《宗室四王三侯列传》14/551—552。

武何以仓促结婚若是？令人费解。或为故意外示不介意伯升之死，以免引起更始之敌意。又或是战乱之际，草率结婚①。无考。

九月，更始遣光武以破虏大将军行司隶校尉事赴洛阳修整宫府，光武乃令阴丽华归新野娘家。至光武即位后，遣人迎阴氏到洛阳，以为贵人（《皇后纪》10上/405）。《光武帝纪》谓光武入洛阳在建武元年冬十月（1上/25）。是阴氏与光武团聚，在建武元年冬②，上距更始元年之分别，二年有余。光武诏书谓"因将兵征伐，遂各别离"③是也。

更始元年十月，更始遣光武以破虏将军行大司马事持节到河北"镇慰州郡"，盖招降河北郡县也。然光武到河北，仅以少数官属自随，实不领兵与俱④。此所以王郎在邯郸称帝，更始二年正月，檄购光武，光武与官属自蓟南奔，"晨夜不敢入城邑"，又伪为邯郸使者进食传舍，"遑惑不知所之"。及得信都太守任光迎奉，发旁县兵，得四千余人，击周围郡县，降附渐多。乃逐渐建立其个人之武装力量。与更始派在河北之其他将领合作，在更始二年五月攻破邯郸，诛王郎。更始遣使封光武为萧王，"令罢兵诣行在所"，光武不就征，开始独立（《光武帝纪》1上/10—15）。是更始二年正月至五月为光武命运之转折点。而光武于是年春天娶郭圣通。《后汉书·皇后纪》曰：

> 光武郭皇后讳圣通，真定稾人也。为郡著姓。父昌……娶真定恭王女，号郭主……更始二年春，光武击王郎，至真定，因纳后，有宠。及即位，以为贵人。建武元年，生皇子强……二年，贵人立为皇后，强为皇太子。（10上/402）

---

①王莽地皇三年，光武起事反莽，时光武二十八岁（《后汉书·光武纪》1上/2），更始元年，光武结婚时二十九岁。据近人之研究，汉代男子初婚普遍在十四至十八岁之间（参见彭卫：《汉代婚姻形态》，页89，西安，三秦出版社，1988年。刘增贵：《汉代婚姻制度》，页48，台北，华世出版社，1980年）。光武算是晚婚。
②据《后汉书·阴识传》曰："建武元年，光武遣使迎阴贵人于新野。"（32/1129）光武入洛阳既在建武元年冬十月，则阴后之到洛阳在冬十月至年底之间。
③语见建武九年追爵阴贵人父诏书。见《皇后纪》10上/405。
④考详本书第五篇《试论光武帝之统御术》。

在娶郭氏时,光武得任光、邳彤、耿纯、刘植等人附奉,大概有众数万人,正努力发展其个人之武装力量。郭氏母为真定恭王女。恭王薨,子扬嗣,王莽时国绝。真定王在西汉传六世,百有余年①,为真定地区之最有力量者。故莽末天下大乱,刘扬又称真定王②,招兵买马。《后汉书·刘植传》曰:"时真定王刘扬起兵以附王郎,众十余万,世祖遣植说扬,扬乃降。世祖因留真定,纳郭后,后即扬之甥也,故以此结之。"(21/760)当时刘扬之力量较光武大,再者,扬为汉诸侯王,光武仅是汉皇室之旁枝疏属,若就光复汉家天下而言,扬之号召力较光武为大,扬亦当自视较光武更为有资格。则所谓"扬乃降",非降光武③,是降更始,盖其时光武以更始使者招降河北郡县。光武娶扬之外甥郭氏,当有拉拢刘扬之意,盖为日后自立门户预建基础。其后光武征战河北,诛王郎,袭杀更始派遣之幽州牧苗曾、尚书令谢躬,并其众,又击降铜马等股农民武装力量,招附河北诸郡,有众百万,乃在更始二年之明年六月即皇帝位,改元建武,上距娶郭氏不过年余。光武娶郭氏后,其光复汉

---

①《汉书·景十三王传》曰:武帝封弟常山宪王子平为真定王,四传至共王普,共王薨,"子阳嗣,王莽时绝"(53/2435)。真定王阳,《后汉书·耿纯传》作"扬"(21/763)。

②《后汉书·刘玄传》曰:更始元年六月,"更始入都宛城,尽封宗室及诸将"(11/469)。更始封宗室,或有恢复西汉诸侯王之爵位。若是,刘扬在莽末称真定王是更始所封。若否,则莽末刘扬自称真定王。

③《后汉书·耿纯传》曰:"时真定王刘扬复造作谶记云:'赤九之后,瘿扬为主。'扬病瘿,欲以惑众,与绵曼贼交通。建武二年春,遣骑都尉陈副、游击将军邓隆征扬,扬闭城门,不内副等。乃复遣纯持节,行赦令于幽、冀,所过并使劳慰王侯。密敕纯曰:'刘扬若见,因而收之。'纯从吏士百余骑与副、隆会元氏,俱至真定,止传舍。扬称病不谒,以纯真定宗室之出,遣使与纯书,欲相见。纯报曰:'奉使见王侯牧守,不得先诣,如欲面会,宜出传舍。'时扬弟临邑侯让及从兄细各拥兵万余人,扬自恃众强而纯意安静,即从官属诣之,兄弟并将轻兵在门外。扬入见纯,纯接以礼敬,因延请其兄弟,皆入,乃闭合悉诛之,因勒兵而出。真定震怖,无敢动者。帝怜扬、让谋未发,并封其子,复故国。"(21/763—764)按扬在西汉时嗣王,光武虽亦出身宗室,乃旁枝疏属,就出身言,扬高于光武,扬未必看得起光武。且其时光武即位仅数月,实际控制之郡县不多,真定王扬或有雄心异志,或不想在胜负未分之际过早表态,故不就光武征召。光武欲确定对河北郡县王侯之统治权,派使者征召之(《彭宠传》;建武二年春,光武亦遣使征渔阳太守彭宠。12/503)。扬不就征,是不拥护光武之政权,故光武使人诛之。建武二年光武已即位二年,拥众百万,刘扬尚且不就光武征召,则更始二年时刘扬非降光武甚明。刘修明《从崩溃到中兴》(上海,上海古籍出版社,1989年)谓"刘扬很快便归顺了刘秀"(页264)。错误。

室,开创帝业之进展非常顺利。

《后汉书·光武帝纪》曰:

> (建武二年)六月戊戌,(光武)立贵人郭氏为皇后,子彊为皇太子。(1上/30)

光武何以选立郭贵人为皇后?此事引起日后之废立皇后与太子,事关重大,当推究其原因。《后汉书·皇后纪》曰:

> 帝以(阴)后雅性宽仁,欲崇以尊位,后固辞,以郭氏有子,终不肯当,故遂立郭皇后。(10上/405)

以立郭皇后是因阴贵人推让之结果。按若光武有意立阴氏为后,不可能因阴氏之退让而别作他图。前文谓光武娶郭氏,有拉拢其舅真定王扬之意。然在立后之前半年,光武以扬不就征,使人诛之。择后时郭氏并无其舅为后盾,且其舅以不就征诛,对郭氏在光武心中之地位,多少有影响。然则光武舍长久爱慕之阴氏而立郭氏为皇后,盖以郭氏有子。其时光武三十二岁①,欲兴复汉室之家天下,重视子嗣。郭氏母凭子贵,见立为皇后。此当为主要之原因。其次,光武娶阴氏时,在其兄伯升新死之后,尚要强颜言笑以应付更始君臣,"不敢显其悲戚,每独居,辄不御酒肉,枕席有涕泣处"②。可谓是光武处境最艰苦之时期。更始二年春,光武娶郭氏时,光武已独当一面,有众数万。娶郭氏后,兴复汉室之事业顺畅,运程大佳,逢凶化吉,拥众日多,占地日广,不过年余,就登基为皇帝。光武是极为迷信的人③,当以为此是郭氏带来的好运道。立后时光武不过是逐鹿的群雄之一,离平定天下尚早,尚

---

① 《后汉书·光武帝纪》曰:王莽地皇三年(22),光武年二十八(1上/2)。建武二年(26),光武三十二岁。
② 《后汉书·冯异传》17/640。考详本书第五篇《试论光武帝之统御术》。
③ 光武帝之迷信,可从其信符谶见之。《后汉书·光武纪》曰:建武元年,诸将劝进,光武犹豫数月。"行至鄗,光武先在长安时同舍生强华自关中奉赤伏符,曰:'刘秀发兵捕不道,四夷云集龙斗野,四七之际火为主。'群臣因复奏曰:'受命之符,人应为大……'光武于是命有司设坛场于鄗……六月己未,即皇帝位。燔燎告天……其祝文曰:'……谶记曰:"刘秀发兵捕不道,卯金修德为天子。"'于是建元为建武。"(1上/21—22)按政治人物常为政治目的而利(转下页)

须借助于郭氏之帮夫运。此或亦是光武立郭氏为皇后之一原因,唯此原因所占比重究竟有多大,则甚为难说。

建武十二年十一月,蜀平,统一天下。十七年"冬十月辛巳,废皇后郭氏为中山太后,立贵人阴氏为皇后"(《后汉书·光武纪》1下/68)。废郭皇后之原因,光武之诏书有云:

> 皇后怀执怨怼,数违教令,不能抚循它子,训长异室。宫闱之内,若见鹰鹯。既无关雎之德,而有吕、霍之风,岂可托以幼孤,恭承明祀。(10上/406)

盖以郭皇后对光武不恭顺,"不能抚循"非亲生子为废后之理由。按建武十七年,光武四十七岁,年近半百,当思及百年之后诸子相处之问题。皇后日后为皇太后,若不慈爱非亲生子,则光武他子之处境堪虞。诏书以此为废后之理由,或是实情,唯此因素之分量如何,则不易说。若光武为此理由易后,则可谓失策,盖结果与其所欲相差甚远,易后及更立太子引起光武之异母诸子间之紧张关系,亦间接造成在明帝时光武诸子被告谋逆之多①。此点下文再论。至于谓郭后不恭顺,按夫妻间之口角争执,何家无之?虽贵为天子,

---

(接上页)用迷信。光武帝利用符谶以即天子位,此事不易言光武是真迷信抑利用迷信。其后光武且欲诸儒以谶纬解经。《后汉书·桓谭传》曰:"时帝方信谶,多以决定嫌疑……(谭上疏谏)帝省奏,愈不悦。其后有诏会议灵台所处,帝谓谭曰:'吾欲以谶决之,何如?'谭默然良久,曰:'臣不读谶。'帝问其故,谭复极言谶之非经。帝大怒曰:'桓谭非圣无法,将下斩之。'谭叩头流血,良久乃得解。"(28上/959—961)又《郑兴传》曰:兴对光武帝,自谓不为谶,光武怒,兴以不善谶"故不为任"(36/1223)。《儒林传·尹敏传》曰:"帝以敏博通经记,令校图谶……(敏非图谶)帝深非之,虽竟不罪,而亦以此沈滞。"(79上/2558)谶纬所言多神怪不经之事,光武深信之,故知光武为人极为迷信。

① 按光武十一子,其中明帝继承为帝;临淮怀公衡"未及进爵为王而薨"。按光武于建武十七年进诸子爵为王(《后汉书·光武十王列传》42/1423—1452)。则明帝时光武诸子为王共九人,其中广陵思王荆、济南安王康、楚王英、淮阳王延四人在明帝时被告谋反(考详后文)。九王有四王被告谋反,故言多,此其一。据本文附录"汉代造反及见劾谋反之同姓诸侯王事迹录"统计,东汉诸侯王被告谋反者仅六人,明帝朝即有四人,故言多,此其二。

亦当不能例外。光武与郭后夫妻近二十年,生五子①,不可谓无夫妻之情,以垂老之年用不恭顺为辞废之,似为借口。

明帝早慧,"十岁能通春秋,光武奇之"(《后汉书》2/95)。又《东观汉记》②《显宗孝明皇帝纪》曰:

> 孝明皇帝……幼而聪明叡智,容貌壮丽,世祖异焉,数问以政议,应对敏达,谋谟甚深。(2/55)

明帝年幼时之"应对敏达",《后汉书·刘隆传》有一实例:

> (建武十五年,诏书下州郡检核垦田。)时诸郡各遣使奏事,帝见陈留吏牍上有书,视之,云"颍川、弘农可问,河南、南阳不可问"。帝诘吏由趣,吏不肯服,抵言于长寿街上得之。帝怒。时显宗为东海公,年十二,在幄后言曰:"吏受郡敕,当欲以垦田相方耳。"帝曰:"即如此,何故言河南、南阳不可问?"对曰:"河南帝城,多近臣,南阳帝乡,多近亲,田宅逾制,不可为准。"帝令虎贲将诘问吏,吏乃实首服,如显宗对。(22/780—781)

十二岁之少年有此识见,其人聪慧、见事明白可知。太子彊废为东海王,其人之相关资料不多。《后汉书·光武十王传》谓彊于易后之后,"常戚戚不自安,数因左右及诸王陈其诚恳,愿备蕃国"。及建武二十八年,光武"以彊废不以过,去就有礼,故优以大封",赐殊礼"拟于乘舆",彊数让,"又因皇太子固辞"(42/1423)。彊之表现,亦可见其政治智慧甚高。则光武此二子才智之高下,甚为难说。易后时二子分别为十三、十七岁,尚未成年,光武恐非因其才智差异而废立其母。似不可谓光武易后为更立太子之张本。当是易后

---

① 光武诸子下文再论。又光武五女,见《后汉书·皇后纪》(10下/458)。然五公主何人所出,史无明言,其中或有郭后所出者。《后汉书·光武十王传·阜陵质王延传》曰:"永平中,有上书告延与姬兄谢弇及姊馆陶主婿驸马都尉韩光招奸猾,作图谶,祠祭祝诅。"(42/1444)阜陵质王延是郭后子,延与其姊夫有奸谋,此馆陶公主或是郭后所出。
② 刘珍等撰,吴树平校注:《东观汉记校注》,北京,中华书局,1985年。本文引用《东观汉记》俱引此版本。

之后,不得已而废立太子。

光武建武二年之选立皇后,以开创帝业之考虑为多。建武十七年之易皇后,则以个人感情为重。盖光武自婚前已爱慕阴氏,后为子嗣及争霸天下等因素,舍阴氏而立郭氏为皇后,或当以此不自得意。及建武十三年天下平定后,前此择后之因素已变:阴氏亦有子,聪慧可为继嗣;已平定群雄,统一天下,不复重视郭氏之帮夫运。且一人专制天下,易骄溢自大,以为真命天子,非我莫属,自以英明神武,廓清天下为一己之功;对所谓帮夫运,在心理上渐渐淡化乃至否认。前此立后有遗憾,乃率性而为,凭感情废立皇后。太子贤而无过,易后而不得不废太子,动摇国本,引起异母诸子间之关系紧张。光武以感情为重废立皇后,影响家人之和谐及明帝朝之政治,为其一生功业之一大败笔。

(三)

光武帝有十一子,其中郭皇后生东海恭王彊、沛献王辅、济南安王康、阜陵质王延、中山简王焉五人;明帝、东平宪王苍、广陵思王荆、临淮怀公衡、琅邪孝王京五人为阴皇后所出;楚王英之生母为许美人。郭、阴两皇后各生五子,光武易皇后与更立皇太子,造成郭皇后诸子与阴皇后诸子间之紧张关系。楚王英排行第三,为其母之独子,其母又无宠,故英于兄弟中最为势孤,乃择兄弟之势大者而依附之。《后汉书·楚王英传》曰:

> 自显宗为太子时,英常独归附太子,太子特亲爱之。(42/1428)

上文谓太子彊在其母见废之后,主动要求放弃继嗣,退为诸侯王,去就有礼,光武欷歔嘉叹,封以大国,赐礼仪"拟于乘舆",彊又数让,"又因皇太子固辞"。永平元年,彊薨,临终上疏谢恩,极尽退让谦恭之能事(42/1424)。此固可见彊之政治智慧,然亦透露彊与明帝兄弟间关系紧张之消息。

光武帝崩,明帝同母弟广陵思王荆以匿名信陷害废太子东海王彊。《后汉书·光武十王列传·广陵思王荆传》曰:

光武崩,大行在前殿,荆哭不哀,而作飞书……诈称东海王彊舅大鸿胪郭况与彊曰:"君王无罪,猥被斥废,而兄弟至有束缚入牢狱者。太后失职,别守北宫,及至年老,远斥居边。海内深痛,观者鼻酸。及太后尸柩在堂,洛阳吏以次捕斩宾客,至有一家三尸伏堂者,痛甚矣!今天下有丧,弓弩张设甚备。间梁松敕虎贲吏曰:'吏以便宜见非,勿有所拘,封侯难再得也。'郎官窃悲之,为王寒心累息。今天下争欲思刻贼王以求功,宁有量邪!若归并二国之众①,可聚百万,君王为之主,鼓行无前,功易于太山破鸡子,轻于四马载鸿毛,此汤、武兵也。今年轩辕星有白气,星家及喜事者,皆云白气者丧,轩辕女主之位。又太白前出西方,至午兵当起。又太子星色黑,至辰日辄变赤。夫黑为病,赤为兵,王努力卒事。高祖起亭长,陛下兴白水,何况于王陛下长子,故副主哉!上以求天下事必举,下以雪除沉没之耻,报死母之雠。精诚所加,金石为开。当为秋霜,无为槛羊。虽欲为槛羊,又可得乎!窃见诸相工言王贵,天子法也。人主崩亡,间阎之伍尚为盗贼,欲有所望,何况王邪!夫受命之君,天之所立,不可谋也。今新帝人之所置,彊者为右。愿君王为高祖、陛下所志,无为扶苏、将间叫呼天也。"彊得书惶怖,即执其使,封书上之。(42/1446—1447)

广陵思王荆假借东海恭王舅之名义,寄信与东海恭王,谓郭皇后母子废斥见欺压侮辱,日后处境堪虞,鼓励东海恭王起兵争帝位。今考此信中所言郭皇后母子废黜及其后之景况,以见其所言是否与事实相符。此信首言"君王无罪,猥被斥废,而兄弟至有束缚入牢狱者"。按彊"废不以过,去就有礼",此光武诏书清楚说明,因此优以大封,前文已详。至谓彊之兄弟入狱,乃沛王辅涉刘鲤结客杀人事。《后汉书·光武十王列传》曰:

沛献王辅……十七年,郭后废为中山太后,故徙辅为中山王,并食

---

① 所谓"二国",盖光武以东海恭王"彊废不以过,去就有礼,故优以大封,兼食鲁郡"。是东海王国领土特大。东海恭王彊在明帝永平元年薨,"临命上疏谢曰:'臣蒙恩得备蕃辅,特受二国……'"(《后汉书》42/1423—1424)

> 常山郡。二十年，复徙封沛王。时禁网尚疏，诸王皆在京师，竞修名誉，争礼四方宾客。寿光侯刘鲤，更始子也，得幸于辅。鲤怨刘盆子害其父，因辅结客，报杀盆子兄故式侯恭，辅坐系诏狱，三日乃得出。自是后，诸王宾客多坐刑罚，各循法度。二十八年①，就国。(42/1427)

按自建武二十年以来，光武诸子渐次成年，"竞修名誉，争礼四方宾客"；有识见者已谓此触专制君主之忌，为大狱之渐。《马援传》谓援曰："但忧国家诸子并壮，而旧防未立，若多通宾客，则大狱起矣。"(24/851)按伏波将军马援在建武二十五年卒于征武陵五溪蛮军次(24/842—844)。至二十八年，郭后薨，光武因上书者言诸王宾客事而兴大狱②。《后汉书·光武帝纪》曰："(建武二十八年)夏六月丁卯，沛太后郭氏薨，因诏郡县捕王侯宾客，坐死者数千人。"(1下/80)《马援传》详其事曰：

> (王莽从兄子王磐，富而好施，结交公卿大臣，坐事死。)磐子肃复出入北宫及王侯邸第……及郭后薨，有上书者，以为肃等受诛之家，客因事生乱，虑致贯高、任章之变。帝怒，乃下郡县收捕诸王宾客，更相牵引，死者以千数。(24/851)

郭后薨后，光武大捕诸侯王宾客，其时机或是巧合，缺乏证据，不敢深论。

---

① 沛王辅因刘鲤杀刘恭案系狱三日，其年月无考，据上引文，当在二十八年之前。然《后汉纪》及《通鉴》俱系之于二十八年。《后汉纪》建武二十八年，在冬十月癸酉(该年载于《后汉纪》之最后一日期)之后，记载此案(袁宏撰，周天游校注：《后汉纪校注》8/224，天津，天津古籍出版社，1987年)。则袁宏或亦不知此案发生之确实时间，乃系于此年之末。《通鉴》则系此案于二十八年"夏六月丁卯，沛太后郭氏薨"之后，秋八月戊寅，诸王就国条之前(点校本《资治通鉴》，44/1419)。盖郭后薨后有上书言王肃等为诸王宾客，恐生祸乱，光武乃收捕诸王宾客。《通鉴》述此事，因置沛王辅客刘鲤杀刘恭案于此，当为述事之方便，非必谓沛王辅因刘恭案系事在郭后薨后。《光武帝纪》述郭后薨后光武收捕诸王宾客。章怀注曰："时更始子鲤因沛献王辅杀刘盆子兄恭，故王侯宾客多坐死。"(1下/80)坐实郭后薨后光武诛杀诸王宾客是因为刘恭被杀案及刘鲤"因沛献王辅杀"刘恭，恐皆太过肯定。
② 《后汉纪校注》建武二十八年谓沛王辅涉刘恭被杀案系狱三日，"由是捕诸王宾客，死者千余人"(8/224)。前注谓刘恭被杀案日期无考，或在二十八年之前，或在二十八年郭后薨后。若为前者，则光武在郭后薨前就已诛杀诸王宾客。及郭后薨，又因上书者言诸王宾客事而兴大狱。

郭后薨前,光武已知诸侯王群居京师,甚为不妥。故于二十七年冬,"鲁王兴、齐王石始就国"(1下/79)。按鲁王兴为光武兄伯升之次子,前此官至"弘农太守……有善政……征还京师,奉朝请"(14/556)。齐王石是伯升之长孙。明年,建武二十八年,"夏六月丁卯,沛太后郭氏薨……秋八月戊寅,东海王彊、沛王辅、楚王英、济南王康、淮阳王延始就国"(1下/80)。六月丁卯到八月戊寅,凡七十二日,当是郭后丧事结束,即遣诸王就国。又所遣五王,除楚王英许妃所出外,其余皆郭后子。按郭后五子,尚有中山简王焉一人不在此次就国诸王之列,"焉以郭太后少子故,独留京师",至明帝永平二年冬十月始就国①。建武二十八年时焉尚年幼,故光武留之京师。建武二十八年后,诸侯王留在京师者仅阴皇后所出之诸子及中山王焉。就诸王就国事而言,光武对诸子似有厚薄。阴皇后所生之东平宪王苍年长于郭后所生之阜陵质王延②,不得以年龄大小解释诸王之是否就国。或是光武宠爱阴后,乃使其所生诸王皆留于京师,方便母子朝夕相聚。其他诸王就国,亦有防微杜渐之意;盖防诸王群居京师,兄弟间意气争忿而生祸乱。此或是光武异母诸子间有所不平之旁证。

郭后薨前,光武已知诸王群居京师不妥,即遣鲁王兴、齐王石就国;及郭后薨后,乃遣郭后诸子就国,可见光武体恤郭后之情,其他事例亦可见之。《后汉书·皇后纪》曰:

> 遂废(郭后)为中山王太后,进后中子右翊公辅为中山王,以常山郡益中山国。徙封(后兄)况大国,为阳安侯。后从兄竟,以骑都尉从征伐有功,封为新郪侯……竟弟匡为发干侯……后叔父梁,早终,无子。其婿南阳陈茂,以恩泽封南䜌侯。二十年,中山王辅复封沛王,后为沛太后。况迁大鸿胪。帝数幸其第,会公卿诸侯亲家饮燕,赏赐金钱缣帛,丰盛莫比,京师号况家为金穴。二十六年,后母郭主薨,帝亲临丧送葬,

---

① 参见《后汉书·明帝纪》2/104,及《光武十王列传》42/1449。
② 光武诸子之排行,可见《后汉书·光武十王传》诸王传记排列之先后。东平宪王苍排行第六,阜陵质王延排行第七;建武二十八年阜陵质王延就国,东平宪王苍反得留京师;则其时诸王是否就国,不得以年龄大小做解释。

百官大会,遣使者迎(后父)昌丧柩,与主合葬,追赠昌阳安侯印绶,谥曰思侯。二十八年,后薨,葬于北芒。帝怜郭氏,诏况子璜尚淯阳公主,除璜为郎。(10上/402—403)

光武封郭后子沛王辅大国,盖使辅奉侍郭后。又郭后兄、从兄弟、堂妹婿俱封侯,对后兄况之赏赐,京师莫比,又以况子尚公主。及郭后母薨,隆重周到举行丧葬礼,追封后父为列侯。是皆光武对郭后之体恤歉疚,外示郭后虽废,光武对其礼敬爱护不减。上引广陵思王荆假造飞书谓"太后失职,别守北宫,及至年老,远斥居边。海内深痛,观者鼻酸"。辞多夸张挑拨,谓太后别守北宫,或是事实,或郭后废后居于北宫。至谓太后"及至年老,远斥居边",则是杜撰不实之词。盖此信写于光武中元二年(57),而郭后在建武二十八年(52)已薨。郭后薨后其诸子始就国,生前不可能随诸子就国"斥边"。又上引文谓"后薨,葬于北芒"。按北芒山在洛阳北郊①,郭后当薨于洛阳,故葬于洛阳近郊。

广陵思王荆飞书至谓"及太后尸柩在堂,洛阳吏以次捕斩宾客,至有一家三尸伏堂者,痛甚矣"!盖强调收捕诸王宾客之恐怖,与"海内深痛,观者鼻酸"等辞,俱为加强挑拨之效果。飞书又谓梁松教虎贲"刻贼王以求功",可不必拘于法例,"封侯难再得也"。其事有无,不可考;要者,此盖利用光武异母诸子间之紧张关系以刺激东海恭王。

广陵思王荆之飞书言辞大逆不道,东海恭王若非即时执捕送信之使者,封书上奏,只要稍有迟疑,他日必见责有造反之心。即使东海恭王之处理无可议之处,然信中内容全是皇太后、明帝及东海恭王间忌讳之事,东海恭王处于嫌疑之地位,日后与明帝之关系必将更为尴尬,恭王亦必终日不得自安。明年,恭王以病薨,时年三十四,其患何病无考,然若谓其心中不安致使其病情加重,终于不治,亦不无可能。广陵思王假造此信之目的何在?是不服其同母兄(明帝)继承大统,鼓动其异母兄起兵造反争位,造成混乱,使明帝不得安乐;抑或是欲陷害东海恭王,不易确言。可以确言者,是为思王对

---

① 参见谭其骧主编:《中国历史地图集》第二册,页42—43。

恭王毫无兄弟之情,造假诽谤,完全不以恭王之安危为虑。盖自西汉文、景、武三朝推行削弱诸侯王之政策,至武帝晚年,诸侯王已"与富室亡异",毫无反抗朝廷之力量,且受朝廷所遣官员之监视。光武承袭西京之封建政策①。在此形势之下,诸侯王造反绝无成功之可能。鼓动诸侯王造反,无异推之死地,广陵思王假造此信,绝非有爱于东海恭王而欲其为帝。

其次,此信以郭皇后见废远斥、郭后诸子处境危殆为言,则郭后诸子与阴后诸子之间,即使无明显之冲突,必互有心病。

明帝处理广陵思王飞书案,是尽量淡化其事,不无偏袒其同母弟。《后汉书·光武十王列传·广陵思王荆传》谓"显宗以荆母弟,秘其事,遣荆出止河南宫"(42/1448)。在明帝固可谓是不欲使兄弟间之丑事外传;在东海恭王而言,广陵思王为此大逆不道之事完全不见处罚,则未免怀疑明帝与思王合谋对己试探。异母兄弟间互相防备之心,必然加强。

煽动叛乱,罪不容诛;皇权之独占性超越亲情,损及皇权,即父子之亲亦不得宽赦,遑论同母兄弟。汉代对宗室(包括同母兄弟)之诸多限制与防范②,均为维护皇权。广陵思王荆飞书中,语多大逆不道之言,如"太白前出西方,至午兵当起。又太子星色黑,至辰日辄变赤。夫黑为病,赤为兵,王努力卒事"。又如"天之所立,不可谋也。今新帝人之所置,彊者为右"云云,辱及明帝天子之神圣性与正当性。又谓"窃见诸相工言王贵,天子法也"。言东海恭王彊乃是真命天子。此类言语,在皇帝制度下,虽百死不足赎其罪。明帝反而维护广陵思王荆,则飞书事为明帝与荆合谋试探东海恭王彊,并非不可能。盖明帝对郭后所出之异母兄弟,尤其是对废太子不放心。

明帝之不放心,以即位之初任命其同母弟东平宪王苍为骠骑将军,最可见之。《后汉书·光武十王传·东平宪王苍传》曰:

> 东平宪王苍……显宗甚爱重之。及即位,拜为骠骑将军,长史掾史

---

① 参见严耕望:《中国地方行政制度史》上编卷上《秦汉地方行政制度》,页16—29。亦参见徐复观:《汉代专制政治下的封建问题》,《周秦汉政治社会结构之研究》,页163—202,香港,新亚研究所,1972年。
② 参见张维华:《西汉一代之诸侯王国》,《汉史论集》,页228—244,济南,齐鲁书社,1980年。

员四十人,位在三公上……帝每巡狩,苍常留镇,侍卫皇太后。(42/1433)

阴皇后所生五子中,明帝居长,东平宪王苍居次。明帝即位,以苍为将军,参与朝政,领兵镇京师,盖有所防备。按诸侯王在京师为将军者在汉代仅东平宪王苍一人①,东平宪王苍于永平四年上疏乞辞将军之职曰:"自汉兴以来,宗室子弟无得在公卿位者。"(42/1435)明帝以东平宪王苍为骠骑将军是破例之非常任命。明帝所以为此,可能是前此易后及更立太子,造成异母兄弟间之关系紧张,兄弟间之隐事不足为外人道,乃特别以同母弟为辅佐。

光武崩后,太尉赵憙典丧,严使诸王守臣属之分际。《后汉书·赵憙传》曰:

> 及帝崩,憙受遗诏,典丧礼。是时藩王皆在京师……皇太子与东海王等杂止同席,宪章无序。憙乃正色,横剑殿阶,扶下诸王,以明尊卑。时藩国官属出入宫省,与百僚无别,憙乃表奏谒者将护,分止它县,诸王并令就邸,唯朝晡入临。整礼仪,严门卫,内外肃然。(26/914—915)

光武在位时,皇太子与诸王习惯"杂止同席",而"藩国官属出入宫省,与百僚无别"。光武崩,太尉赵憙典丧,严分尊卑,横剑扶诸王下殿,诸王不得居于宫内,行礼乃得入,而安置诸王官属于洛阳县外。赵憙之所为,改易当时习惯,仓促之间,必大伤诸王之情;憙或自发为之,然事后必得明帝之支持。明帝与兄弟严君臣之防,或可作其不放心之旁证。

光武皇帝十一子,其中临淮怀公衡(阴皇后所出)于光武时未及晋爵为王而薨。于明帝朝,光武九子为诸侯王,其中被劾有逆谋者凡四人,是为楚

---

① 《汉书·景十三王传》曰:"江都易王非以孝景前二年立为汝南王。吴楚反时,非年十五,有材气,上书自请击吴。景帝赐非将军印,击吴。"(53/2414)此为开国战争以外,汉代唯一的为将军之诸侯王,然不在京师。按时吴楚七国反,非以帝子请将兵击之,时非年十五,当是持将军印随军历练,非真正领兵,故史书亦不言其有功。汉代将军制度及其政治地位,请参见廖伯源:《试论汉初功臣列侯及昭宣以后诸将军之政治地位》,《徐复观先生纪念论文集》,页77—170,台北,学生书局,1986年。及参见廖伯源:《东汉将军制度之演变》,《历史与制度—汉代政治制度试译》,页275—296。

王英、济南安王康、阜陵质王延与广陵思王荆。

广陵思王荆行不轨事最早,上文谓光武崩,大行尚在前殿,荆作飞书,假借郭皇后弟之名义,致书东海恭王彊,语多大逆不道,鼓动东海恭王彊起兵争位。其罪当诛,明帝以荆同母弟故,不究其事,且保护之。荆不改其行,其本传曰:

> 时西羌反,荆不得志,冀天下因羌惊动有变,私迎能为星者与谋议。帝闻之,乃徙封荆广陵王,(之前为山阳王)遣之国。其后荆复呼相工谓曰:"我貌类先帝。先帝三十得天下,我今亦三十,可起兵未?"相者诣吏告之,荆惶恐,自系狱。帝复加恩,不考极其事,下诏不得臣属吏人,唯食租如故,使相、中尉谨宿卫之。荆犹不改。其后使巫祭祀祝诅,有司举奏,请诛之,荆自杀。立二十九年死。帝怜伤之,赐谥曰思王。(42/1448)

广陵思王荆死于明帝永平十年二月。见《后汉书·明帝纪》(2/113),荆有悖逆不道之言语行为,前后凡四次,前三次明帝皆宽贷保护之,第四次荆自杀,明帝尚怜伤之而赐谥。又《后汉书·樊儵传》曰:

> (儵为长水校尉。)广陵王荆有罪,帝以至亲悼伤之,召儵与羽林监南阳任隗杂理其狱。事竟,奏请诛荆。引见宣明殿,帝怒曰:"诸卿以我弟故,欲诛之,即我子,卿等敢尔邪!"儵仰而对曰:"……臣等以荆属托母弟,陛下留圣心,加恻隐,故敢请耳。如令陛下子,臣等专诛而已。"帝叹息良久。儵益以此知名。(32/1123)

樊儵等所审理者,当是广陵思王荆"使巫祭祀祝诅"一案。是荆第四次犯逆案,明帝尚欲饶恕之,故斥责审理其案之大臣。以樊儵之面折廷争,使明帝不便再保护广陵思王荆,荆卒自杀。荆前后四次逆案,冒犯乘舆,有非分之想,可谓大逆,明帝以其为同母弟,屡次宽贷保护之,淡化其事。然对异母兄弟,则无如此宽容,且有穷究牵连,扩大其事者。

济南安王康与阜陵质王延为郭皇后所出。其事各见其本传曰:

> 康在国不循法度,交通宾客。其后,人上书告康招来州郡奸猾渔阳颜忠、刘子产等,又多遗其缯帛,案图书,谋议不轨。事下考,有司举奏之,显宗以亲亲故,不忍穷竟其事,但削……五县。(42/1431)
>
> (淮阳王)延性骄奢而遇下严烈。永平中,有上书告延与姬兄谢弇及姊馆陶主婿驸马都尉韩光招奸猾,作图谶,祠祭祝诅。事下案验,光、弇被杀,辞所连及,死徙者甚众。有司奏请诛延,显宗以延罪薄于楚王英,故特加恩,徙为阜陵王,食二县。(42/1444)

济南安王康案之时间不详,推测康案比楚王英案(永平十三年)稍早或同时,盖康之罪状有交通奸猾渔阳颜忠等,楚王英之罪状则有"与渔阳王平、颜忠等造作图书",两案之颜忠俱是渔阳人①,当是同一人。若是,颜忠涉英案被诛,则康案不可能比英案迟。淮阳王延案发觉在永平十六年五月,七月,延徙为阜陵王;此案牵连死者甚众,有名者除上引文所言者外,尚有司徒邢穆。见《后汉书·明帝纪》(2/120)。

济南安王康之罪名是招来奸猾(交通宾客),"案图书,谋议不轨",阜陵质王延之罪名是"招奸猾,作图谶,祠祭祝诅",与楚王英之罪名相类似。《楚王英传》曰:

> (永平)十三年,男子燕广告英与渔阳王平、颜忠等造作图书,有逆谋,事下案验。有司奏英招聚奸猾,造作图谶,擅相官秩,置诸侯王公将军二千石,大逆不道,请诛之。帝以亲亲不忍,乃废英,徙丹阳泾县。(42/1429)

楚王英之罪名有三:一是招聚奸猾,济南安王康及阜陵质王延亦有此罪名。所谓招聚奸猾,乃是交通宾客之贬义说法,时皇亲贵人多少都有招致宾客②,

---

① 《后汉书·耿纯传》曰:纯子阜,"徙封莒乡侯,永平十四年,坐同族耿歙与楚人颜忠辞语相连,国除"(21/765)。谓"楚人颜忠",与《楚王英传》谓"渔阳王平、颜忠"不同。按颜忠为渔阳人,以涉楚事,《耿纯传》误以为楚人。
② 参见罗彤华:《两汉"客"的演变》,《汉学研究》,第五卷第二期,页435—477,台北,汉学研究中心,1978年。

似不可以此定罪为谋反。二是"造作图谶",阜陵质王延之罪状亦有"作图谶"一项,济南安王康之罪名则有"案图书"一项。造作图谶在当时亦非罕见①,若图谶无明谓英当为天子,似亦不可以为谋反之罪名。《楚王英传》谓"英后遂大交通方士,作金龟玉鹤,刻文字以为符瑞"(42/1429)。大概即为其被劾"造作图谶"之根据,显示其事之深文附会。楚王英之第三项罪名为擅"置诸侯王公将军二千石"。按擅拜官封爵固可定罪为谋反,然何人见封为诸侯王?何人见拜为公、将军、二千石?史书全无语及。此牵连死徙数千人之诸侯王谋反案,若有更为确实之罪证,史家似不会省略。徐复观谓汉廷宣布楚王英之罪状,"皆诬妄之辞"②。楚王英谋反案之真实性,甚为可疑,此其一。

明帝欲治楚王英以事,似蓄心甚早。《后汉书·虞延传》曰:

> (虞延在明帝时为太尉、司徒十余年。)会楚王英谋反,阴氏欲中伤之,使人私以楚谋告延,延以英藩戚至亲,不然其言,又欲辟幽州从事公孙弘,以弘交通楚王而止,并不奏闻。及英事发觉,诏书切让,延遂自杀。(33/1154)

楚王英事未发,阴氏似已知其必发,且必成大案,因用之陷害司徒虞延。阴氏即明帝母阴太后之娘家,阴氏诸舅早知明帝欲用楚王英案威镇异母兄弟。楚王英案之政治因素甚浓,所谓谋反云云,真实性可疑。此其二。

济南安王康与阜陵质王延之罪名无擅拜封官爵一项,而康之罪名别有"谋议不轨",延之罪名则别有"祠祭祝诅"。按"祭祀"之事,楚王英亦曾为,其本传曰:

---

① 《后汉书·儒林传·尹敏传》曰:尹敏于建武初见"辟大司空府。帝以敏博通经记,令校图谶,使蠲去崔发所为王莽著录次比。敏对曰:'谶书非圣人所作,其中多近鄙别字,颇类世俗之辞,恐疑误后生。'帝不纳。敏因其阙文增之曰:'君无口,为汉辅。'帝见而怪之,召敏问其故。敏对曰:'臣见前人增损图书,敢不自量,窃幸万一。'帝深非之,虽竟不罪,而亦以此沈滞"(79上/2558)。此为光武帝时之例。汉世之图谶,俱是汉人之造作而推名圣人。
② 前引徐复观《汉代专制政治下的封建问题》论汉廷有司奏楚王英罪状:"说他所招集的'奸猾',乃当时佛道混合的'信徒';造作图书,乃其宗教中的仪式。擅相官爵,英无一兵一卒,岂非儿戏?此皆诬妄之辞。"(页196)

> 英……晚节更喜黄老,学为浮屠斋戒祭祀。八年,诏令天下死罪皆入缣赎。英遣郎中令奉黄缣白纨三十匹诣国相曰:"托在蕃辅,过恶累积,欢喜大恩,奉送缣帛,以赎愆罪。"国相以闻。诏报曰:"楚王诵黄老之微言,尚浮屠之仁祠,絜斋三月,与神为誓,何嫌何疑,当有悔吝? 其还赎,以助伊蒲塞桑门之盛馔。"因以班示诸国中傅。(42/1428—1429)

明帝前已诏楚王英之拜佛祭祀无罪,故英之罪状无"祠祭祝诅"一项。

招致奸猾(养宾客、交通宾客之贬词)、案图书或造作图谶、祠祭祝诅俱是空泛之罪名,深文附会之味道甚重。若治其事者心胸稍广,顾忌稍少,此类罪名可做其他解释而不必认定为谋逆。如前此楚王英入财赎其拜佛祭祀之罪,明帝诏谓不以此为罪嫌。

两汉同姓诸侯王造反或见劾谋反者凡二十五人,其中西汉十九人,东汉六人。时间则集中于西汉文、景、武帝及东汉明帝四朝①。文帝、景帝至武帝朝前期,朝廷之最重大政策为削弱诸侯王之力量,用各种办法侵削诸侯王,吴楚七国之乱就是在此背景下发生。平定七国之乱后,景帝改革诸侯王国制度,废除诸侯王之统治权、任官权,大量削减诸侯王国官吏之员额秩级②。此后诸侯王国在朝廷任命之官员控制下,诸侯王渐渐"与富室亡异",完全丧失造反之能力,最多只能用祠祭祝诅来发泄其不满。故此后被劾谋反之诸侯王很少,只有在东汉明帝时例外。东汉被劾谋反之诸侯王共六人,明帝朝就占四人,超过一半。盖明帝性格猜忌,察察为明③,又与其异母兄弟之关系

---

① 参见本文之附录《汉代造反及见劾谋反之同姓诸侯王事迹录》。
② 参见本文之附录《汉代造反及见劾谋反之同姓诸侯王事迹录》结尾之综述。
③ 《后汉书·宗室四王三侯列传》曰:光武兄伯升子兴,封北海王,薨,子睦嗣。"睦少好学,博通书传,光武爱之,数被延纳。显宗之在东宫,尤见幸待,入侍讽诵,出则执辔。中兴初,禁网尚阔,而睦性谦恭好士,千里交结,自名儒宿德,莫不造门,由是声价益广。永平中,法宪颇峻,睦乃谢绝宾客,放心音乐。然性好读书,常为爱玩。岁终,遣中大夫奉璧朝贺,召而谓之曰:'朝廷设问寡人,大夫将何辞以对?'使者曰:'大王忠孝慈仁,敬贤乐士。臣虽蝼蚁,敢不以实?'睦曰:'呼,子危我哉! 此乃孤幼时进趣之行也。大夫其对以孤袭爵以来,志意衰惰,声色是娱,犬马是好。'使者受命而行。其能屈申若此。"(14/556—557)明帝为太子时,睦与太子亲爱,常侍从左右。然明帝即位后,睦深自隐晦,其对使者所言云云,盖深知明帝猜忌之自保之言也。

紧张,普通可以化解不问之小事,亦固执不放。有司又揣摩上意,深文穷究,更复杂扩大其事。

济南安王康、阜陵质王延与楚王英三人,俱是初次被告有逆谋,即事下案验,延案与英案且牵连甚广,死徙甚众。与广陵思王荆之前后四次逆谋事发,前二次明帝不问其事,且保护之;后二次又不极究其事,最后一次尚欲有所宽待,以樊鯈之正议,始不复护持之。则明帝对同母弟与异母兄弟之不同态度,甚为明显。

明帝与其兄弟之关系,对其同母弟最为优待,亲信,倚为左右手,破例以东平宪王苍为骠骑将军在京师领兵是也。其中有犯谋逆大罪如广陵思王荆者,亦尽量优容护持之。明帝与郭皇后所出之诸兄弟,因废后与易太子事,彼此之间有心结,关系紧张,表面维持客气;有事时之优容不如对待同母弟。楚王英母无宠,英又为其母之独子,势最孤,明帝为太子时,英归附之,故明帝特亲爱英。然当英被告谋逆,明帝对英之惩罚最重,穷究其事,牵连死徙者数千人,盖治英狱较不伤其他兄弟之感情,又可收杀鸡儆猴之效。

(四)

与淡化广陵思王荆案之态度相反,明帝扩大楚王英案,穷究其事,狱吏承旨,深文附会,广为牵连,乃至死徙者数千人。《后汉书·寒朗传》谓"是时显宗怒甚,吏皆惶恐,诸所连及,率一切陷入,无敢以情恕者"(41/1417)。而寒朗对明帝语更可见其事:

> 臣见考囚在事者,咸共言妖恶大故,臣子所宜同疾,今出之不如入之,可无后责。是以考一连十,考十连百……及其归舍,口虽不言,而仰屋窃叹,莫不知其多冤,无敢忤陛下者。(41/1417)

皇帝欲严治其案,治狱者即使无罪证,亦不敢释放人犯。寒朗对明帝曰:"臣虽考之无事,然恐海内别有发其奸者,故未敢时上。"(41/1417)盖"阿附反虏,法与同罪",治狱者为自保,宁枉毋纵,"出之不如入之,可无后责",故人犯一经下狱,得出者为例外,且一连十、十连百,人犯之数目如滚雪球,越滚越大。

当日审理楚王英案,各地收捕考问牵连涉案者,尤其是京师与楚郡为然。楚王英自杀死后,楚国除为楚郡,郡中与楚王英有交往者最多,故楚郡涉案者亦最多。《后汉书·袁安传》曰:

> 永平十三年,楚王英谋为逆,事下郡覆考。明年,三府举安能理剧,拜楚郡太守。是时英辞所连及系者数千人,显宗怒甚,吏案之急,迫痛自诬,死者甚众。安到郡,不入府,先往案狱,理其无明验者,条上出之。府丞掾史皆叩头争,以为阿附反虏,法与同罪,不可。安曰:"如有不合,太守自当坐之,不以相及也。"遂分别具奏。帝感悟,即报许,得出者四百余家。(45/1518)

单是楚郡涉案系者就有数千人。又《后汉书·独行传·陆续传》曰:

> 是时楚王英谋反,阴疏天下善士,及楚事觉,显宗得其录,有(会稽太守)尹兴名,乃征兴诣廷尉狱。(郡门下掾)续与主簿梁宏、功曹史驷勋及掾史五百余人诣洛阳诏狱就考,诸吏不堪痛楚,死者大半,唯续、宏、勋掠考五毒,肌肉消烂,终无异辞……(治狱使者)阴嘉之,上书说续行状。帝即赦兴等事,还乡里,禁锢终身。续以老病卒。(81/2682—2683)

此例最可见楚王英案牵连之广。楚王英之文书中有会稽太守尹兴之名,即收捕尹兴与会稽郡掾史五百余人诣洛阳诏狱,严刑迫供,死者大半。而凡涉案者,其故旧恐受连累,多避之惟恐不及。下二例可见之:

> 《后汉书·廉范传》:"(范尝师事博士薛汉,)后辟公府,会薛汉坐楚王事诛,故人门生莫敢视,范独往收敛之。吏以闻,显宗大怒,召范入,诘责曰:'薛汉与楚王同谋,交乱天下,范公府掾,不与朝廷同心,而反收敛罪人,何也?'范叩头曰:'臣无状愚戆,以为汉等皆已伏诛,不胜师资之情,罪当万坐。'帝怒稍解。"(31/1102)

> 《郑弘传》:"弘师同郡河东太守焦贶。楚王英谋反发觉,以疏引贶,贶被收捕,疾病于道亡没,妻子闭系诏狱,掠考连年。诸生故人惧相连

及,皆改变名姓,以逃其祸,弘独髡头负鈇锧,诣阙上章,为贶讼罪。显宗觉悟,即赦其家属,弘躬送贶丧及妻子还乡里,由是显名。"(33/1155)廉范收敛其师,明帝召入怒斥之。郑弘上章为其师讼罪,卒使其师家属得赦。二人之义行甚为罕见,与改变姓名逃祸之门生故吏不同,此所以二人之事迹得传之国史。

上文《袁安传》《陆续传》两例又可见由于明帝关切楚王英案,故审案之官员即使明白某人无罪,亦不敢擅自开释,得先请旨准许,然后乃敢有所判决。涉及楚王英案者是否有罪,最后由明帝决定,故楚王英案之奏章甚多,尚书郎忙赶不及,须增加吏员以助理之。《后汉书·韦彪传》,大鸿胪韦彪于章帝时上疏谓"往时楚狱大起,故置令史以助郎职"(26/919)。盖章奏须经尚书之文书处理,撮其要旨,草拟解决之方案,然后上呈御览,最后之决定则在皇帝。

明帝对楚狱之决定,后期受马皇后之影响,稍有所宽宥。《后汉书·马皇后纪》曰:

> 时楚狱连年不断,囚相证引,坐系者甚众。后虑其多滥,乘间言及,恻然。帝感悟之,夜起仿偟,为思所纳,卒多有所降宥。(10上/410)

明帝之态度改变,株连诬陷乃渐息,楚王英案终于在楚王英死后数年结束。盖皇帝一人专制以维持皇权之独占,常有极大之不安全感,并由此而生疑忌,怀疑他人皆欲取而代之,稍有蛛丝马迹,不查考其是否真实,即兴大狱。治狱者不敢忤皇帝之意,常恐见责同情反者、"不与朝廷同心",乃至与反者同谋,为求自保,虽无罪证,仍是广为株连,"出之不如入之",宁枉毋纵,甚至严刑逼供,深文陷构,以至罪状极为不合情理者。不合情理之事太多,最后引起皇帝之反省,上引文所谓"帝感悟之,夜起仿偟"是也。只有皇帝改变态度,此类谋反案才能结束。

以楚王英案得罪而姓名可考者,除上文所言之司徒虞延、会稽太守尹兴与其掾史、千乘太守薛汉[①]、河东太守焦贶外,今考之如下:

[①]薛汉为千乘太守,见《后汉书·儒林传》79下/2573。

新郪侯郭嵩，"卒，追坐染楚王英事，国废"。按郭嵩父竟，光武郭皇后从兄，从征伐有功封，官至东海相。事见《皇后纪》(10上/403—404)。

发干侯郭骏"亦坐楚王英事，失国"。郭骏祖匡，新郪侯郭竟弟。事见《皇后纪》(10上/403—404)。郭皇后娘家封三侯国，二国因楚王英案除。

白牛侯刘嵩"坐楚事，辞语相连，国除"。嵩父赐，光武族兄，封安成侯。事见《宗室四王三侯列传》(14/565)。

汝阴侯刘信，"亦坐楚事国除"。信父显，光武族兄，亦见《宗室四王三侯列传》(14/566)。

石城侯王广，"坐与楚事相连，国除"。广父常，封山桑侯，云台二十八将之一。事见《王常传》(15/582)。

安平侯盖侧，"永平十三年，坐与舅王平谋反，伏诛，国除"。侧祖延，云台二十八将之一。事见《盖延传》(18/689)。按王平即与楚王英谋反者。

东武阳侯刘述，"永平十五年，坐与楚王英谋，国除"。述祖植，云台二十八将之一。事见《刘植传》(21/760)。

莒乡侯耿阜，"坐同族耿歙与楚人颜忠辞语相连，国除"。阜父纯，云台二十八将之一。事见《耿纯传》(21/765)。按所谓"楚人颜忠"，当是楚王英案之颜忠。正文引《光武十王传·济南安王康传》谓人"告康招来州郡奸猾渔阳颜忠、刘子产等"，《楚王英传》谓人告英"与渔阳王平、颜忠等"谋逆。是颜忠渔阳人，非楚人。当是其涉楚案，误书作楚人。

阜成侯王坚石，"追坐父禹及弟平与楚王英谋反，弃市，国除"。坚石祖梁，云台二十八将之一。事见《王梁传》(22/776)。按王坚石之弟王平，当即是上引《楚王英传》中被告与楚王英"造作图书，有逆谋"之"渔阳王平"。王梁为渔阳人，此王平与彼王平俱是渔阳人，当是同一人。

参蘧乡侯杜元，"永平十四年，坐与东平王等谋反，减死一等，国除"。元父茂，云台二十八将之一。事见《杜茂传》(22/778)。按永平十四年无所谓东平王谋反，时有东平宪王苍为明帝同母弟，甚见亲信，苍薨于章帝时。《后汉书集解》引刘攽曰："案王平、颜忠是楚王同时谋反者，多连士大夫，故杜元坐之。传写之误，遂作东平王，东平何尝反也。"(22/6b)所言是也，楚王英案发于永平十三年,数年乃罢,杜元在十四年受牵连夺爵国除。

杨虚侯马檀,"坐兄伯济与楚王英党颜忠谋反,国除"。檀父武,云台二十八将之一。事见《马武传》(22/786)。

隧乡侯耿建、朗陵侯臧信、护泽侯邓鲤、曲成侯刘建等为王平、颜忠辞语连及,寒朗以谒者守侍御史参与考案楚狱,试出平、忠实不识耿建、臧信、邓鲤、刘建等四人,因上疏言之。四人当见开释①。王平、颜忠死狱中(《寒朗传》41/1418)。又黄初、公孙弘等坐楚案自杀。事见《后汉书·续天文志中》(志11/3231)。黄初之官职无考,公孙弘为幽州从事,见上引《虞延传》。

朝廷穷究楚王英案,狱吏毒刑迫供,深文附会,牵连甚广,已见前述。然明帝对楚王英本人及其家属,则甚为宽待。《楚王英传》曰:

> 有司……请诛之。帝以亲亲不忍,乃废英,徙丹阳泾县,赐汤沐邑五百户。遣大鸿胪持节护送,使伎人奴婢工技鼓吹悉从,得乘辎軿,持兵弩,行道射猎,极意自娱。男女为侯主者,食邑如故。楚太后勿上玺绶,留住楚宫。明年,英至丹阳,自杀……国除……以诸侯礼葬于泾。(42/1429—1430)

英死后,明帝制诏英母楚太后曰:

> 国家始闻楚事,幸其不然,既知审实,怀用悼灼,庶欲宥全王身,令保卒天年,而王不念顾太后,竟不自免。此天命也,无可奈何!太后其保养幼弱,勉强饮食。诸许愿王富贵,人情也。已诏有司,出其有谋者,令安田宅。(《后汉书》42/1430)

英废徙丹阳郡泾县,食邑五百户,有伎人鼓吹相随,道中又得持兵弩,射猎,"极意自娱"。英母许太后娘家诸许,即使有与英谋者,亦得安归田宅。明帝对楚王英之家属亲戚与受牵连者之不同待遇,此可作二层次之解释,其一是

---

① 史文并无开释之言。明帝读寒朗之奏章后,召朗入宫问其详情,后曰:"即如是,四侯无事,何不早奏,狱竟而久系至今邪?"史文又曰:"后二日,车驾自幸洛阳狱录囚徒,理出千余人。"事见《后汉书·寒朗传》41/1417。

可显示皇帝制度之一性格：皇帝对所谓有罪者，惩罚由心，不必拘于法律之规定，罪大者不必罚重，罪小者亦不必罚轻。其二是汉制以儒术缘饰，儒家尚亲亲，英为明帝兄，即使见劾谋反定罪，仍要维持若干排场。内欲致其死，逼迫自杀，亦必外示宽大。假仁而实虐，外见之宽仁常假，实际之残虐反隐晦不得见。此古今政治之所同。

（五）

综上所述，楚王英案之起因，可上溯于光武皇帝之废立皇后与更易太子。皇后、太子之废立造成郭皇后诸子与阴皇后诸子间之紧张关系。明帝同母弟广陵思王荆在光武崩后假借废太子舅之名义造作飞书，鼓动废太子即东海恭王彊造反。明帝登基后破例任命同母弟东平宪王苍为骠骑将军领京师军队。此两事可见光武诸子间之紧张关系。光武诸子在明帝世被告有逆谋者凡四人，此亦与明帝异母兄弟间之紧张关系有关，故严加伺察，臣下亦以苛察深文为立功。此所以光武诸子被告谋反之多。今考其罪名，不过是招聚奸猾（养宾客之贬语）、案图书或造作图谶、词祀祝诅等，甚为空泛，若皇帝及考治其事者心胸稍为广大，顾忌稍少，此类罪名可做其他解释而不必认定为谋逆。楚王英被告之罪名除上述三项外，尚有擅封爵拜官，然此项罪名于史书中全无佐证。又楚王英案尚未告发，明帝舅家阴氏已知将有此案，并以之陷害司徒虞延。楚王英案之官方说法为谋反案，其实内有政治因素，以诸兄弟中势力最孤之楚王英为牺牲，杀鸡儆猴。

有司治反狱，必牵连甚广，盖治狱者为求自保，以免见责同情反者或与反者同党，故严刑逼供，"诸所连及，率一切陷入"，即使无罪证，亦"出之不如入之，可无后责"，不惜造成冤案。

光武帝更易皇后与废立皇太子，其原因又可溯源于建武二年之立郭皇后与立郭后之子彊为皇太子。光武先娶阴氏，后纳郭氏。阴氏与光武同乡，光武未婚时就爱慕阴氏，有"娶妻当得阴丽华"之叹。然于建武二年立后时选立郭氏为皇后,阴氏则屈居贵人之位。推究其原因,盖其时郭氏有子,光武虑及日后之继承问题,故郭氏得以母凭子贵。其次,光武于更始元年六月娶阴氏,与光武兄伯升见诛在同一月而稍迟,其时正是光武处境最为困难之时。更始二年春,光武在真定纳郭氏,时光武独当一面,拥众数万,稍后即诛王郎,定河北,降铜马,有众百万,不过年余,登基为天子。纳郭氏后,光武之运程大好,光复汉家天下之事业顺利。光武极为迷信,立后时光武不过是逐鹿的群雄之一,尚需借助于郭氏之帮夫运,此或亦为光武舍阴氏立郭氏为皇后之原因。

建武十二年底,蜀平,天下统一。十七年,光武废郭后而别立阴氏为皇后。诏书谓废后之主要理由是郭后不善抚循非亲生子,此理由是否真实无考。然光武以易后为解决之办法,则甚为失策。盖易后及日后不得不因此而更立太子,激起异母诸子间关系之紧张,结果与其目的相差甚远,甚至相反。

光武诏书谓废后之另一理由是郭后不恭顺。按夫妻近二十年,生五子,然后在近半百之年以不恭顺废之,甚难说得通。光武废郭后立阴后,恐个人之感情因素为多。建武二年立皇后时,以光复汉家天下之考虑为先。建武十七年易后时,则以个人情感为重。

附录 汉代造反及见劾谋反之同姓诸侯王事迹录

一、齐哀王襄。高后崩,齐哀王起兵反,围齐相召平,召平自杀。劫琅邪王刘泽,攻吕国,取其故济南郡。诸吕遣大将军灌婴东击之,婴屯荥阳,与齐王连和,以待吕氏之变而共诛之。后京师之大臣诛诸吕,齐罢兵。事见《史记·齐悼惠王世家》(52/2001—2004)。按齐哀王起兵时,诸吕尚未为乱,则哀王之起兵,是造反,特以日后大臣诛诸吕,哀王听令罢兵,则其前此之起兵,可谓是欲诛诸吕以保卫刘氏政权。

二、济北王兴居。文帝三年,兴居起兵欲击荥阳,汉遣兵击破之,兴居自杀。按兴居为齐悼惠王子,诛诸吕之役有功,大臣本许封大国,后大臣立文帝,文帝以齐之济北郡王兴居,兴居以功见夺,不平,遂反。事见《史记·齐悼惠王世家》(52/2010)及《孝文本纪》(10/425—426)。

三、淮南厉王长。文帝六年，"有司言淮南王长废先帝法，不听天子诏，居处毋度，出入拟于天子，擅为法令，与棘蒲侯太子奇谋反，遣人使闽越及匈奴，发其兵，欲以危宗庙社稷"(《史记·孝文本纪》10/426)。按淮南厉王长之罪状，所谓"与棘蒲侯太子奇谋反，遣人使闽越及匈奴，发其兵"，乃奇遣人说厉王，谋发闽越、匈奴兵，非厉王遣人往发闽越、匈奴兵，详见《史记·淮南衡山列传》(118/3077—3078)。则厉王之罪，盖僭越不守法令。按高祖封诸侯王为藩辅，"藩国大者夸州兼郡，连城数十，宫室百官同制京师"(《汉书·诸侯王表》14/394)。诸侯王"掌治其国"(《汉书·百官公卿表》19上/741)，"得自除内史以下，汉独为置丞相"(《史记·五宗世家》59/2104)。诸侯王既然"掌治其国"，"宫室百官同制京师"，则诸侯王僭越专擅之界限甚为难说，心胸宽广以为应当如此者，深文苛察则以为有罪。文帝以藩王入主，对诸侯王猜忌特多，以诸侯王之权重地广为不便，其主要政策为削弱诸侯王之权力。淮南厉王为文帝之异母幺弟，恃宠生骄，不修礼敬者有之，至有司言其造反，则未免深文陷害。《史记·淮南衡山列传》曰：

> 孝文帝初即位，淮南王自以为最亲，骄蹇，数不奉法……常谓上"大兄"……甚横……薄太后及太子诸大臣皆惮厉王，厉王以此归国益骄恣，不用汉法。(118/3076)

按薄太后乃文帝母，太子即日后之景帝。太后、太子及大臣皆惮厉王，则厉王之不得其死，固宜。然厉王不应当造反之名。厉王临死，悔曰："吾以骄故不闻吾过至此。"后民有作歌歌厉王，有"兄弟二人不能相容"等语(《史记·淮南衡山列传》118/3080)。是厉王自以其罪在骄，非造反也。

四—十、吴王濞、楚王戊、赵王遂、胶西王卬、济南王辟光、菑川王贤、胶东王雄渠。此七王反，是为吴楚七国之乱。景帝即位，以晁错为御史大夫，议削诸侯王。吴王濞等恐削地无已，乃于景帝三年正月反。景帝恐，斩御史大夫晁错以谢七国，然吴不罢兵。景帝以太尉周亚夫、大将军窦婴领兵伐平之。事详《史记·景帝纪》(11/440)及《吴王濞列传》(106/2824—2836)。

十一、梁孝王武。武为景帝同母弟。景帝前七年,栗太子废,窦太后欲以孝王为帝嗣。袁盎等大臣议当立子,武怨袁盎等,阴遣人刺杀之。及事发,朝廷使者多辈至梁考索与谋者,以太后故,罪不及武,然帝自此疏武。事见《史记·梁孝王世家》(58/2084—2085,2090—2092)。

十二、淮南王安。安为淮南厉王子。武帝元朔五年,淮南郎中雷被得罪淮南王太子迁,恐,欲诣京师从军击匈奴。太子迁禁止雷被,被亡至长安,上书告之。公卿治其事,以为淮南王安阻止雷被等从军击匈奴,违诏,当弃市。武帝诏罚削二县。淮南王安有庶子不害,不害子建,建怨王与太子迁不善待其父,太子迁又尝系笞建,建乃欲告败太子,使其父得代立。元朔六年,建使人上书,朝廷治其事,辞连王与太子迁等有反谋,公卿议诛王,王自杀,国除为九江郡。王后、太子及所牵连者数千人受诛。事详《史记·淮南衡山列传》(118/3082—3094)。按自景帝中五年改革诸侯王国制度,诸侯不得治国,天子为置吏,诸侯王丧失统治权与用人权①,渐与富室无异,不可能起兵造反。此后之所谓诸侯王造反,多是巫蛊祠祝,言语大逆不道,且多是诬告陷害成狱。

十三、衡山王赐。赐为淮南厉王子,淮南王安弟。衡山王太子爽,爽与弟孝、后母王后徐来等不睦,徐来等共毁太子爽,王数笞太子。元朔六年,衡山王赐上书请废太子爽,别立孝为太子,后又上书告爽所为不道。有司治其事,于孝家中捕得涉淮南王安案之陈喜,孝恐,上书自告,事及陈喜与衡山王赐谋反。朝廷遣大臣杂治。衡山王赐自杀,王后、太子爽、孝等皆弃市,国除为衡山郡。事详《史记·淮南衡山列传》(118/3095—3097)。此案乃衡山王赐父子兄弟互相怨恨,及废立太子而引起上书诬告,其中有谋反之辞,盖平日言语轻慢不敬,治其事者深文解释。

十四、江都王建。建父江都易王非为景帝子,非于吴楚反时有军功,受

---

①《汉书·百官公卿表》曰:"景帝中五年,令诸侯王不得复治国,天子为置吏。"又改革诸侯王官制,大量省减王国官员(19上/741)。盖景帝在平定七国之乱后削藩之措施,此后诸侯无统治其国之权,且受中央任命之官员监视,不再可能造反。此后之所谓诸侯王谋反案,最多是巫蛊祠祭,言语不道,非真起兵造反。

赐将军印、天子旗。建嗣父为江都王,淫乱,祝诅上,又佩其父将军印,载天子旗出,有司治其事,索得兵器玺绶节等。群臣议以建当用谋反法诛,诏廷尉等问建,建自杀,国除。时在元狩二年。事详《史记·五宗世家》(59/2096)及《汉书·景十三王传》(53/2414—2418)。

十五、济北王宽。宽为淮南厉王长之后人,宽嗣父济北式王。后元二年七月,昭帝初立,宽被告淫乱,又祠祭祝诅上,自杀,国除。事见《汉书·淮南衡山济北王传》(44/2157)。

十六、燕王旦。旦武帝子,卫太子死后,旦请入宿卫,盖以次第当为太子也。武帝怒,囚旦使者。武帝崩前一日,立少子弗陵为太子。帝崩,太子即位,年八岁,是为昭帝,大将军霍光等辅政。旦公言疑昭帝非武帝子,事发觉,有诏勿治。后旦姊鄂邑盖长公主、左将军上官桀父子、御史大夫桑弘羊与霍光争权,因交通旦,谋共杀光,废帝,迎立旦为天子。事发觉,诛上官桀等。旦自杀,国除。事详《汉书·武五子传》(63/2750—2759)。按燕王旦以长子不得立,怨望,朝廷大臣争权,上官桀等结交旦以壮声势。旦以谋反罪自杀,其罪不诬。然旦等阴谋杀大臣、废立,非起兵造反。

十七、楚王延寿。延寿嗣其父楚节王纯①。宣帝即位,延寿以广陵王胥是武帝子,欲附之,故为其后母弟赵何齐取广陵王女为妻,私谓若他日广陵

---

① 《史记·楚元王世家》曰:"王纯立,地节二年,中人上书告楚王谋反,王自杀,国除。"似谓楚王纯亦以谋反诛。《史记索隐》曰:"按:太史公唯记王纯为国人告反,国除。盖延寿后更封,至十九年又谋反诛死,故不同也。"《史记正义》曰:"《汉书》云王纯嗣十六年,子延寿嗣,与赵何齐谋反,延寿自杀,立三十二年国除,与此不同。"(50/1989)今按《史记正义》谓《汉书》云云,是据《汉书·楚元王传》为言(36/1925),《史》《汉》不同。按《史记》所载武帝以后事,盖褚先生所补。褚先生所补不清楚致误,《史记索隐》为之弥缝,谓楚王纯自杀国除,后更封延寿,延寿后又谋反诛。所谓"更封延寿",仅见于此。楚王一系与皇室,在武帝时已疏远。若以谋反国除,更封复国之可能性甚低。又纯谥曰"节"(《汉书·诸侯王表》14/398,《楚元王传》36/1925),《史记正义·谥法解》曰"好廉自克曰节"(《史记》第十册附载三家注序,页24)。死后赐谥为加恩,以谋反诛者极少得赐谥号。若楚王纯以反诛,后又赐谥,其谥号必不用好字如"节"者。卫太子谥曰"戾",《谥法解》谓"不悔前过曰戾"(页30)。燕王旦谥曰"刺",《谥法解》谓"愎很遂过曰刺"、"不思忘爱曰刺"(页29)。淮南王长、广陵王胥俱谥曰"厉",《谥法解》谓"杀戮无辜曰厉"(页29)。《汉书》所载楚王纯事与《史记》褚先生所补不同,褚先生所补又有数不可解之处,故今从《汉书》。

王得立,则何齐尚公主,又遗书广陵王,请其"毋后人有天下"。地节元年,事发觉,延寿自杀,国除。事见《汉书·楚元王传》(36/1925)。

十八、广陵王胥。胥武帝子,昭帝崩,昌邑王废,胥俱不得立,故于昭帝、昌邑王时及宣帝初,胥使巫祝诅。五凤三年,事发觉,四年,胥自杀,国除。事详《汉书·武五子传》(63/2759—2762)。按武帝崩后,昭帝即位,年八岁,霍光等于宫中专政。燕王旦、广陵王胥俱封王三十余年反见弃,无怪二人怨望。及昭帝崩,无嗣,时武帝子在者仅广陵王胥一人,已王凡四十三年,故群臣议当立者,咸持广陵王。时霍光专政,以为不便,乃立昌邑王贺,二十八日后,又以贺行淫乱废之,别立已沦为庶人之卫太子孙,是为宣帝。胥以武帝长子反不得立,怨望祝诅,当有其事,然亦仅能祝诅,盖其时诸侯王与富室无异,无力量起兵造反。

十九、东平炀王云。云父东平思王宇是宣帝子。哀帝建平三年,云被告祭祠诅祝上,有司请诛王,云自杀,国除。事见《汉书·宣元六王传》(80/3325—3326)及《王嘉传》(86/3492)。

二十、广陵思王荆。荆光武帝子,明帝同母弟。荆于光武崩后即以废太子舅之名义作飞书,鼓动废太子争位,语多大逆不道。明帝以亲弟故,不问其事。后荆又二次被告谋不轨,言语不道,明帝亦淡化其事,仅徙封,使吏谨宿卫之。后荆又以祭祀祝诅见劾,于永平十年自杀。事详本文之正文。

二十一、济南安王康。康光武郭皇后子,明帝异母弟。康被告招聚奸猾渔阳颜忠等,"案图书,谋议不轨",罚削五县。事在楚王英案稍前或同时。事详本文之正文。

二十二、楚王英。英光武许美人子,明帝异母兄。永平十三年,英被告"招聚奸猾,造作图谶,擅相官秩"。明年,英自杀,国除。事详本文之正文。

二十三、淮阳王延。延光武郭皇后子,明帝异母弟。永平十六年,延被告"招奸猾,作图谶,祠祭祝诅……徙为阜陵王,食二县"。事详本文之正文。章帝建初中,阜陵王延又被告"造逆谋",贬为阜陵侯,食一县。章帝章和元年,复封为阜陵王,食五县。事详《后汉书·光武十王列传》(42/1444—1445)。

二十四、平原王翼。翼祖章帝,父河间孝王开。和熹邓太后封翼为平原王,奉怀王胜祀。太后留翼在京师。安帝建光元年三月,邓太后崩。五月,安帝乳母王圣与中常侍江京等谮邓氏兄弟及平原王翼等"谋图不轨,窥觎神器,怀大逆心"。邓骘等自杀,贬翼为都乡侯。事见《后汉书·章帝八王传》(55/1809)。

二十五、勃海王悝。悝桓帝弟。"延熹八年,悝谋为不道……贬为瘿陶王,食一县。悝后因中常侍王甫求复国,许谢钱五千万。帝临崩,遗诏复为勃海王。悝知非甫功,不肯还谢钱。甫怒,阴求其过。"灵帝熹平元年,宦官曹节、王甫等诬悝谋反,诛之。事详《后汉书·章帝八王传》(55/1798)。

综上所录,汉代造反及见劾谋反之同姓诸侯王凡二十五人,其中西汉十九人,东汉六人。又西汉景帝时八人,东汉明帝时四人,为数最多,此亦显示当时皇帝对诸侯王之政策及皇帝本人之性格。按汉高祖鉴于秦废封建十五年而亡,乃大封同姓子弟为王,诸侯王国大者"夸州兼郡,连城数十",九诸侯王国之领土几占天下之半;而诸侯王掌治其国,自置丞相以外之官员,"宫室百官,同制京师"①。诸侯王之势力太大,使皇帝不得安枕。故西汉文帝、景帝到武帝朝前期,朝廷最主要之政策为削弱诸侯王之力量。文帝虽不敢实行贾谊"众建诸侯而少其力"之计策,亦尽可能分裂诸王国:分齐为七国,淮南为三国,赵为二国②。文帝宽厚小心,恐激起乱事,不欲强削诸王国。景帝则甚为大胆,用晁错之策,大削诸侯王领土,吴王濞等恐"削地无已",乃反,

---

①参见《史记·汉兴以来诸侯王年表》(17/801—802)及《汉书·百官公卿表》(19上/741)。
②《汉书·贾谊传》:贾谊死后四年,"齐文王薨,亡子。文帝思贾生之言,乃分齐为六国,尽立悼惠王子六人为王……而分淮南为三国,尽立厉王三子以王之"(48/2264)。所谓分齐为六国,是为济北、济南、菑川、胶西、胶东、城阳,与齐凡七国。详见《史记·齐悼惠王世家》(52/2005)。分淮南为三国则见《汉书·淮南衡山济北传》:文帝"立厉王三子王淮南故地,三分之",是为淮南王、衡山王、庐江王(44/2144)。又文帝封赵王友二子为赵王及河间王。事见《汉书·高五王传》(38/1990)。

是为吴楚七国之乱。两汉同姓诸侯王真正起兵造反者,仅文帝时之济北王兴居①及景帝时之吴楚七国王共八人。景帝既平七国,除其国,地入于汉,汉朝廷与诸侯王力量之比较,大占优势。乃于中五年改革诸侯王国之制度,"诸侯王不得复治国,天子为置吏",并大量削减诸侯王国官吏之员额秩位与权力(《汉书·百官公卿表》19上/741)。王国官员既由皇帝任命,代表皇帝治理王国,亦为皇帝监视诸侯王之行为②。此后诸侯王之势力日渐衰弱,乃至"与富室亡异",不可能造反。故武帝以后见劾谋反之诸侯王,多是因为行为骄奢,礼仪僭越,祠祭祝诅,及有司考验深文诬陷所致。

　　武帝崩,昭帝以少子即位,大将军霍光等于宫内辅政。武帝长子燕王旦等责疑昭帝之合法性③。济北王宽被告淫乱,祠祭祝诅,杀鸡儆猴之意甚明。燕王旦与广陵王胥是武帝已成年之子,不见立,未免怨望。朝廷对此两王亦必特别重视又监察特严。然为免影响过大,当政者亦不敢轻易对两王开刀。盖长公主、上官桀、桑弘羊等与霍光争权,燕王旦不满昭帝以少子继承及有所企望,结交上官桀等,涉入朝廷之政争,卒惹杀身之祸。及昭帝崩,昌邑王废,宣帝以已沦为庶人之卫太子孙拔为至尊,广陵王胥以武帝长子而二次见弃,其不满祝诅,当真有其事。宣帝晚年卒以祝诅杀胥,与其时宣帝自以地位已稳,可以不必为胥留余地,当有关系。

　　东汉诸侯王见劾谋反者六人,其中平原王翼在邓太后崩后为安帝乳母及宦官所谮,盖受朝廷权力斗争之影响。灵帝时,桓帝弟勃海王悝与宦官银钱授受不清,见诬谋反。悝得罪当权之宦竖,故不得其死。其他四人,皆在

---

① 齐悼惠王子朱虚侯章与东牟侯兴居诛诸吕有功。"大臣许尽以赵地王章,尽以梁地王兴居。及文帝立,闻朱虚、东牟之初欲立齐王,故黜其功。二年,王诸子,乃割齐二郡以王章、兴居。章、兴居意自以失职夺功。岁余,章薨。而匈奴大入边,汉多发兵,丞相灌婴将击之,文帝亲幸太原。兴居以为天子自击胡,遂发兵反。上闻之,罢兵归长安,使棘蒲侯柴将军击破,虏济北王。王自杀,国除。"(《汉书·高五王传》38/1997)
② 参见前引徐复观:《汉代专制政治下的封建问题》,页180。
③ 昭帝见立为太子及霍光拜大将军,事在武帝崩前一日,故燕王旦疑昭帝之合法性。事见《汉书·武五子传》(63/2751—2754)。此事考详廖伯源:《制度与政治——政治制度与西汉后期之政局变化》,页53—57,北京,中华书局,2016年。

明帝时见劾,明帝一朝治诸侯王谋反狱,超过东汉之一半。其时诸侯王无力起兵造反,最多不过祠祭祝诅,其事隐晦,难于证明,心胸稍广,即大事化小,小事化了。明帝朝诸侯王谋反事特多,盖明帝之性格猜忌,察察为明,又因前朝废立皇后太子,使明帝异母兄弟间关系紧张。

1995年10月15日初稿。12月19日二稿。承翟志成兄指正,1996年3月5日三稿。承洪金富兄指正,4月13日四稿。

初刊于《中国文化研究所学报》新第五期,页55—80,香港,香港中文大学中国文化研究所,1996年。

五 试论光武帝之统御术

（一）引　论

赵翼《廿二史札记》谓汉光武得天下甚易，"起兵不三年遂登帝位，古未有如此之速者"①。光武于地皇三年（22）十一月起

---

①赵翼：《廿二史札记》卷三"王莽时起兵者皆称汉后"条（《四部备要》本，3/20a）。又王夫之《读通鉴论》又有谓光武之得天下甚难。王夫之谓莽末天下兴兵，光武降下者甚多，"兵有余而抚之也不易，此光武之定天下所以难于高帝也"（《四部备要》本《读通鉴论》6/12b。台北，台湾中华书局，1966年。）。盖二人从不同之角度论史，故有不同之结论。王夫之之论点，将在下文"安置降卒与军事复员"节中详论。王夫之又曰："光武之得天下，较高帝而尤难矣。建武二年，已定都于雒阳，而天下之乱方兴，帝所得资以有为者独河北耳。而彭宠抑叛于幽州，五校尚横于内黄，关以西邓禹虽入长安，赤眉环绕其外，禹弗能制焉。郾、宛、堵乡、新野、弘农，近在咽颊之间，寇叛接迹，而相为牵制，不异更始之在长安时也。刘永、张步、董宪、苏茂横亘东方，为陈、汝眉睫之患。隗嚣、公孙述姑置而可徐定者勿论焉。其视高帝出关以后，仅一项羽，夷灭之而天下即定，难易之差，岂不远哉……且合力而与争者一涂，精专志定无旁挠焉，而恶得不易，分势而四应者杂起，左伏右起无宁日焉，而恶得不难，使以高帝荥阳之相持而遇光武丛生之敌，乘间搗虚而掣其后，羽不待约而人为之犄角，高帝不能支矣；则甚矣，光武之难。"（6/10a—11a）王夫之以高祖仅一大敌，而光武则与争天下者甚众立论，因谓高祖得天下难于光武。按高祖与光武之开国战争复杂，不易比较其难易。就以王夫之此论点言，亦可（转下页）

事①,兄弟所领宗族宾客附于新市、平林兵。明年,更始元年,二月,刘圣公为天子。六月,更始诛光武兄伯升。十月,更始遣光武以破虏将军行大司马事持节渡河镇抚河北,是光武独当一面之始,亦开始建立个人势力。更始二年,光武得信都太守任光迎奉,和成卒止②邳彤举郡降附,而"昌城人刘植、宋子人耿纯各率宗亲子弟,据其县邑,以奉"(《后汉书·光武帝纪》1上/12)。又得上谷太守耿况、渔阳太守彭宠归附,势力渐大,诛灭在邯郸称帝之王郎。更始立光武为萧王,令"罢兵诣行在所";光武不就征,后且袭杀更始派在河北之幽州牧苗曾、尚书令谢躬,兼并其军队;又击铜马、高湖、重连等农民武装力量,降服之,"众遂数十万,故关西号光武为铜马帝"(1上/17)。时赤眉入关,光武亦遣邓禹领兵西向,以乘更始、赤眉之间。明年,建武元年,时光武已统有河北,拥众百万,诸将请光武即位上奏谓"北州弭定,参分天下而有其二,跨州据土,带甲百万"(1上/21)。语虽涉夸张,然亦可见光武已是群雄中武力最大之一支,因于六月己未即皇帝位。计自地皇三年(22)十一月起事,至建武元年(25)六月即位,前后共二年又七月。若自更始元年(23)十月到河北建立个人势力始至即位,则仅一年零八月。其后陆续削平群雄,建武六年二月"山东悉平"(1下/48)。于建武十二年十一月诛公孙述,蜀平,统一天下(1下/59)。

赵翼分析光武得天下如是之速的原因是西汉诸帝无虐民之政,王莽之篡位乃"班彪所谓危自上起,伤不及下,故虽时代改易而民心未去,加以莽政愈虐,则思汉之心益坚"(《廿二史札记》3/18a)。因举当时人之言语,证明民苦王氏苛政而思汉德。又举莽末群雄起事者,"无不以刘氏举号"为证,如新市、平林兵立刘圣公,赤眉立刘盆子,王郎伪称成帝子子舆,卢芳诡认武帝曾

(接上页)提出相反之论证:与光武争天下者虽众,然非同时与光武为敌。盖光武为逐鹿中原诸豪之一,时群雄各自扩充势力,广拓地盘,互有利害恩怨,其相互间,或敌或友,或战或和,其力量或互相抵销,故光武得各个击破之。故今不言高祖、光武得天下之难易。
①光武起事之时间,纪传抵牾,详见后文。
②《后汉书·光武帝纪》注引《东观汉记》曰:"王莽分巨鹿为和(戎)〔成〕郡。"卒正,职如太守(1上/14)。参见《东观汉记》卷十"邳彤"(《四部备要》本,北京,中华书局,1989年。10/4a)。

孙,董宪、张步以刘永汉后,"遂受其爵命,为之尽力"。公孙述、隗嚣初起,亦以辅汉为名。在此民心趋向之下,光武为汉宗室,自受支持而较易成功①。然刘圣公、刘盆子亦汉宗室,圣公且最先称帝,光武兄弟俱为臣属。何以圣公、盆子先后败亡而光武终成大业,中兴汉室?盆子为赤眉诸豪之傀儡,即位时年仅十五,盖以其年少易以操纵②,可以勿论。至于刘圣公,《后汉书》本传谓"更始即帝位,南面立,朝群臣,素懦弱,羞愧流汗,举手不能言"(11/469)。及都长安,"居长乐宫,升前殿,郎吏以次列庭中。更始羞怍,俛首刮席不敢视"(11/470)。然此盖史家"曲笔阿时"之言③。吕思勉考更始事迹,结论谓更始"雄略未必让光武兄弟"。因谓"更始之败,盖全由群盗所把持,不能自振"。"然则光武之不获正位,乃正其所由成功耳。"④其意谓更始为新市、平林群豪所立,群豪各有部曲势力,虽拥立更始,实无效忠侍奉之诚,而有俱为布衣编户之心,或擅命地方,或横暴三辅,乃至勒兵长安,攻战宫阙;更始居于其间,欲肃号令以正君臣之礼,则力有所不能;反不如光武之无所拘束,出使至河北,别创局面,终成大业。余英时更进一步,从社会、经济、文化着眼,指出更始与赤眉集团俱为饥民的乌合之众,流动性大,到处抢劫,无社会基础,又缺乏良好的组织,文化低落,无力统治国家。而光武集团则文化程度高,具备统治国家的条件;其领导人物多出身于士族,又与士族大姓取得协调,得到他们的支持。当时社会最有势力之士族大姓阶层的背向是更始、赤眉与光武成败之重要因素⑤。

---

①《廿二史札记》3/18a—20a。
②《后汉书·刘盆子传》11/480—485。又见吕思勉:《秦汉史》上册,页225—226,台北,开明书局,1969年台一版。
③《后汉书·刘玄传》《集解》引刘子元云:"圣公身在微贱已能结客报仇,避难绿林,名曰豪杰,安有贵为人主而反至于斯者乎。将作者曲笔阿时,独ავ光武之美,谀言媚主,用雪伯升之怨也。且中兴之史出于东观,或明帝所定,或马后所刊,而炎祚灵长,简书莫改,遂使他姓追撰空传伪录者矣。"(《后汉书集解》11/3b)吕思勉亦谓《后汉书》对更始之描述多"诬罔之辞"(《秦汉史》上册,223页)。
④吕思勉:《秦汉史》上册,页223—227。
⑤余英时:《东汉政权之建立与士族大姓之关系》,《中国知识阶层史论》(古代篇),页109—184,台北,联经出版事业公司,1980年。

这些论断都有道理，但任何历史事件皆非单一或数个因素可以完全解释的，从各种不同的角度探讨，往往可以挖掘其他的解释因素。光武之克定群雄，中兴汉室是牵涉广泛、千头万绪之历史重大事件，其成功的因素，必是复杂多端。本文将尝试探讨光武柔道之手段，及其以人质控制部属，遥控指挥在外征伐之将军，安置降卒复员军队等措施；不敢谓对光武中兴成功之因素，别增新说。要者，对光武之性格、事迹研究越深入越全面，则对光武中兴史事之了解，越为近真，故不避饾饤之消，考察光武之琐屑小事。

（二）以柔道得天下

《光武帝纪》建武十七年冬，光武幸章陵，"置酒作乐，赏赐。时宗室诸母因酺悦，相与语曰：'文叔少时谨信，与人不款曲，唯直柔耳，今乃能如此。'帝闻之大笑曰：'吾理天下，亦欲以柔道行之。'"（1下/68—69）又《臧宫传》：建武二十七年，宫与马武上书请击匈奴，"诏报曰：'《黄石公记》曰："柔能制刚，弱能制强。"柔者德也，刚者贼也，弱者仁之助也，强者怨之归也……苟非其时，不如息人。'"（18/695—696）是光武自少性格外柔，其宗人诸母故有是言；其后更采黄老阴柔之术①，柔道成为其处世之哲学，驾御臣下乃至争天下，常用怀柔手段。然其自谓"苟非其时，不如息人"，则其柔道有时势之限。柔道有时而尽，则以刚暴济之，否则若一味实行柔道，不可能克服群雄而统有天下。然其在困难中，采柔道得以保身；领兵御将，柔道得以使群下归心效忠。光武以柔道对人处世，实是其成功的重要因素之一。下文稍以史例申衍此说。

《光武帝纪》曰：光武兄弟初起，与新市、平林兵合，"军中分财物不均，众恚恨，欲反攻诸刘。光武敛宗人所得物，悉以与之，众乃悦"（1上/3）。时大敌为王莽政权，若以分财不均而内部自相残杀，则自取灭亡之道，光武忍一时之辱，安抚新市、平林兵，是其以柔道结集力量以反王莽。

---
①参见瞿兑之：《秦汉史纂》，页250，香港，龙门书店，1967年。

及更始立,光武兄弟为其臣属,威名甚盛,更始忌之,因杀伯升(《齐武王缜传》14/551—552)。时光武方大败王邑、王寻于昆阳,闻讯,"自父城驰诣宛谢。司徒官属(伯升为大司徒)迎吊光武,光武难交私语,深引过而已。未尝自伐昆阳之功,又不敢为伯升服丧,饮食言笑如平常。更始以是惭,拜光武为破虏大将军,封武信侯"(1上/9)。其实光武心甚悲苦。《后汉书·冯异传》曰:"自伯升之败,光武不敢显其悲戚,每独居,辄不御酒肉,枕席有涕泣处。"(17/640)时君臣之势已成,光武若露仇怨之色,难免为更始君臣所忌而见诛。故光武隐忍悲痛,既不为伯升服丧,又不与伯升官属私语,"饮食言笑如平常";且"诣宛谢",时更始都宛,"诣宛谢"当是朝更始以解释其不与伯升同之意,以得更始谅解而解危困。更始果为所动,乃拜光武为破虏大将军,后又行大司马事,出使渡河北镇抚州郡,因在河北奠定中兴之基业。是光武以阴柔之术,保身解危。

及光武为方面之主帅,更用柔道以怀抚部属,使其归心。《后汉书·光武帝纪》曰:更始二年五月,拔邯郸,"诛王郎。收文书,得吏人与郎交关谤毁者数千章。光武不省,会诸将军烧之曰:令反侧子自安"。《集解》惠栋引《东观记》曰:"得吏民谤毁公,言可击者数千章。"(1上/14—15)按王郎自称成帝子子舆,称帝于邯郸,时河北郡县多附王郎,"王郎移檄购光武十万户"。光武与其属官晨夜逃窜,至信都,乃得喘息;收兵旁县,始有力与王郎攻战;其后归附日多,更始又另遣尚书令谢躬讨伐,局势乃转变。在王郎势盛之时,河北郡县吏人及光武部下持两端者,交结关通王郎,以留后路。其交通书信以千数,则其人数不少。若光武严处其事,诛持两端者,则诛戮过多,自伤元气。若其在急迫之下造反,伤害更大。且持两端者好自求多福而已,善待之则必归心效力,故光武会诸将而烧毁通敌文书,使反侧者无有疑虑,进而感激光武之宽大而诚心效命。

光武之意欲与功臣诸将之意见相反者,光武能抑己意而伸功臣之主张,盖欲使君臣和谐无异意,更能同心合力。《后汉书·景丹传》曰:

> 世祖即位,以谶文用平狄将军孙咸行大司马,众咸不悦。诏举可为

> 大司马者,群臣所推唯吴汉及丹……乃以吴汉为大司马,而拜丹为骠骑大将军。(22/773)

光武信谶;而好用以决事,其起事及登基即位亦信谶而为之①。上引文谓光武信谶文而据之拜大司马,以诸功臣不悦而改,另任命众所推者为之。此例最能显示光武以柔道处理君臣之相反意见。

对于功臣之犯法者,光武有曲法以容忍之者。《马武传》曰:"帝虽制御功臣,而每能回容,宥其小失。"注曰:"回,曲也,曲法以容也。"(22/785—786)而在征伐用人之际,更是如此。如吴汉为光武最亲信的将军之一,领兵征伐,常为主帅,为大司马,至薨乃罢。然吴汉领兵,军纪不修,间且纵军劫掠。《岑彭传》曰:"更始诸将各拥兵据南阳诸城,帝遣吴汉伐之。汉军所过多侵暴,时破虏将军邓奉谒归新野,怒吴汉掠其乡里。"遂反(17/656)。南阳为帝乡,吴汉亦南阳人,吴汉尚且纵兵掠之,则其他地方更不足论。然史书并不见光武因此惩罚吴汉,当时诸将领兵征伐,劫掠地方恐相当普遍②。光武对冯异之言,最能见其实情。《冯异传》谓光武于建武二年十一月遣孟津将军冯异平定三辅,"敕异曰:'……今之征伐,非必略地屠城,要在平定安集之耳。诸将非不健斗,然好虏掠。卿本能御吏士,念自修敕,无为郡县所苦。'"(17/645)则光武麾下诸将多好掳掠,光武知之且明言之。盖乱世之

---

① 参见《后汉书·光武帝纪》1上/2、21—22。又参见钱穆:《两汉博士家法考》,《两汉经学今古文平议》,页221—223,台北,东大图书公司,1978年。
② 光武初起,与新市、平林兵合,新市、平林兵乃饥民集团,到处劫掠。"军中分财物不均,众恚恨,欲反,攻诸刘,光武敛宗人所得物,悉以与之,众乃悦。"(1上/3)其后与王莽大军对阵,光武至郾、定陵发兵,"诸将贪惜财货,欲分留守之。光武曰:'今若破敌,珍宝万倍,大功可成;如为所败,首领无余,何财物之有!'众乃从"(1上/6)。平河北时,又收编铜马等饥民武装数十万,是光武所领军队,本有劫掠民间之习惯。及至登基,当申明法律,然军旅之际似难完全戒除。《后汉书·杜诗传》:诗于建武初为侍御史,"安集洛阳。时将军萧广放纵兵士,暴横民间,百姓惶扰,诗敕晓不改,遂格杀广,还以状闻。世祖召见,赐以棨戟,复使之河东"(31/1094)。萧广纵兵劫掠民间,被使者格杀,及吴汉军掠南阳引起将军邓奉造反,俱因劫掠民间引发其他重大事件而于史书中留其痕迹,至于其他将军军队之劫掠民间,其事普遍,史家或曲笔而不载。又《后汉书·朱祐传》:朱祐为建义大将军,"尚儒学。将兵率众,多受降……又禁制士卒不得虏掠百姓,军人乐放纵,多以此怨之"(22/770)。史家为褒扬朱祐禁制掳掠百姓而为部曲所怨,亦可作光武麾下其他将军有劫掠百姓习惯之旁证。

中,欲完全禁止军队掳掠,似不可能。光武御将,于此种事相当放宽。《后汉书·李忠传》,光武以李忠为右大将军,忠"因从攻下属县。至苦陉,世祖会诸将,问所得财物,唯忠独无所掠。世祖曰:'我欲特赐李忠,诸卿得无望乎?'即以所乘大骊马及绣被衣物赐之"(21/755)。光武问诸将所得财物,则其时光武并不禁止诸将抢掠。此事在光武初经营河北之时,或尚保留在更始麾下时之染习。诸将中唯李忠无所掠,光武因赏赐而宠异之。光武欲建立良好之军纪,其方法不取严惩,而采奖励。盖禁止措施过烈,必至诛戮犯禁者,不但自毁人才,且恐会引起兵变。不如奖励无所掠者,使部下知其意向而渐迁于善,是亦其柔道之运用。

对敌方之将军,亦用怀柔之手段使投降归附。《后汉书·马武传》,马武为更始之振威将军,"与尚书令谢躬共攻王郎。及世祖拔邯郸,请躬及武等置酒高会,因欲以图躬,不克。既罢,独与武登丛台,从容谓武曰:'吾得渔阳、上谷突骑,欲令将军将之,何如?'武曰:'驽怯无方略。'世祖曰:'将军久将,习兵,岂与我掾史同哉!'武由是归心。及谢躬诛死,武驰至射犬降"(22/784)。时更始派在河北而有武力者,仅光武与谢躬二人。王郎已破诛,光武欲于宴会中诛谢躬而夺其军,不成,乃甘言诱躬之部将马武。后光武偷袭谢躬,诛之。马武果降。以利诱降,亦可谓是光武之柔道。

又《后汉书·岑彭传》,建武元年七月,光武大军围更始大司马朱鲔于洛阳,数月不下,光武使岑彭往说朱鲔,"鲔曰:'大司徒(伯升)被害时,鲔与其谋,又谏更始无遣萧王北伐,诚自知罪深。'彭还,具言于帝。帝曰:'夫建大事者,不忌小怨,鲔今若降,官爵可保,况诛罚乎? 河水在此,吾不食言。'……拜鲔为平狄将军,封扶沟侯……后为少府,传封累代"(17/655)。更始杀伯升,朱鲔力促其事。盖朱鲔为更始之臣而为更始谋,王夫之论其事谓"杀伯升,留光武而不遣,知有更始而不恤其他"。若为伯升之事而报怨于鲔,则公私不分,"而何以劝忠乎"①? 然杀兄之仇,若谓对朱鲔全无怨气,似

---

① 参见《读通鉴论》6/7a—8a。

非人情之常①。忍小怨而兵不血刃收复十一将军围攻数月不下之洛阳②,正可见光武柔道之效。朱鲔降后为将军,封侯,官至九卿,子孙世代袭爵。则光武之柔道非一时之权宜,日后亦遵守其诺言不变。

光武遵守诺言,厚待朱鲔,可见其为人之厚道。其对待更始子及刘盆子,亦可见之。《刘玄传》曰:更始既为赤眉所杀,"有三子,求、歆、鲤。明年夏,求兄弟与母东诣洛阳,帝封求为襄邑侯,奉更始祀,歆为谷孰侯,鲤为寿光侯"(11/476)。又《刘盆子传》:盆子降后,"帝怜盆子,赏赐甚厚,以为赵王郎中。后病失明,赐荥阳均输官地,以为列肆,使食其税终身"(11/486)。更始诛伯升,光武不以为怨,封更始三子为侯,奉更始祀。光武之作为或有若干政治目的,盖以昭示天下,前虽有怨隙,归降亦获善待,以为天下欲降者之鼓励。然光武对更始诸子之待遇不可仅以政治目的解释,亦可见光武之厚道,此其所谓柔道,亦有宽厚待人之意。光武之对刘盆子事亦可为证。

综上所述,光武之所谓柔道,对己则屈己隐忍,对人则容忍小失,善待安抚,外示宽厚温和,终至天下归心。柔道为其得天下之重要因素之一,当可确言。

(三)以诸将家属为质

上文谓光武对部下将领以柔道牢固其心,对欲其投降之敌将则以怀柔之手段利诱之。对诸将违反军纪等行为过失,且曲法以优容之,似光武全以柔道软化人心。其实不然,光武之柔道,亦配合监察制度、人质制度,与光武事事亲自掌握之习惯,使诸将处于严密的控制之下。

---

①光武并非完全不报伯升之仇者。李轶亦劝更始杀伯升(14/552),据《后汉书·冯异传》:李轶、朱鲔等为更始守洛阳,光武以冯异镇孟津以拒之。异与轶通书,劝降。"轶自通书之后,不复与异争锋……光武故宣露轶书,令朱鲔知之。鲔怒,遂使人刺杀轶。"(17/642—643)光武盖用离间之计,使更始之将领自相残杀。李轶本与光武首谋起事,后更始立,张卬、朱鲔等贵,轶又诸附鲔等,劝更始杀伯升,可谓卖友求荣,与朱鲔与伯升兄弟无交情而只为更始谋者不同。故光武不纳轶而行离间计以置其于死地(参见王夫之《读通鉴论》,6/7b—8a)。
②建武元年七月吴汉等十一将军围朱鲔于洛阳,至九月辛卯鲔举城降(1上/16b—17a),则围洛阳约三个月。

汉代的监军大致可分二类,是为专职之监军与监军使者。以时代分,西汉之监军主要是专职监军,即护军都尉(护军),东汉则以使者监军。唯光武中兴战争期间,二者均大量使用,所遣诸将既多有护军,又常遣亲近之中郎将、大夫为使者出使监军,以监察诸将、控制军事。其事已详另文①,不赘。

为防军事将领或其他官员投降或造反,统治者把这些官员的家属一人或若干人质押于京师或其他地方,一旦官员投降或造反,则人质会受到重至死刑的处罚。杨联陞称此类人质为国内人质,并谓国内人质在战国时代就已存在②。光武建立政权,亦渐渐采用人质之手段以控制诸将,建武元年之前,将军家属或随军,如《后汉书·耿纯传》,光武谓前将军耿纯曰:"'军营进退无常,卿宗族不可悉居军中。'乃以纯族人耿𫖮为蒲吾长,悉令将亲属居焉。世祖即位。"(21/763)时光武尚未即皇帝位。按将军与家族同在军中,则无所羁其心。不使将军与其族人同在军中,以其族人为县长领其宗族居县,盖亦为质之一形式。居一县中,郡兵可守拘之也。然此例是否可证明光武在即位之前就已开始采用人质手段以控制诸将,尚甚难说,因为建武元年将军张宗从大司徒邓禹击赤眉,尚"有亲弱在营"(38/1275)。然其后对较不亲近者,光武或留其亲属于洛阳以作人质。《后汉书·任延传》曰:更始拜任延为会稽都尉。"建武初……诏征为九真太守。光武引见,赐马杂缯,令妻子留洛阳。"(76/2462)时中原尚未平定,以任延为九真太守,安辑边远,然恐其独立,故留其妻子于洛阳为质。又《窦融传》曰:

> (建武)八年夏,车驾西征隗嚣,融率五郡太守……与大军会高平第一……引见融等,待以殊礼。拜弟友为奉车都尉,从弟士太中大夫……封爵既毕,乘舆东归,悉遣融等西还所镇。(23/805—806)

更始所任命之张掖属国都尉窦融本与河西五郡太守据土自保,众推融行河西五郡大将军事。后奉光武正朔,然于建武八年始以光武西征隗嚣之便朝

---

① 廖伯源:《汉代监军制度试释》,《历史与制度——汉代政治制度试释》,页36—85。
② 杨联陞分国史上之人质为互换人质与单方人质二大类,单方人质又分外国人质与国内人质二种。参见氏著《国史上的人质》,《国史探微》,页109—126,台北,联经出版事业公司,1983年。

见。时隗嚣、公孙述未平,河西五郡悬隔,光武尚需窦融等还镇五郡,以牵制隗嚣,镇服羌胡,安定西北。除对窦融及五郡太守加殊礼、封高爵、赐厚赏,使其亲附朝廷外,亦任窦融弟友、从弟士为宫廷官员,作人质以羁縻之。《汉书·百官公卿表》曰:"奉车都尉,掌御乘舆车。"(19上/739)东汉之奉车都尉职掌与西汉同,而隶属于光禄勋(《后汉书·续百官志》志25/3576),掌御乘舆车之官员当然得任职于宫中。又两汉之太中大夫俱文属光禄勋,为宫官(《汉书·百官公卿表》19上/727,《后汉书·续百官志》志25/3577),既为宫廷之官员则不可随窦融西返,而当从车驾之洛阳。名为任以官职,而实际上是作人质①。以视隗嚣遣子入质事,更为明显。《后汉书·隗嚣传》,嚣既受汉命,为西州大将军,专制凉州、朔方事。建武"五年,复遣来歙说嚣遣子入侍,嚣闻刘永、彭宠皆已破灭,乃遣长子恂随歙诣阙。以为胡骑校尉,封镌羌侯"(13/524)。胡骑校尉领胡骑,为京师警备宿卫将领之一②,盖外示隗嚣以亲信,实则以其子为人质。史文明谓其"入质"(13/525),其后嚣依违于光武与公孙述之间,且兵抗汉之西征大军,光武以"嚣终不降,于是诛其子恂"(13/530)。

而将军之领镇方面者,以权势过大,或不自安,自请以亲属入质,如《后汉书·寇恂传》:

（光武）拜恂河内太守,行大将军事……帝数策书劳问恂,同门生茂陵董崇说恂曰:"……今君所将,皆宗族昆弟也,无乃当以前人为镜戒。"

---

① "任子为郎"与"外族质子被任命为宫廷卫士非常相似。在第三世纪时,质子和任子的意义已经融合了,此可由'质任'这个复合词得到证明"(前引杨联陞:《国史上的人质》,页121)。谓父兄荫任子弟为官之"任子"与质子相似,窦融二弟之事例亦可作为例证。又《后汉书·虞诩传》:永初四年,郎中虞诩说太尉李脩曰:"今凉土扰动,人情不安,窃忧卒然有非常之变,诚宜令四府九卿各辟彼州数人,其牧、守、令、长子弟皆除为冗官,外以劝厉,答其功勤,内以拘致,防其邪计。"修善其言,更集四府,皆从诩议(58/1866)。所谓冗官,是光禄勋属下之郎、大夫之类。除边疆长官子弟为冗官,有"内以拘致,防其邪计"之效,则"任子"之制的人质成份,非常清楚。

② 武帝置中垒、屯骑、步兵、越骑、长水、胡骑、射声、虎贲八校尉,皆掌京师警备宿卫兵(《汉书·百官公卿表》19上/737—738),东汉省中垒、胡骑、虎贲三校尉,余五校尉(《后汉书·续百官志》志27/3612—3613)。隗恂为胡骑校尉是在胡骑校尉官省之前。

恂然其言,称疾不视事。帝将攻洛阳,先至河内,恂求从军……不听,乃遣兄子寇张、姊子谷崇将突骑愿为军锋。帝善之,皆以为偏将军。(16/621—623)

董崇所谓"以前人为镜戒",是指高祖与萧何之故事。高祖在外征战,萧何守关中,高祖数使使劳苦何,何听鲍生之言,悉遣子孙昆弟能胜兵者随高祖征伐,高祖大喜①。寇恂守河内,时河内为光武之后方,恂遣侄与外甥从光武征伐,是师萧何之故智。此是人质之别一形式。又《后汉书·耿弇传》曰:

> (耿弇为上谷太守耿况子,父子以郡归附光武,弇从平河北,有大功。)光武即位,拜弇为建威大将军。……(渔阳太守彭宠反。)四年,诏弇进攻渔阳。弇以父据上谷,本与彭宠同功,又兄弟无在京师者,自疑,不敢独进,上书求诣洛阳……况闻弇求征,亦不自安,遣舒弟国入侍。帝善之……五年,宠死,天子嘉况功,使光禄大夫持节迎况,赐甲第,奉朝请。(19/703—708)

耿况自动遣子耿国入侍,"光武拜为黄门侍郎,应对左右"(19/715)。后又征况入居京师,同时遣耿弇领重兵平齐。耿况、耿国父子在京师,无论是否任职,都是光武羁縻耿弇之人质。

其他可考之人质资料如《后汉书·岑彭传》,征南大将军岑彭屯津乡,当荆州要会,"六年冬,征彭诣京师,数召谦见,厚加赏赐。复南还津乡,有诏过家上冢,大长秋以朔望问太夫人起居"。章怀注曰:"大长秋,皇后属官。汉法,列侯之母,方称太夫人也。"(17/659—660)以岑彭功大远征,故诏皇后属官大长秋每月初一、十五问候彭母,则彭母居于京师甚明。又《王常传》:"建武二年夏,(王)常将妻子诣洛阳,肉袒自归……为汉忠将军……攻拔湖陵……进攻下邳……平沛郡贼。六年春,征还洛阳,令夫人迎常于舞阳,归家上冢。"(15/581)按王常为颍川舞阳人,颍川在洛阳与沛郡之间,王常于沛郡征诣洛阳,可经颍川舞阳,光武"令常夫人迎常于舞阳,归家上冢",则常夫

---

① 参见《史记·萧相国世家》(53/2015)。《后汉书》章怀注已录《史记》之文以释之(16/623)。

人不居于舞阳,否则不必令其"迎常于舞阳"。常夫人当居于洛阳。又《祭遵传》附祭肜事。征虏将军祭遵于建武九年卒于军。遵从弟肜,"光武初以遵故,拜肜为黄门侍郎,常在左右。及遵卒无子,帝追伤之,以肜为偃师长,令近遵坟墓,四时奉祠之"(20/744)。祭遵无子,光武以其从弟肜为郎,以前例耿国入侍为黄门侍郎事例之,则祭肜为黄门侍郎或亦有为人质之可能。又《冯异传》:异为征西大将军,平定关中,"六年春,异朝京师。引见,帝谓公卿曰:'是我起兵时主簿也,为吾披荆棘,定关中。'……后数引谦见,定议图蜀,留十余日,令异妻子随异还西"(17/649)。冯异朝见后返回任所,光武以其特别亲信功大,令其妻子随同。妻子与俱返任所得有光武之命令,则一般之将军出征伐,其妻子留在洛阳①,非有光武之命令不得赴其军营。或是当时之规矩。

综上所述,史书有若干例证显示光武中兴战争时以人质之手段控制其麾下的将领及边郡长吏,其中有光武主动令其留妻子于洛阳,或以任子的方式使其子弟任职京师;亦有方面大吏以权势过盛,不自安而自请以亲属入质,耿况自遣幼子耿国入侍事在建武四年,则建武四年以前,将领家属质居京师当非硬性规定。建武六年春,光武令冯异携妻子同返关中任所,则非有光武诏令,似不准将领携妻子赴任。然资料太少,这些例证是否有普遍性,实难下断语。

国内人质既于战国时代就已存在,则光武以人质控制部属之方法,自非其所创造,而是承袭前代。国内人质盛于列国对峙之时,至天下一统,则甚少有采用之需要。盖其时唯化外之边疆民族不在皇帝的统治之下,皇朝之官员降附文化、经济远低于汉族之边疆民族者,毕竟少数而必有其不得已之特殊原因,似不必普遍设防。且皇权及于帝国之任何地方,于事发后始捕其

---

① 光武以领兵将帅及边郡长吏之妻子亲属入居洛阳或内郡,未尝无保护照顾其家人之意。然已在保护之下,则必牵亲人之心,若其人反叛,则其在后方之亲属必受其罪。故将帅长吏之亲属留居京师有人质之意甚为明显。

家属,亦不为晚。故在大一统之皇朝,如西汉,国内人质之事例甚为少见①。只在开国之初,群雄并起逐鹿,其形势有类战国时期,当较多国内人质。然高祖似无采用人质羁縻部属。楚汉相争之际,萧何守关中,高祖在前线作战,数使使劳苦萧何,何乃遣其亲属能胜兵者随高祖出征,高祖乃心安(《史记·萧相国世家》53/2015)。此事可视为人质之事例,然此外不见他例;或高祖为人疏阔豪迈,不计较及此。光武中兴,相关之史料可见甚多以部属家属为人质之事例;此为战国以后首次出现如此多国内人质之事例,故不嫌琐屑,搜集排比以见其事。

(四)遥控军事

光武加强监军制度及以人质之手段控制麾下将领,都显示其性格之猜忌,而对在外征战之将领,常以诏敕指挥其用兵,益可见光武凡事亲自掌握的个性。其例证如下:

《后汉书·盖延传》:"(盖延为虎牙将军,建武)四年……因率平狄将军庞萌攻西防……董宪将贲休举兰陵城降。宪闻之,自郯围休。时延及庞萌在楚,请往救之。帝敕曰:'可直往捣郯,则兰陵必自解。'延等以贲休城危,遂先赴之。宪逆战而阳败,延等遂逐退,因拔围入城。明日,宪大出兵合围,延等惧,遽出突走,因往攻郯。帝让之曰:'间欲先赴郯者,以其不意故耳。今既奔走,贼计已立,围岂可解乎!'延等至郯,果不能克,而董宪遂拔兰陵,杀贲休……帝以延轻敌深入,数以书诫之。"(18/687—688)

《吴汉传》:"(大司马吴汉领兵伐蜀。)十二年春……汉乃进军攻广

---

① 《汉书·李广传》附李陵事,陵军败,"上欲陵死战,召陵母及妇,使相者视之,无死丧色"。后陵降匈奴,年余,汉捕得匈奴生口,"言李陵教单于为兵以备汉军……上闻,于是族陵家,母弟妻子皆伏诛"(54/2455—2457)。《汉书》仅言陵军败后召见陵母及妇,并不言陵初发时,以其家人为质。就李陵事言,陵家属是否曾经为质,难于确言。

都,拔之,遣轻骑烧成都市桥……帝戒汉曰:'成都十余万众,不可轻也,但坚据广都,待其来攻,勿与争锋。若不敢来,公转营迫之,须其力疲,乃可击也。'汉乘利,遂自将步骑二万余人进逼成都,去城十余里,阻江北为营,作浮桥,使副将武威将军刘尚将万余人屯于江南,相去二十余里。帝闻大惊,让汉:'比敕公千条万端,何意临事勃乱。既轻敌深入,又与尚别营,事有缓急,不复相及。贼若出兵缀公,以大众攻尚,尚破,公即败矣。幸无他者,急引兵还广都。'诏书未到,述果使其将谢丰、袁吉将众十许万,分为二十余营,并出攻汉。使别将万余人劫刘尚令不得相救。汉与大战一日,兵败,走入壁,丰因围之……(汉)于是引还广都,留刘尚拒述,具以状上,而深自谴责。帝报曰:'公还广都,甚得其宜,述必不敢略尚而击公也。若先攻尚,公从广都五十里步骑赴之,适当值其危困,破之必矣。'"(18/681—682)

《臧宫传》:"(建武)十九年,妖巫维汜弟子单臣、傅镇等,复妖言相聚,入原武城,劫吏人,自称将军。于是遣宫将北军及黎阳营数千人围之。贼谷食多,数攻不下,士卒死伤。帝召公卿诸侯王问方略,皆曰:'宜重其购赏。'时显宗为东海王,独对曰:'妖巫相劫,执无久立,其中必有悔欲亡者。但外围急,不得走耳。宜小挺缓,令得逃亡,逃亡则一亭长足以禽矣。'帝然之,即敕宫彻围缓贼,贼众分散,遂斩臣、镇等。"(18/694—695)

上引及下文诸例显示光武遥控军事①,通过信使往还,了解军情,传达命令,

---

① 除正文所引诸例之外,下列例子亦说明光武好遥控军事。

(1)《后汉书·刘盆子传》:"建武二年……十二月,(赤眉)乃引而东归……光武乃遣破奸将军侯进等屯新安,建威大将军耿弇等屯宜阳,分为二道,以要其还路。敕诸将曰:'贼若东走,可引宜阳兵会新安;贼若南走,可引新安兵会宜阳。'"(11/484—485)此例光武在派遣诸将时就授以方略,可视为遥控军事之例证。

(2)《邓禹传》:光武遣邓禹领兵西入关中,禹以赤眉尚强,不宜直攻长安。"帝以关中未定,而禹久不进兵,下敕曰:'……长安吏人,遑遑无所依归。宜以时进讨,镇慰西京,系百姓之心。'禹犹执前意,乃分遣将军别攻上郡诸县。"(16/603)

(3)《祭遵传》:建武六年,诸将与隗嚣战,"并败,引退下陇。乃诏遵军汧,耿弇军漆,征西大将军冯异军栒邑,大司马吴汉等还屯长安"(20/740)。

指挥将军作战非偶一为之,而似是经常之习惯,可见光武亲自掌握军事之欲望极为强烈①。

据上引《盖延传》《吴汉传》二例,可见光武谋划用兵,料敌准确,军事才能甚高。冯异上书光武亦曰:"臣伏自思维,以诏敕战攻,每辄如意,时以私心断决,未尝不有悔,国家独见之明,久而益远。"(17/648)此类书奏,虽不无阿谀之意,但大致当是事实;否则恐有讥讽之嫌,非臣下所敢言。则光武之军事才具甚高,似可肯定。当然,光武之决策可能出自谋臣,如《臧宫传》所述光武问方略于公卿。然大臣之说多端,晓识采纳正确之计谋就是高超之才具。

从上述诸例看,光武人虽不在战场,却对前线形势了如指掌,盖领兵之将军随时将军情之进展上奏,而监军者②亦当别有报告,又同时作战之其他将军乃至偏裨,亦可上书说明自己之看法。例如《后汉书·岑彭传》曰:

> (岑彭为征南大将军,)十一年春,彭与(大司马)吴汉……发南阳、武陵、南郡兵,又发桂阳、零陵、长沙委输棹卒……皆会荆门。吴汉以三郡棹卒多费粮谷,欲罢之。彭以蜀兵盛,不可遣,上书言状。帝报彭曰:"大司马习用步骑,不晓水战,荆门之事,一由征南公为重而已。"(17/661)

据《吴汉传》:"十一年春,(汉)率征南大将军岑彭等伐公孙述。"(18/681)则

---

① 光武亲自掌握军事之欲望极为强烈,然"将在外,君命有所不受",盖指将军领兵在外,军情紧急,突发之状况不可预料,君主远隔,其命令到达时形势已变,不可行,故将领可审察情势,不接受君主之命令,而及时决定最有利之方略。故光武对不遵行其指令而自作主张之将军,视其违令之情况而处分不同,如盖延等不听光武之直捣郯以解兰陵之围之计,先赴兰陵而至败绩,光武仅"以书诫之"。而吴汉不听光武坚据广都,以待疲敝之策,轻率深入。吴汉虽上书"深自谴责",光武则并无惩戒之言。亦有光武严惩违命将领之例。《后汉书·王梁传》:王梁为大司空,"建武二年,与大司马吴汉等俱击檀乡,有诏军事一属大司马,而梁辄发野王兵。帝以其不奉诏,敕令止在所县,而梁复以便宜进军。帝以梁前后违命,大怒,遣尚书宗广持节军中斩梁。广不忍,乃槛车送京师。既至,赦之"(22/775)。按光武已下诏令王梁在军事上隶属于大司马吴汉,王梁自作主张,发野王县兵,已是违诏。光武令其止于所在之地方待命,则知王梁处境并非危急,为不急之事而前后违诏,轻率弄兵,故光武欲斩之以申军法。此例与盖延、吴汉不遵光武之计而别采作战之方略不同。

② 参见前引廖伯源:《汉代监军制度试释》,页15—30。

在荆门与公孙述军对抗是以大司马吴汉为主帅,征南大将军岑彭当受吴汉节制。汉欲罢遣水军,岑彭以为不可,乃上书言状,光武因令岑彭主持荆门之军事。又如《马援传》曰:

> (建武二十四年,伏波将军马援)率中郎将马武、耿舒、刘匡、孙永等……征五溪。……初,军次下隽,有两道可入,从壶头则路近而水崄,从充则涂夷而运远,帝初以为疑。及军至,耿舒欲从充道,援以为弃日费粮,不如进壶头,搤其喉咽,充贼自破。以事上之,帝从援策。三月,进营壶头。贼乘高守隘,水疾,船不得上。会暑甚,士卒多疫死,援亦中病……耿舒与兄好畤侯弇书曰:"前舒上书当先击充,粮虽难运而兵马得用,军人数万争欲先奋。今壶头竟不得进,大众怫郁行死,诚可痛惜。前到临乡,贼无故自致,若夜击之,即可珍灭。伏波类西域贾胡,到一处辄止,以是失利。今果疾疫,皆如舒言。"弇得书,奏之。(24/843—844)

据此文,有二道可入五溪,军尚未到,光武就考虑取道何处为佳,疑不能决。及军到其地,领兵长官马援以二道之利弊上奏,光武乃决定进军之道路,可见光武规划军事,至为用心。而领兵之将军得经常报告军情,请示机宜,光武又随时发令指挥,耿舒以偏裨对军事之看法不同,亦上书以申己见。其兄耿弇为开国大功臣,耿舒更通过其兄攻击主将马援之军事失误。这些管道都使光武充分了解前线之军事情况。光武之好在后方遥控指挥前线军事,对前线之主帅非完全的信任,授予全权,在前线之偏裨将军才会在军事见解异于主帅时,上书求诏仲裁。

光武好遥控军事,指挥在前线领兵将军之用兵,是其性格使然,《后汉书·光武帝纪》谓光武"性勤于稼穑,而兄伯升好侠养士,常非笑光武事田业,比之高祖兄仲"(1上/1)。光武系出宗室,虽为疏属,然世代官宦,为南阳大族,故光武勤于稼穑,必非亲执耒耜,盖筹划经理农事,督促奴婢雇工力田而已。其性勤,凡事掌握指挥,一若勤俭持家之地主,与一般官宦子弟之不知稼穑艰难者大异,故其兄非笑之,比之高祖兄仲。及其登基为皇帝,其勤劳、凡事掌握之性格不变,对派出征伐之将军,亦以信使指挥之。其次,光武之性格多疑,不信任人,此在前文已述之。疑不信人,对领兵在外之将军,当然更难放心,非遥控之,使在掌握中不可。

(五)安置降卒与军事复员

王夫之以为光武之定天下难于高祖。其所持之理由为光武所降下者甚众,此乱世之民,操戈为寇,欲其复为良民,极为不易。其文曰:

> 光武之始徇河北,铜马诸贼几数百万,及破之也,溃散者有矣,而受其降者数十万人。斯时也,光武之众未集,犹资之以为用也。已而刘茂集众十余万而降之于京密,朱鲔之众且三十万而降之于洛阳。吴汉、王梁击檀乡于漳水,降其众十余万于邺东。五校之众五万人降之于萧阳,余贼之拥立孙登者五万人,降之于河北。赤眉先后降者无算,其东归之余,尚十余万人,降之于宜阳。吴汉降青犊。冯异降延岑、张邯之众。盖延降刘永之余。王常降青犊四万余人。耿弇降张步之卒十余万。盖先后所受降者,指穷于数,战胜矣,威立矣,乃几千万不逞之徒听我羁络,又将何以处之邪?高帝之兴也,恒患寡而亟夺人之军。光武则兵有余而抚之也不易。此光武之定天下所以难于高帝也。夫民易动而难静,而乱世之民为甚。当其舍耒而操戈,或亦有不得已之情焉。而要皆游惰骄桀者也。迨乎相习于戎马之间,掠食而饱,掠妇而妻,驰骤喧呶,行歌坐傲,则虽有不得已之情而亦忘之矣。尽编之于伍而耕夫之粟不给于养也,织妇之布不给于衣也。县官宵夜以持筹,不给于馈饷也。尽勒之归农而田畴已芜矣,四肢已惰矣,恣睢狂荡,不能受屈于父兄乡党之前矣。故一聚一散,倾耳以听四方之动而随风以起,诚无如此已动而不复静之民气何矣。而光武处之也,不十年而天下晏然,此必有大用存焉。史不详其所以安辑而镇抚之者何若?则班固、荀悦徒为藻悦之文而无意于天下之略也,后起者其何征焉?(《读通鉴论》6/12a—13a)

光武平天下时各方军队之总和究有多少,甚为难说;盖各方胜败之际,军士降散聚合,今日为甲方之兵,明日或为乙方之卒,后日或又降于丙方;非同时计算天下军卒之数目,则其数重叠,当不在少数,故不得以史书所言各数目相加。然审验光武中兴时期战争资料,谓其时各方军人之总数多至数百万,似非武断。《后汉书·光武帝纪》曰:

> （更始二年夏,）是时长安政乱,四方背叛,梁王刘永擅命睢阳,公孙述称王巴蜀,李宪自立为淮南王,秦丰自号楚黎王,张步起琅邪,董宪起东海,延岑起汉中,田戎起夷陵,并置将帅,侵略郡县。又别号诸贼铜马、大肜、高湖、重连、铁胫、大抢、尤来、上江、青犊、五校、檀乡、五幡、五楼、富平、获索等,各领部曲,众合数百万人,所在寇掠。（1上/16）

此所谓"众合数百万人",据其文意,当仅指铜马、大肜……获索等十五股武装力量之人数①。刘永、公孙述、李宪、秦丰、张步、董宪、延岑、田戎之众尚不在其内。此外,刘圣公已为天子,年号更始,最具规模,其众本合新市、下江、平林及南阳兵;及其即位,复汉正朔,归附者日多,至光武等破邯郸王郎时,虽"长安政乱,四方背叛",但更始之军队仍是当时数量最大者。又赤眉亦号称百万②,加上地方长吏据土自守郡县之军队③,则不计光武之兵众④,其时天下之兵,数目不下数百万,似非高估。至光武平定天下,此数百万人自有部分死于沙场,然所余者恐亦不在少数。其确数多少,不可知。要

---

① 《资治通鉴》,更始二年,于述光武不就更始征诣行在所后,曰:"是时,诸贼铜马、大肜、高湖、重连、铁胫、大抢、尤来、上江、青犊、五校、五幡、五楼、富平、获索等各领部曲,众合数百万人,所在寇掠。"（39/1268）则司马温公以为"数百万人"仅指铜马……获索等十五股武装力量甚明。又《光武帝纪》作"铜马……檀乡……获索等"十五股,《通鉴》阙"檀乡",当是手民之误。
② 《后汉书·刘盆子传》11/480。
③ 如河西诸郡,事见《窦融传》23/796—797。又江南诸州郡长吏,如交阯牧邓让、江夏太守侯登、武陵太守王堂、长沙相韩福、桂阳太守张隆、零陵太守田翕、苍梧太守杜穆、交阯太守锡光等据土自守,至建武五年始遣使贡献,事见《岑彭传》17/659。又如《后汉书·南蛮西南夷传》谓王莽之益州郡太守文齐,据郡固拒公孙述（86/2846）。
④ 其时光武之兵众不多,信都郡、和成郡、昌城县、宋子县归附,又击降附近诸县,"众稍合,乐附者至有数万人"（1上/12—13）。加上上谷、渔阳二郡兵,或有十余万,及破邯郸,亦当有增加。其后破降铜马、高湖、重连,始有众数十万（1上/17）。

者,虽不必如王夫之所强调光武所降下者特多,远过前后各朝开国之时①,然光武平定天下,必有与各朝相同之难题:如何处置降卒与军事复员。此事关系成败至重,盖处置不当,则降卒复叛,难有太平之日;而有功之士卒安置不善,小则为非作歹,祸坏社会,大则兴兵造反,天下又乱。此所以王夫之究心于是,亦以史家不记述光武所以"安辑而镇抚之者何若",而贬其史才之有阙②。今考察光武事迹,尝试解释光武所以"安辑而镇抚之者"为何。或有助于对光武之所以成功,有更深之了解。

王夫之于谴责东汉史家"无意于天下之略"之余,亦推测光武安辑镇抚大量降卒之方法。其文曰:

> 无已而求之遗文,以仿佛其大端。则征伏湛,擢卓茂,奖重厚之吏,以调御其嚣张之气,使惰归而自得其安全。民无怀怨怒以摈之不齿,吏不吝教导以纳之矩矱。日渐月摩,而清其形迹,数百万人之浮情害气,以一念敛之而有余矣。盖其覙文匿武之意,早昭著于战争未息之日,潜移默易,相喻于不言。当其从戎之日,已早有归休之志,而授以田畴庐墓之乐,亦恶有不帖然也。(6/13)

所言二端,后段谓光武早有偃武修文之意,此对其部属当有所感化。然感化之范围,当限于得亲接光武之将领,如贾复"知帝欲偃干戈,修文德,不欲功臣拥众京师,乃与高密侯邓禹并剽甲兵,敦儒学"(17/667)。此当有助于天下平定后军事将领之复员。然谓光武偃武修文之意可感化数百万悍兵骄卒,恐不易令人相信。

上引文之前段谓任用"重厚之吏",调御士卒之嚣张之气,使其遵守规矩法度,归于民间而与百姓相处无间。所谓"重厚之吏",王夫之举伏湛、卓茂

---

① 王夫之于上引文之下文曰:"自三代而下,惟光武允冠百王矣。何也?前而高帝,后而唐、宋,皆未有如光武之世,胥天下以称兵,数盈千万者也。"(6/13b)
② 王夫之于上引文曰:"则班固、荀悦徒为藻悦之文而无意于天下之略也。"(6/13a)按班固、荀悦修西汉之史,不必言及光武事迹,王夫之之意当是指范晔、袁宏等修东汉之史者。

为例。按伏湛、卓茂俱儒生,守份而不好争,以礼治地方,为吏人所信向①。是王夫之以为光武用"重厚之吏"以礼仪教导降卒,使其不争。然诸降卒前在兵间,"掠食而饱,掠妇而妻,驰骤喧呶,行歌坐傲",不复起兵前之村夫;以礼齐之,恐不易见功,即使有效,必费时旷日,缓不济急。王夫之所论,盖儒生之理想。实则对付桀骜好乱之徒,礼乐教化,有时而穷,必待威之以严刑峻法,方肯低首听令。故光武之成功安置降卒,必用威力。今考其事迹,初期当用降卒为兵,稍后所降太多,则以将军领之屯田,盖不敢遣散,恐其又复为寇也。即有遣归乡里,亦必使地方长吏领兵镇压,使其不敢为非。下文以次论之。

光武收用降卒为兵,以收编铜马最为显例。《后汉书·光武帝纪》曰:

> (更始二年,光武平河北,大破铜马、高湖、重连。)降之,封其渠帅为列侯。降者犹不自安,光武知其意,敕令各归营勒兵,乃自乘轻骑按行部阵。降者更相语曰:"萧王推赤心置人腹中,安得不投死乎!"由是皆服。悉将降人分配诸将,众遂数十万,故关西号光武为"铜马帝"。(1上/17)

为使降卒安心为所用,光武外示对新降者完全信任,令其心服,再将其分散统隶于麾下诸将。光武因大量收编降卒,故势力得以迅速扩大,此时光武尚未称帝。其后视军事之需要,陆续收编降卒为军。如建武元年,大司徒邓禹西讨关中,时更始覆败,"赤眉所过残贼……降者日以千数,(邓禹)众号百

---

① 《后汉书·伏湛传》谓湛九世祖乃济南伏生;伏氏为经学世家。湛"少传父业,教授数百人……更始立,以为平原太守。时……天下惊扰,而湛独晏然,教授不废……时门下督素有气力,谋欲为湛起兵,湛恶其惑众,即收斩之,徇首城郭,以示百姓,于是吏人信向,郡内以安。平原一境,湛所全也"。光武即位,征湛拜尚书,官至大司徒。"湛虽在仓促,造次必于文德,以为礼乐政化之首,颠沛犹不可违。"(26/893—895)又《卓茂传》:茂,"称为通儒",有人认其马,"茂有马数年,心知其谬,嘿解与之,挽车而去……他日,马主别得亡者,乃诣府送马,叩头谢之;茂性不好争如此"。后为密令,以礼为治。"数年,教化大行。"光武即位,先访求茂,褒赏其道德淳厚,拜为太傅,封侯(25/869—871)。是卓茂、伏湛俱守份不争,守礼重德,有名当时。光武褒赏任用二人,盖有标榜其政权尊儒雅、重道德之意,有其政治作用(参见《卓茂传》之论,25/872)。王夫之举此二人为所谓"重厚之吏"之例,二人于光武治下未尝为地方长吏,而任职于中央,其所举之例与其所论,稍有差异。

万"(《邓禹传》16/602)。又如建武五年,"因诏(建威大将军耿)弇进讨张步,弇悉收集降卒,结部曲,置将吏……而东"(《耿弇传》19/708)。乃至于讨公孙述之役,时已近中兴战争之末,仍有收用降卒为兵。事见《臧宫传》:辅威将军臧宫从征南大将军岑彭破公孙述军于荆门,宫至江州。"岑彭下巴郡,使宫将降卒五万,从涪水上平曲。"(18/693)据《光武帝纪》,岑彭平巴郡在建武十一年闰三月(1下/57)。诛灭公孙述在建武十二年冬十一月;则在光武中兴战争过程中,几从头到尾一直有收编降卒入军队之例证。降卒收入军中,羁之以军法,既可免其流散复为贼,又可补充兵员,可谓两全之法。然无限制收编降卒,引致军队兵员数量过大,则军队之给养,成大问题,故在战争稍缓之时,当有解决兵员过众,粮饷补给困难之措施,其中重要者为屯田。

　　屯田的目的本为解决外患问题,以边疆驻有大军,补给困难,故就地开垦生产。西汉之屯田皆在有外患之边防地区进行。但光武于中兴战争期间曾在内郡屯田。诛虏将军刘隆于建武四年,"屯田武当"(22/780)。张纯于建武五年拜太中大夫,"后又将兵屯田南阳"(35/1193)。而讨虏将军王霸,"六年,屯田新安。八年屯〔田〕函谷关"(20/737)。又前将军李通于六年击汉中贼,"还,屯田顺阳"。据章怀注,顺阳县属南阳郡(15/575—576)。《续郡国志》南阳郡有顺阳侯国(志22/3476);章怀注不误。又武当在南阳郡(志22/3476),新安属弘农郡(志19/3401),函谷关在河南尹(志19/3390)。以上各例屯田之地点俱在内郡。又《光武纪》:建武六年十二月,"癸巳,诏曰:'顷者师旅未解,用度不足,故行什一之税。今军士屯田,粮储差积,其令郡国收见田租三十税一,如旧制。'"(1下/50)《后汉纪》亦载此诏,字句稍有变化,文意相同;唯上引"今军士屯田",《后汉纪》作"今往往屯田"①。因军士屯田而粮储充足,乃降低税率,从十税一降至西汉旧制三十税一。则光武军屯之范围当相当广,参与之屯卒人数相当多。《后汉纪》作"今往往屯田",

---

① 袁宏撰,周天游校注:《后汉纪校注》5/141。

似为实录。光武之军屯,当不止上述刘隆、张纯、王霸、李通所主持者①,或尚有其他军屯之事实见遗于史书,其事湮灭者。盖刘隆等人领兵屯田俱见于《后汉书》本传,史书于述其生平事迹时附及屯田事,其他次要之将军或校尉军吏虽亦别领兵屯田,其于史书无传,故其屯田事亦不见载。光武之军屯,其主要目的为生产粮食,以充裕军需,此当无疑义。然今思考王夫之所提出的光武所降下数百万傲桀兵卒之安置问题,始悟光武之军屯,又有安置降卒之作用。盖降卒过多,不可无限制安插于军中,军屯之士卒仍以军法部勒,既不得恣意放肆,扰乱社会,更不得私自逃离,重又为寇,乃至投附尚未平定之敌对者。令其自耕自养,又可减轻国家之负担。此实一举数得之佳法。屯田本为守边开边而创制,光武借其法以安定天下,屯田之功效亦因此而扩大。

当然,降卒过多,不可尽收,亦有遣返原籍为民者,如《冯异传》:冯异为征西大将军,伐关中,"乃稍诛击豪杰不从令者,褒赏降附有功劳者,悉遣其渠帅诣京师,散其众归本业,威行关中"(17/647)。又如《耿弇传》:耿弇平定张步,"弇传步诣行在所,而勒兵入据其城。树十二郡旗鼓,令步兵各以郡人诣旗下,众尚十余万,辎重七千余两,皆罢遣归乡里"(19/712)。罢降卒而遣返故郡,郡县当有监察羁縻之法,使其不得逃亡复为寇。

《后汉书·耿纯传》谓前将军耿纯请曰:"'天下略定,臣无所用志,愿试治一郡,尽力自效。'帝笑曰:'卿既治武,复欲修文邪?'乃拜纯为东郡太守。"(21/764)则光武于上引文之所谓"修文",是指为郡太守治理地方。实则光武以将军为郡守多领兵之郡,用以击平不服,镇压盗贼。就以耿纯为例,《耿纯传》又曰:

> 乃拜纯为东郡太守。时东郡未平,纯视事数月,盗贼清宁。四年,诏纯将兵击更始东平太守范荆,荆降。进击太山、济南及平原贼,皆平

---

① 《后汉书·杜茂传》:茂为骠骑大将军。"东方既平,七年,诏茂引兵北屯田晋阳、广武,以备胡寇……十二年……镇守北边……茂亦建屯田,驴车转运。"(22/776—777)晋阳、广武俱属太原郡。杜茂之屯田主要为守边备胡。

之。居东郡四岁。(21/764—765)

耿纯为郡太守,不但平定境内之盗贼,且越界进击东平、太山、济南、平原郡之敌寇。是光武在中兴战争时以将军领兵治郡之佳例,其他例子如:

《后汉书·寇恂传》:光武南定河内……乃拜恂河内太守,行大将军事。光武谓恂曰:"河内完富,吾将因是而起。昔高祖留萧何镇关中,吾今委公以河内,坚守转运,给足军粮,率厉士马,防遏它兵,勿令北度而已。"光武于是复北征燕、代。恂移书属县,讲兵肄射,伐淇园之竹,为矢百余万,养马二千匹,收租四百万斛,转以给军……时军食急乏,恂以辇车骊驾转输,前后不绝。(16/621—622)

《景丹传》:景丹为骠骑大将军,建武二年,"会陕贼苏况攻破弘农,生获郡守。丹时病,帝以其旧将,欲令强起领郡事,乃夜召入,谓曰:'贼迫近京师,但得将军威重,卧以镇之足矣。'丹不敢辞,乃力疾拜命,将营到郡,十余日薨"。(22/773)

《王梁传》:王梁为前将军,五年,"拜山阳太守,镇抚新附,将兵如故"。(22/775)

光武以将军为郡太守,既可镇压地方,肃清不服,巩固已占领之地区成为后方,在其地劝农养兵,收租转输,支持前线之战争,又可安置过多的兵员。盖其既然领兵莅郡,军队固着于郡,给养容易,而经过一段时间之后,亦较易令其就地复员。而以将军治郡,对治理遣散还乡之降卒,更为有利。故天下渐次平定,赋闲之将军及其军队亦多安置于郡中。如强弩大将军陈俊自建武五年"为琅邪太守,领将军如故",镇抚东方。十四年"征奉朝请"(18/691)。刘隆为诛虏将军,"十一年,守南郡太守,岁余,上将军印绶"(22/780)。又虎牙大将军盖延于建武十一年"拜为左冯翊,将军如故……十五年,薨于位"(18/689)。而讨虏将军王霸,建武九年,"玺书拜霸上谷太守,领屯兵如故,捕击胡虏,无拘郡界"(20/737)。王霸领兵于边郡为太守,其军队用于御胡,仍有保留之需要,故霸在上谷二十余年,至明帝永平二年乃以病免①。至于王梁、刘隆、陈俊、盖延等在内郡,其军队当陆续遣散复员,故王梁等于拜郡一段时间之后,乃去将军之号。则以将军领兵为内郡太守有安排军队解散复员之功效。

天下平定后,亦使将军领兵修筑军事防御之工程。如骠骑大将军杜茂,"镇守北边,因发边卒筑亭候,修烽火"(22/777)。而《马成传》又曰:

> (马成为扬武将军,)十四年,屯常山、中山以备北边,并领建义大将军朱祐营。又代骠骑大将军杜茂缮治障塞,自西河至渭桥,河上至安邑,太原至井陉,中山至邺,皆筑保壁,起烽燧,十里一候。在事五六年,帝以成勤劳,征还京师。边人多上书求请者,复遣成还屯。及南单于保塞,北方无事,拜为中山太守,上将军印绶,领屯兵如故。(22/779)

修筑障堡烽燧等军事工程,所用者为扬武将军、建义大将军与骠骑大将军三营之兵卒,为时凡五六年。是在战争结束后,除负责守边、宿卫、驻守内郡要地之军队外,其他多余之兵员当遣散复员。光武以其中一部分随将军守郡,于郡中陆续复员;亦有部分从将军修筑军事工程,数年后工程完成始遣散。则复员之兵卒非一时全部发遣,而是分批退伍;无疑当较易管理,以免骚扰民间。

至于将军之复员,因将军多有军功,封侯;既有崇高之社会地位,又有丰厚之经济收入,故其复员,并不造成问题,且其从龙日久,光武知其才具而用之。就以三十二云台功臣为例,建武十三年尚在世者十九人,其中十人曾为郡守、州牧,四人曾为三公或行三公事,仅五人于十三年后不复任职,然亦在京师顾问应对,参与谋议②。故仅就云台功臣而言,其复员并不造成问题。

---

① 事见《后汉书·王霸传》20/737。又马成为扬武将军,"八年,从征破隗嚣,以成为天水太守,将军如故。冬,征还京师"(22/779)。据《光武帝纪》,建武八年冬,"天水、陇西复反归嚣"(1下/54)。是在八年击破隗嚣后,天水郡属汉,光武以马成为太守以镇抚之,后以东方有事,光武东返,而公孙述亦遣兵救隗嚣,天水郡复反归嚣,马成已无郡可守,故征还京师。马成以将军为边郡太守,与王霸事相类,然其郡旋即弃守,故其为太守之时间甚短。
② 参见本书第六篇《试论光武帝用人政策之若干问题》。

历朝之开国君主,均面临安置降卒及军队复员之问题。而战时之军队多如寇贼,又数量庞大,一旦遣散,管理不善容易又起兵乱。光武于内郡开军屯,又以将军领兵为郡太守治郡,陆续遣散多余之军卒。其法之施行,戒之在急切而重在和缓,分批安置遣散数百万悍卒,此亦可见光武之所谓柔道。

(六)余 论

本文讨论光武帝之"柔道"、以人质羁縻诸将、遥控军事及军队复员四事,显示光武之性格阴柔,能屈己容忍,以消解冲突,柔和抚下,故能得众心。而其在内郡开军屯,又以将军领兵为郡太守治郡,和缓分批遣散多余之军卒,化解危机于无形,亦可见其"柔道"有大用于统一天下。又其人勤劳,凡事亲躬掌握而思虑周到,军事才能高明。以诸将家属为质而不着痕迹,遥控军事于万里之外,又多派监军①,严密地控制将军与军队。

光武成功之因素,前人讨论已多(参见上文第一节引论)。本文所论诸端,或亦有助于了解光武之所以得天下。然光武克服群雄,重兴汉室是牵涉广泛的大事,其成功因素必然复杂多端。可从各种不同的角度探讨。本文之审查报告建议补充讨论光武兄刘縯之角色及光武"虽置三公,事归台阁"二事。按三公、尚书之职权变迁,尚书制度之发展为汉代官制的大问题,当专文讨论。今仅于此析论刘縯对光武中兴所发生之作用。《后汉书·齐武王縯传》曰:

> 齐武王縯字伯升,光武之长兄也……自王莽篡汉,常愤愤,怀复社稷之虑,不事家人居业,倾身破产,交结天下雄俊。莽末,盗贼群起,南方尤甚。伯升召诸豪杰计议……于是分遣亲客,使邓晨起新野,光武与李通、李轶起于宛。伯升自发舂陵子弟,合七八千人。(13/549)

---

① 参见前引廖伯源:《汉代监军制度试释》,页17—22。

所谓"光武与李通、李轶起于宛",光武仅与李通兄弟定谋,实无参与宛之起事①。《李通传》曰:

> (李通以"刘氏复兴,李氏为辅"说光武。光武与李氏兄弟)乃遂相约结,定谋议,期以材官都试骑士日,欲劫前队大夫及属正,因以号令大众。乃使光武与轶归舂陵,举兵以相应。(15/574)

光武与李通约定之后,即与李轶返舂陵;李通留在宛领导举事,大概事败遁走。故其后"前队复上通起兵之状,莽怒",杀通父守;"南阳亦诛通兄弟、门宗六十四人"(15/574—575)。光武与李轶返回舂陵时,伯升已起兵,因从伯升。南阳舂陵、新野起兵以伯升为首领,光武、邓晨、李轶等附从。

伯升所领之南阳兵,初起不久就与新市兵、平林兵、下江兵合纵,击败王莽前队大夫甄阜、属正梁丘赐,斩之。后又大破"王莽纳言将军严尤、秩宗将军陈茂……尤、茂弃军走。伯升遂进围宛,自号柱天大将军。王莽素闻其名,大震惧,购伯升邑五万户,黄金十万斤,位上公。使长安中官署及天下乡亭皆画伯升像于墊,旦起射之"(14/550)。更始在即位之前,其威望地位不及伯升。拥立更始之军队,含有四部分:是为新市兵、平林兵、下江兵及伯升所领的南阳兵。伯升为四支军队其中一支的领袖。更始则仅为平林兵之偏裨。《刘玄传》曰:"平林人陈牧、廖湛……号平林兵……圣公(更始之别字)因往从牧等,为其军安集掾。"(11/468)故在更始登基以前,伯升为南阳、新市、平林、下江兵中最有威望地位之刘氏宗室;此所以王莽巨金厚爵以购伯升,又以其画像为箭靶②。然伯升并不能指挥新市、平林、下江之诸将;此从

---

① 《后汉书·光武帝纪》曰:"莽末……光武……卖谷于宛。宛人李通以图谶说光武……(反莽)光武……遂与定谋,于是乃市兵弩。十月,与李通从弟轶等起于宛……十一月……光武遂将宾客还舂陵,时伯升已会众起兵。"(1上/2—3)谓光武与李氏兄弟十月在宛起事,然后光武于十一月返舂陵;与《李通传》所言光武与李轶在谋定后、起事前返舂陵者不同。今从《李通传》。

② 毕汉思(Hans Bielenstein)甚至过分地强调伯升之威望,乃至谓光武完全为伯升所掩盖;又谓"伯升在正常的情况下应成为皇帝","光武成为皇帝是意外"。见氏著 The Restoration of the Han Dynasty, vol IV, The Government, The Bulletin of the Museum of Far-Eastern Antiquities, vol 51, p.198, Stockholm, 1979.

诸将议立宗室时,舍伯升而取更始可知。

伯升等起兵在王莽地皇三年十一月。明年二月辛巳,更始立为天子。六月,伯升见害(1上/9)。计伯升从起兵至死,前后约八月,其中后四月且臣属于更始;时间太短,伯升不可能在此短时间建立深厚之势力以为日后光武打天下之助力。此其一。

伯升初起时就与新市、平林、下江兵等股合纵,互受牵制。且饥民初起,乌合之众,将帅不易建立绝对权威,除少数的宗族宾客外,部属多饥民,亦难言效忠。及更始即位,伯升兄弟臣事更始,更不易建立个人势力。此其二。

伯升死后,光武之处境相当困难,极其隐忍之能事,力求脱嫌(事详前文)。更始虽拜光武为破虏大将军,然不使领兵征伐,而令行司隶校尉事,整修洛阳宫府(1上/9)。则见疑羁縻之意甚明。后光武疏通更始左右,乃得脱困。出使河北,别创天地。光武出使河北时,虽挂破虏大将军行大司马事之官衔,"持节北度河,镇慰州郡……如州牧行部事"(1上/10),实不领兵与俱。《后汉书·光武帝纪》曰:

> (更始二年正月,光武至蓟。)王郎移檄购光武十万户,而故广阳王子刘接起兵蓟中以应郎,城内扰乱……言邯郸使者方到(按时王郎都邯郸),二千石以下皆出迎。于是光武趣驾南辕,晨夜不敢入城邑,舍食道傍。至饶阳,官属皆乏食。光武乃自称邯郸使者,入传舍。传吏方进食,从者饥,争夺之。传吏疑其伪,乃椎鼓数十通,绐言邯郸将军至,官属皆失色。光武升车欲驰,既而惧不免,徐还坐,曰:"请邯郸将军入。"久乃驾去。传中人遥语门者闭之。门长曰:"天下讵可知,而闭长者乎?"遂得南出。晨夜兼行,蒙犯霜雪……遑惑不知所之。有白衣老父在道旁,指曰:"努力!信都郡为长安守,(按时更始都长安)去此八十里。"光武即驰赴之,信都太守任光开门出迎。世祖因发旁县,得四千人。(1上/12)

光武若领兵到河北,当不会因为王郎使者到蓟,蓟城官吏应王郎而仓皇南逃。"晨夜不敢入城邑,舍食道旁。"真道尽其逃命之狼狈。及在饶阳伪称邯郸使者入传舍求食,官属争食见疑,传吏竟欲闭门擒之;可见光武到河北不但不领兵,其从属人数亦甚少,恐不过数十人。及至信都郡始发兵得四千人,此为光武在河北之最初武装力量;其后日益壮大,是后事。光武之王业奠基于河北,然其并非领兵到河北攻城略地,而是只领少数官属,凭更始使者之身份号召河北郡县归附;及王郎称帝,光武乃发河北郡县兵击郎,因自壮大。光武平定天下之武力与伯升完全无关。

其次,以光武中兴的从龙功臣观察伯升对光武成功之影响。《后汉书》阙功臣侯表,功臣之资料不全;然光武功臣中有所谓云台功臣,是功臣中功劳最大者,可视为光武功臣之代表。云台功臣于《后汉书》中俱有传,今考各人之本传,云台功臣三十二人中,与伯升有渊源者仅四人。此四人中,李通、王常之归附光武不必因伯升之关系。李通与光武谋起事,又娶光武妹伯姬（15/573）,日后臣事光武与伯升无关。王常为下江兵之将率,"汉兵与新市、平林众俱败于小长安,各欲解去。伯升闻下江军在宜秋,即与光武及李通俱造常壁……伯升见常,说以合从之利……遂与常深相结而去"。常对伯升甚为敬佩,其说下江兵其他将率同意合纵曰:"今南阳诸刘举宗起兵,观其来议事者,皆有深计大虑,王公之才,与之并合,必成大功。"其后议立宗室,"唯常与南阳士大夫同意欲立伯升"(15/578—579)。然常从未隶属伯升;其于更始朝贵显,拜大将军,"与光武共击破王寻、王邑"于昆阳。后封邓王。更始败,建武二年夏乃归光武(15/579—580)。王常同时认识伯升、光武兄弟,后又与光武并肩作战;其自陈与光武之关系谓"始遇宜秋,后会昆阳"是也(15/580)。其臣事光武不受伯升之影响。

与伯升之关系较深者为朱祐、岑彭二人。《朱祐传》曰:"朱祐字仲先,南阳宛人也……往来舂陵,世祖与伯升皆亲爱之。伯升拜大司徒,以祐为护军。及世祖为大司马,讨河北,复以祐为护军,常见亲幸,舍止于中。"(22/769)朱祐曾为伯升属官,伯升死后归光武。然祐自少年时就见亲于伯升、光武兄弟,其依附光武不必然为伯升之故。

伯升有大恩于岑彭。《岑彭传》曰:彭南阳棘人,守本县长拒汉兵,后降。"诸将欲诛之。大司徒伯升曰:'彭,郡之大吏,执心坚守,是其节也。今举大事,当表义士,不如封之,以劝其后。'更始乃封彭为归德侯,令属伯升。及伯升遇害,彭复为大司马朱鲔校尉……迁颍川太守。"时颍川为刘茂所略。"彭不得之官,乃与麾下数百人从河内太守邑人韩歆。会光武徇河内,歆议欲城守,彭止不听。既而光武至怀,歆迫急迎降……(光武)召见彭,彭因进说曰:'今赤眉入关,更始危殆……窃闻大王平河北,开王业……彭幸蒙司徒公所见全济,未有报德,旋被祸难,永恨于心。今复遭遇,愿出身自效。'光武深接纳之。"(17/653—654)伯升救彭于垂死,后彭又为伯升属吏;对伯升之见害,彭自言以不得报恩而"永恨于心",则其说河内太守韩歆背更始,降光武,或有报伯升大恩之意,然其时更始政乱,危在旦夕,彭之归光武,未始没有弃暗投明之意。似不可肯定岑彭之归附光武完全因为伯升之关系。

其他二十八位云台功臣,七位在光武徇颍川时依附,(时伯升为更始之大司徒,不与光武同在一处。)十九位在河北从龙,二位在光武即位后始臣属光武。①此二十八人大多数不认识伯升②。

综上所述,光武于起兵反莽时虽然从属于其兄伯升,伯升又威名甚大;然伯升见害太早,其后光武出使河北,乃肇兴王业。伯升对光武之得天下,恐影响甚小。

---

① 其他二十八位云台功臣,依其从龙之先后,可分为三类:(1)在光武出使河北以前从龙者:冯异、祭遵、铫期、臧宫、傅俊、王霸、马成七人。更始即位后,以伯升为大司徒;光武别与诸将在外作战,大败王莽大司徒王寻、大司空王邑于昆阳,又转战颍阳、父城(1上/4—9)。冯异等五人于此时从龙;臧宫则早入"下江兵中为校尉,因从光武征战"(18/692)。又马成,"世祖徇颍川,以成为安集掾,调守郏令。及世祖讨河北,成即弃官步负,追及于蒲阳"(22/778)。成前为光武部属,虽后为郏令,与光武脱离统隶关系,及光武出使河北时又弃官追随;故亦归马成于此类。(2)在河北从龙者:邓禹、吴汉、贾复、陈俊、耿纯、马武、坚镡、杜茂、任光、李忠、万修、邳彤、刘植、耿弇、寇恂、景丹、盖延、王梁、刘隆等十九人。其中马武、任光亦曾臣属更始,与光武同破王寻等(22/784,21/751),早已认识光武,或亦认识伯升。二人在河北始臣事光武。(3)光武即位后从龙者:卓茂、窦融。参见各云台功臣之本传及《光武帝纪》,又参见本书第六篇《试论光武帝用人政策之若干问题》。
② 刘隆系出南阳安众侯宗室,后为更始之骑都尉(22/780)。臧宫"入下江兵中为校尉"(18/692),下江兵后与南阳兵合。马武"入绿林中,遂与汉军合"(22/784)。又陈俊(18/689)、任光(21/751)、贾复(17/664)亦曾臣属更始,此六人或曾见过伯升。其余二十二人恐多数无缘亲见伯升。

1989年3月21日初稿。承刘增贵兄指正,5月2日二稿。1990年6月27日三稿。11月19日四稿。

初刊于《中研院历史语言研究所集刊》第61本4分,台北,1992年。页869—894。

六　试论光武帝用人政策之若干问题

（一）引　言

西汉初年多以功臣任职。所谓西汉初年之功臣，是指列于《史记》《汉书》之《功臣侯表》者。计高祖元年至十二年崩，三公（丞相、太尉、御史大夫）可考者有七人，全部是功臣侯。九卿可考者有十九人，其中见于功臣表，确定为列侯者十四人；其他五人，周苛未封死事，高祖以其功封其子周成为高景侯，是苛亦当在功臣侯之列；三人阙姓或阙名，不可考。又叔孙通以儒生起朝仪而为奉常。则高祖时期九卿姓名齐全者十六人，仅一人非功臣；九卿中功臣占93.8%；若不视周苛为功臣，亦占87.5%。惠帝在位七年，吕后八年，此十五年中，三公可考者有十一人，其中九人为功臣；此外曹窋为功臣曹参子，吕产为吕后亲戚，非功臣；则三公中功臣占81.8%。九卿可考者有十七人，四人阙姓，不可考。姓名齐全之九卿十三人，其中可确定为功臣者十人，占76.9%。

高祖、惠帝、吕后、文帝四朝，可考之郡国守相凡六十四人，其中高祖所封列侯二十九人，高祖功臣而于惠帝、吕后或文帝朝封为列侯者九人，共三十八人，约占此时期可考郡国守相总数的60%①。

又从高祖时至文帝十五年，领兵将军几皆高祖之功臣列侯②。

西汉初期，朝廷之重要官职几全部为功臣所占据，甚至功臣老朽物故，仍代之以功臣子孙。景帝时及武帝初年之丞相多为功臣子孙，可见一斑③。至史家论汉初用人，竟谓"有僵化为新贵族政治之趋向"④。大部分朝廷官员为功臣，为西汉初年政治之特色。

光武中兴，亦以武力平定群雄，统一天下。从龙有功之臣亦受爵邑，封为列侯，是即光武帝所封之功臣侯，本文或简称为功臣。

光武不任功臣以职事，此说在范晔以前已有议者言及，范晔又于《后汉书》论之，并为光武辩护，谓光武鉴于西汉初年之失，故不以功臣任职，盖欲保全功臣而广招贤之路（22/787—788）。《后汉书》缺侯表，光武功臣侯之确实数目不可晓⑤。据钱大昭《后汉书补表》卷三《光武明章和安顺冲功臣侯》，所列光武所封功臣侯凡一百三十二人⑥。今考察中兴功臣侯事迹，公卿

---

①《史记》有《汉兴以来将相名臣年表》，《汉书》有《百官公卿表》，且三公之任免均载于本纪，当数目齐全。九卿或史有失载，但所遗当不多。据此二类人之数目作统计，其可靠性当可肯定。唯郡国守相之著录人数或是实际人数的几分之一，而开国时期功臣侯事迹见载之机会，远大于非功臣之郡国守相，故统计西汉初年可考郡国守相中功臣侯所占之百分比，其结果必有偏差；后文统计光武时期可考之郡国守相中功臣侯所占之百分比，亦当有偏差；此为当先说明者。但此统计结果至少仍可显示史籍著录之郡国守相中功臣之比例，不无参考之价值。
②以上所述西汉初年公、卿、守、相、将军，参见廖伯源：《试论汉初功臣列侯及昭宣以后诸将军之政治地位》，《徐复观先生纪念论文集》，页86—108。
③参见《史记·张丞相列传》96/2685。
④参见严耕望：《秦汉郎吏制度考》，《中研院历史语言研究所集刊》第23本，《傅斯年先生纪念论文集》上册，页90，台北，中研院历史语言研究所，1951年。
⑤《后汉书·光武帝纪》曰：建武十三年，蜀平，"功臣增邑更封凡三百六十五人"（1下/62）。汉代之食邑者不仅是列侯。关内侯亦有部分有食邑，而爵位低于关内侯者亦间中有人得赐食邑（参见廖伯源：《汉代爵位制度试释（下）》，《新亚学报》，第十二卷，页183—202，香港，新亚研究所，1977年）。故建武十三年增邑更封之功臣三百六十五人可能非全部是列侯。
⑥钱大昭：《后汉书补表》，页14—22，收入《二十五史补编》，上海，开明书店，1937年。钱表云光武所封功臣侯"凡一百三十五人"。今考其表，太尉赵憙、司徒李䜣、司空冯鲂俱于中元二年四月丙辰封。按光武帝崩于中元二年二月戊戌（1下/85）。三人封在四月丙辰，不当归入光武所封之列。剔除此三人，则钱表所考之光武功臣侯仅一百三十二人。

守相中功臣侯之比例亦甚大。则传统之说法似有疏误之处。又议者谓光武偏用南阳同乡,其实究竟如何,下文将详细论证之。

考光武之用人,似当分为二期:前期从建武元年至十二年底。盖十二年十一月公孙述死,成都破,天下平定。此期为中兴战争时期,战争第一,用人或偏重功臣。后期从十三年初至中元二年二月光武崩。除边远零星叛乱,此期大致上无战争,光武努力图治,其用人政策不受战争影响,故最能见其真意。

(二)光武前期功臣占公卿守相之比例

先论光武前期三公九卿中功臣之比例。为清楚起见,列表以说明之。

附表一 光武前期(建武元年至十二年)三公九卿之功臣比例表①

三 公	九 卿
*#卓茂 *#吴汉 *#邓禹 +伏湛 侯霸 *王梁 +宋弘 *#李通 *#马成 邳彤	*邳彤 张湛 郭宪 杜林 *#李通 *铫期 +朱浮 *#岑彭 #洼丹 刘延 江冯 高诩 丁恭 *#贾复 *王梁 *寇恂
功臣侯九人,占全部十人的90%;南阳人五人,占50%。	功臣侯八人,占全部十六人的50%;刘延、江冯二人籍贯无考,南阳人四人,占籍贯可考者的28.6%。
注:+为功臣侯;*为云台功臣,即功臣侯中功劳最大者②;#为南阳人。	

---

① 本表据钱大昭撰《后汉书补表》卷三《光武明章和安顺冲功臣侯》、卷七《公卿上》,及《后汉书》卷二二所附之"云台功臣表"编制。间中有补正之处,将在附注中说明。东汉三公,建武初为大司马、大司徒、大司空,二十七年五月丁丑,改名为太尉、司徒、司空(《光武帝纪》1下/79)。又东汉有太傅,位在三公之上,不常置(《后汉书·续百官志》志24/3556)。本文统计三公包括太傅在内。东汉九卿为太常、光禄勋、卫尉、太仆、廷尉、大鸿胪、宗正、大司农、少府九官,俱秩中二千石。又《续百官志》曰:"执金吾,一人,中二千石。"(志27/3605)东汉执金吾与九卿等秩,故钱大昭《后汉书补表》之《公卿表》亦列执金吾;既有现成之资料,故本表之九卿亦包含执金吾。又本表人数以人为单位,凡同一人曾为二任以上,均作一人计。

② 史称"云台二十八将",《后汉书》论曰:"显宗追感前世功臣,乃图画二十八将于南宫云台,其外又有王常、李通、窦融、卓茂,合三十二人。"(22/789—790)今所谓云台功臣是指此三十二人而言。三十二人俱有传,为功臣中之最有名者。其资料齐全,方便统计。

光武前期之三公,有十人。其中七人为云台功臣,除卓茂儒生,名冠天下,为光武表扬道德之楷模,拜太傅(25/869—871),因入云台功臣之列外,其他云台功臣俱于中兴战争中立大功劳,为光武麾下最重要之将军。三名非云台功臣之三公,伏湛、宋弘、侯霸皆西京旧臣,明习法令故事,"典定旧制";前二人及身封侯,侯霸于十三年薨,追封则乡哀侯,则霸亦当在功臣侯之列。若不视侯霸为功臣侯,光武前期之三公90%为功臣侯;若包括侯霸,则为100%。此种三公偏用功臣之政策引起郑兴的批评,《后汉书·郑兴传》曰:

> (建武七年三月晦,日食。太中大夫郑)兴因上疏曰:"……变咎之来,不可不慎,其要在因人之心,择人处位也……今公卿大夫多举渔阳太守郭伋可大司空者,而不以时定,道路流言,咸曰'朝廷欲用功臣',功臣用则人位谬矣……"(36/1221)

按六年十二月壬辰,大司空宋弘免,至七年五月戊戌乃拜前将军李通为大司空。其间约半年无大司空在位,朝野或在推测谁将继任大司空,而郑兴亦因此而请光武不可偏用功臣。观光武拜大功臣李通为大司空,则光武并没有接受郑兴之建议。

或谓卓茂、宋弘、伏湛俱无军功,盖以拜公时封侯,似不当视作功臣侯。今考《后汉书·卓茂传》,建武元年,光武访求得茂:"下诏曰:'……今以茂为太傅,封褒德侯,食邑二千户……'"(25/871)则茂拜太傅时封侯,无可疑者。《宋弘传》曰:"建武二年,代王梁为大司空,封栒邑侯。"(26/903)又《伏湛传》曰:"建武三年,遂代邓禹为大司徒,封阳都侯。"(26/894)则宋弘、伏湛二人封侯之时间不得早于其拜三公之时间。光武考虑拜卓茂、宋弘、伏湛三人为公时,并不视三人为功臣。若据此说,则光武前期三公十人,非功臣者占四人,功臣为三公者占三公总数60%,比例仍是相当高。

又或谓功臣为三公者人数虽多,然有或只任一年数月者,故仅计算人数而不考虑其任期长短,统计之结果恐有偏差。按《后汉书》虽无表,然三公之任期起讫在本纪中有记载,今据以计算各人之任期①,以年为单位。吴汉等六功臣在光武前期任三公任期之总年数为二十五年,而卓茂、宋弘、伏湛、侯霸四人在光武前期任三公任期之总年数为二十二年。功臣为三公之年数占总年数53.2%。即使以最严格之标准认定功臣侯,光武前期之三公仍有一半以上为功臣侯。

光武前期九卿十六人,其中云台功臣七人,普通功臣侯朱浮一人,共八人,占总数的百分之五十。非功臣侯之九卿亦八人,其中刘延为宗正。按汉代宗正俱以宗室为之。此外郭宪、洼丹、高诩、丁恭皆曾为博士②,杜林亦为东汉初年之大儒③。光武重用儒生,在战争时期就见其端倪。

又建武元年至十年,郡国守相可考者凡八十三人④。以其姓名籍贯与《后汉书》卷二二之"云台功臣表"及钱大昭《后汉书补表》卷三所列之光武功臣比对,此八十三人中有云台功臣十二人,其他异姓功臣侯二十二人,加上刘嘉、刘顺二位同姓功臣侯,共三十六位功臣,占总数的43.4%。

总而言之,光武前期重用功臣,三公90%为功臣侯,若从严认定功臣侯,三公亦有60%为功臣侯。若以任期年数计,功臣任三公职之年数为总年数之53.2%。九卿则50%为功臣侯,至于郡国守相之功臣侯比例为43.4%。

(三)光武后期功臣占公卿守相之比例

建武十三年,进入和平治国时期,此期光武之用人政策是否有变,将以表为补助,次第说明之。

---

① 参考附表二《光武前期三公任期表》(列于正文之后),计算之原则见附表二之说明。
② 郭宪见《后汉书·方术传》82上/2109,洼丹等三人见《儒林传》79上/2551,79下/2569、2578。
③ 《后汉书·杜林传》27/934—939。
④ 参考附表三《建武元年至十年郡国守相名录》(列于正文之后)。

附表四　光武后期(建武十三年至中元二年二月)三公九卿之功臣比例表①

三　公	九　卿
*#吴汉　侯霸　*#刘隆　#赵熹 +韩歆　+欧阳歙　戴涉　蔡茂 *马成　玉况　冯勤　*#邓禹 李䜣　*窦融　+朱浮　杜林　+张纯 #冯鲂	登　桓荣　杜林　刘昆　席广　+#邓晨 #阴兴　*窦融　#冯鲂　+朱浮　+张纯 #赵熹　郭况　刘吉　冯勤　耿国 #阴就　#阴识　#洼丹　高诩　丁恭 #卓崇　*朱鲔
功臣侯九人,占全部十八人的50%。南阳人七人,占38.9%。	功臣侯五人,占全部二十三人之21.7%。登姓名不全,功臣侯占全部姓名全者22.7%。 登、席广、刘吉籍贯无考,南阳人八人,占全部籍贯可考者的40%。
注:*为云台功臣,云台功臣是功臣侯中功劳最大者;+为功臣侯;#为南阳人。	

建武十三年至中元二年二月光武崩,共二十年。此期三公十八人,其中云台功臣五人,其他异姓功臣侯四人,共九人,占全部三公之一半。若考虑及任期之长短,计算各人任期之年数②,吴汉等九功臣侯任三公之任期共四十三年,侯霸等非功臣侯任三公之任期共三十五年,功臣侯为三公之年数占总年数的55.1%。

此期可考之九卿共二十三人③,功臣侯仅五人,占21.7%。

又建武十一年至中元二年光武崩,郡国守相可考者凡九十人,其中七人阙姓或阙名,姓名齐全者尚有八十三人④。以此八十三人之姓名籍贯与云台

---

①此表资料来源,制作之凡例俱与本文附表一相同。
②计算时参考附表五《光武后期(建武十三年至中元二年二月)三公任期表》(列于正文之后)。
③钱大昭《后汉书补表》卷七《公卿上》所考人数已全,今不能有所补充。惟《公卿上》曰:二十二年,"弘农太守刘昆为光禄勋,五年迁"。然"二十三年"条下又有:"议郎席广为光禄勋,按熊表阙,见《阴兴传》。"同时有二光禄勋,恐误。今考《阴兴传》:兴二十三年卒,荐席广。"后帝思其言,遂擢广为光禄勋。"(32/1131—1132)广为光禄勋在二十三年之后,不必在二十三年。且时光禄勋为刘昆。《刘昆传》曰:昆为弘农太守,"二十二年征代杜林为光禄勋……二十七年,拜骑都尉"(79上/2550)。钱表"二十二年"条谓昆为光禄勋五年迁,即据昆传而言;昆为光禄勋,二十七年迁,则席广为光禄勋当在二十七年刘昆迁官之后。
④参考附表六《光武后期(建武十一年至中元二年二月)郡国守相名录》(列于正文之后)。

功臣表及钱大昭《后汉书补表》卷三所列之光武功臣侯比对,有九人为云台功臣,其他功臣侯亦九人,共十八人,则功臣侯为郡国守相占可考而姓名齐全之郡国守相总数的21.7%。仅及建武元年至十年之一半。

若比较光武前期与后期功臣侯任职三公、九卿与郡国守相各占三类官职总人数之比例,后期比前期均有所减少,尤其于九卿及郡国守相二项最为明显。三公之任期可考,若考虑任期之长短,后期功臣侯任职三公之任期是后期全部三公任期的55.1%,比前期的53.2%还多出约二个百分点。九卿、郡国守相无考者甚多,其任期可考者又甚少,故不能如处理三公之法计算其任期。然就以人数的比例言,后期功臣侯所占的比例少于前期,亦是合理。盖功臣以军功封侯,多在战争期间(即前期)受封①,其时最少已经成年。光武在位共三十三年,至后期功臣年老病殁,所存者必越后越少;至光武晚年,功臣侯健在而可以任职者必比前期大减。东汉功臣侯薨年多无考,然功臣侯中之云台功臣,以功劳大,皆在《后汉书》中有传,可考其薨年。计三十二名云台功臣,薨在建武十二年底以前者十三人,十三年初尚存者有十九人②,只剩下不足三分之二。光武后期在世之功臣侯数目既较前期之数目大减,若其他因素不变,则后期功臣侯于三公、九卿、郡国守相中,人数之比例较前期为低,固所当然。

再者,云台功臣之事迹、薨年俱可查考,若具体考察各人在建武十三年后任职免废之情况,当可进一步了解光武任用功臣之政策。

表七《云台功臣存殁表》,可见云台功臣三十二人,于建武十三年尚存者仅十九人。分此十九人为四类。第一类,在建武十三年前已任某官职,在十

---

① 据钱大昭《后汉书补表》卷三《光武明章和安顺冲功臣侯》,光武所封之功臣一百三十二人,其中八人以父功封,不计。余一百二十四人中,三十一人于建武元年封,建武二年封十九人,三年至八年封二十七人。四人不得封年,然其中三人在建武四年夺爵,则其封年在四年以前可知;余一人钱大昭以为封于建武初年,则建武元年至八年所封功臣侯为八十一人。建武十一年至崩封十六人。二十七人不得封年,钱表书作建武时。此二十七人中,一定有若干是在建武十年以前所封者,则可考之光武功臣侯一百二十四人中,建武十年以前所封者最少有八十一人。

② 参考附表七《云台功臣存殁表》(列于正文之后)。

三年后继续任职至死乃罢者四人。吴汉,自建武元年为大司马,至二十年薨乃罢(18/678—684)。耿纯,自八年为东郡太守,十三年卒官(21/765)。盖延,自元年为虎牙将军,十一年"拜为左冯翊,将军如故……十五年薨于位"(18/689)。王梁,七年为济南太守,十四年卒官(22/774—775)。又王霸之情形与上述四人相似,霸于九年"拜上谷太守,领屯兵如故……霸在上谷二十余岁……永平二年,以病免,后数月卒"(20/737)。是霸在天下平定之前任上谷太守,至光武崩不迁。与前述四人卒于官者无大异。附入此类。

第二类,臧宫、刘隆、马成、窦融、马武、李忠六人,在建武十三年以后履任二任官职以上,如臧宫曾任广汉太守、太中大夫、城门校尉、左中郎将四官职,且曾以太中大夫领兵征伐叛逆(18/689)。刘隆曾为诛虏将军守南郡太守、南郡太守,以中郎将击交阯蛮夷,骠骑将军行大司马事等官(22/780—781)。马成则以扬武将军行大司空事,以扬武将军屯常山、中山,后拜中山太守,又曾南击武溪蛮(22/778—779,1下/60—62)。窦融则曾为冀州牧,迁大司空,行卫尉事兼领将作大匠(23/807—808)。马武以捕虏将军屯下曲阳,免,后以中郎将将兵随马援击武陵蛮(22/785—786)。李忠则为丹阳、豫章二郡太守(21/756)。各人官历虽间有免废,然旋又起用,此盖宦途之常态,不足为异。此六人有三人曾为三公或行三公事,四人曾领兵征伐不服,仅就此六人与第一类五人之官历而言,可谓光武于建武十三年仍多任功臣以职事。

第三类,在建武十三年以前已任某官职,十三年仍继续任职,其后免官,若干年后乃薨者。如朱祐自元年为建义大将军,"九年,屯南行唐拒匈奴……十五年朝京师,上大将军印绶,因留奉朝请……二十四年,卒"(22/770—771)。又如陈俊,俊自二年为强弩大将军,五年"为琅邪太守,领将军如故"。十四年"征奉朝请,二十三年,卒"(18/690—691)。而杜茂则自三年为骠骑大将军,十二年镇守北边,"十五年,坐断兵马禀缣,使军吏杀人,免官……十九年,卒"(22/776—777)。三人俱在建武十三年后一二年免职,此后不见有任官之记录,数年后卒。

第四类,在建武十三年后不任官职者。余下之五人:李通、耿弇、贾复、邓禹、坚镡俱可归入此类。其中邓禹稍有例外,《邓禹传》曰:"中元元年,复行司徒事。从东巡狩,封岱宗。"(16/605)据《光武帝纪》,中元元年正月"丁卯,东巡狩"。"四月癸酉,车驾还宫。"而冯勤自建武二十七年五月丁丑为司徒,至中元元年六月乙未薨乃罢(1下/79—82)。是邓禹行司徒事在中元元年正月丁卯至四月癸酉;其时司徒冯勤留京,邓禹行司徒事从车驾巡狩。若标准从严,亦不得谓邓禹在十三年后不复任职。又《坚镡传》曰:"世祖即位,拜镡扬化将军……及帝征南阳,击破(董)欣、(邓)奉,以镡为左曹,常从征伐。六年,定封合肥侯。二十六年,卒。"(22/783)据《光武帝纪》:光武亲征南阳,诛邓奉,事在建武三年四月(1上/34)。坚镡在三年四月之后曾为左曹。按左曹、右曹在西汉为加官,亦合称诸曹,加左、右曹者得于皇帝身边平尚书奏事。光武曾以邳彤、王常、坚镡为左曹,后省其官①。光武之左曹当如西京之左曹,属冗散官。是坚镡于三年四月之后,在光武身侧为冗散官;六年以后,其行事不复见于史书。坚镡不任职事不自十三年始,早在三年四月已然。

云台功臣三十二人,建武十三年以前去世者十三人,十三年初尚存者为十九人,十九人中,仅李通、耿弇、贾复、坚镡四人于十三年后不曾任职,勉强可多加邓禹一人,其任职者之比例为73.7%。

总结此节,光武后期功臣为三公之人数为此期全部三公十八人之一半;比前期60%稍少。若计算任期之年数,功臣任三公之年数约占总年数的55.1%,比前期尚多1.9%。

至于九卿,功臣任职之人数占可考总人数的21.7%。而功臣为郡国守相人数亦占全部可考守相人数的21.7%。与光武前期九卿占50%,郡国守相占43.4%比较,光武后期功臣占可考总数之百分比均大为减少。其原因之一当是光武功臣绝大多数于建武十年以前立功封侯,其后衰老死亡,至光

---

①《汉书补注·百官公卿表》19上/4;《后汉书集解·续百官志》志25/7b。

武后期功臣健在而可以任职者必比前期大减。功臣健在人数减少,则功臣任职人数与九卿守相总数之比例当自然降低。

光武前后期三公、九卿及郡国守相中功臣之百分比,最少为21.7%,而高者竟达60%,又以云台功臣为例,三十二名云台功臣,至建武十三年初尚存十九人。此十九人中,在建武十三年后不任官职者仅五人,其任职者之比例为73.7%。则光武功臣任职者之比例甚高。

然《后汉书》屡谓天下平定后光武不任功臣以职事。如《光武帝纪》谓光武"退功臣而进文吏"①。《后汉书》卷二二论曰:

> 议者多非光武不以功臣任职,至使英姿茂绩,委而勿用……虽寇、邓之高勋,耿、贾之鸿烈……所加特进、朝请而已……建武之世,侯者百余,若夫数公者,则与参国议,分均休咎,其余并优以宽科,完其封禄,莫不终以功名延庆于后。(22/787)

据其文意,"与参国议,分均休咎"之数公是指寇恂、邓禹、耿弇、贾复四人。按寇恂薨在建武十二年(参见附表七),不可以论光武十三年后之用人政策,其余邓禹、耿弇、贾复三人与李通为建武十三年后光武经常顾问之功臣。《贾复传》曰:"朱祐等荐复宜为宰相,帝方以吏事责三公,故功臣并不用。是时列侯唯高密、固始、胶东三侯与公卿参议国家大事。"(17/667)按高密侯邓禹,固始侯李通,胶东侯即贾复。又《耿弇传》曰:"十三年……(耿弇)上大将军印绶,罢,以列侯奉朝请。每有四方异议,辄召入问筹策。"(19/713)则"与参国议,分均休咎"之数公是指邓禹、李通、贾复、耿弇四人,可以无疑。上引卷二二论及卷一七《贾复传》均谓光武在十三年后除以邓禹等数公"与参国议,分均休咎"外,其他功臣皆得"优以宽科",不任职事,不至于因公事废怠而得罪,因俱得"完其封禄","终以功名,延庆于后"。按以特进、奉朝请

---

① 《光武帝纪》谓光武"退功臣而进文吏",据上下文,其意似谓光武在天下平定后,不言武事而致力于治国。故上文谓光武"厌武事……非儆急,未尝复言军旅"。下文则曰:"戢弓矢而散马牛,虽道未方古,斯亦止戈之武焉。"(1下/85)然既谓"退功臣",则多少有功臣不得重用之意,故仍引录之。

"与参国议",并无行政职责①。仅以参与谋议,在决策错误时得负道德责任,有不能善导君主之名而已。上文考定邓禹、李通、贾复、耿弇四人俱在第四类,于十三年后不曾任职者之列。其他健在之云台功臣,于建武十三年后多有任职。则范晔所论,与本文所考证者竟完全相反。

今统计证明光武功臣任职之比例甚高,与范晔之论抵牾。然范晔修东汉一代之史,其既屡谓"光武不以功臣任职";在其以前之议者亦多持论相同,非范晔一人之独见,似不可以今日之统计结果轻易否定范晔及议者之论。其论或别有所指。今欲明了范晔及议者所以谓"光武不以功臣任职"之原因,仅可作推测之辞,约有如下数端:

其一,公卿守相中功臣之比例,在光武时期远低于西汉初年。大部分朝廷官员为功臣,为西汉初年政治之特色(参见上文"引言"中之统计数字及说明)。东汉及以后之政论家与史家,在讨论东汉初年之政治时,对光武时期之用人,功臣之比例远低于西汉初年,必然印象深刻,亦因此褒扬光武不以私恩偏授而广招贤之路,而谓光武不任功臣以职事。

其二,以对官员委任之态度而言,光武帝对大臣之猜忌,不敢委以权力,更甚于高祖②。仲长统谓光武"政不任下,虽置三公,事归台阁"(《后汉书·仲长统传》所引《昌言·法诫篇》49/1657)。台阁为尚书台,是皇帝之秘书机关;所谓事归台阁,即原先由三公处理之政事都归皇帝之秘书作文书之业务,再上皇帝决策。则事归台阁即是事归皇帝,故曰"政不任下";此亦可能引起议者谓光武不任功臣以职事。

其三,东汉三公,其中司徒从西汉丞相转变而来。"司徒应当为三公的

---

① 按"特进""奉朝请"俱加官。"特进"限加于列侯;盖一般列侯若不任官职,例就国。而特别亲近尊重之列侯加特进,既崇高其地位,又使得留在京师,与参谋议。加"奉朝请"者之身份则无限制,凡加奉朝请则可留于京师,朝请天子。特进、奉朝请皆无行政职务。参见廖伯源:《汉代爵位制度试释(上)》,《新亚学报》,第十卷第一期下,页111—122,香港,新亚研究所,1973年。
② 参见徐复观:《汉代一人专制政治下的官制演变》,《周秦汉政治社会结构之研究》,页263—265。

重心。"①据上文表二、表五,光武之司徒为邓禹、伏湛、侯霸、韩歆、欧阳歙、戴涉、蔡茂、玉况、冯勤、李䜣十人,其中仅邓禹、韩歆为功臣。按邓禹于建武元年七月辛未为大司徒,禹常领兵在外,以大司徒司直伏湛行大司徒事,至三年闰正月,邓禹免;三月壬寅,拜伏湛为司徒。又中元元年正月丁卯至四月癸酉,以邓禹行司徒事从东巡狩,时司徒冯勤留守。若仅就司徒人选观察,功臣仅占20%,其余俱儒生、文吏。则光武少任功臣为司徒,似可成立;司徒政本,以少用功臣为司徒衍生为不任功臣以职事,或有可能。

以上推测数端,俱证据不足,难于成说,仅附于此。

(四)南阳多显贵

光武南阳人,其拜将任官,亦好用南阳人;此事在当时已有大臣谏诤。《后汉书·郭伋传》曰:

> (建武)十一年……乃调伋为并州牧……引见……伋因言选补众职,当简天下贤俊,不宜专用南阳人。帝纳之。(31/1092)

所谓"帝纳之",盖光武当时以郭伋所言为是。然未必从此改变其偏用南阳人之政策。今就三公九卿及郡国守相之籍贯比例以见之。据《光武时期三公九卿之南阳人比例表》②,南阳人为三公人数占三公总数的百分比,光武前期占50%,光武后期则占38.9%。因有若干九卿之籍贯无考,可能是南阳人,亦可能是他郡人,不予计算;仅计算南阳人为九卿人数占全部籍贯可考九卿人数之百分比,光武前后期分别为28.6%与40%。又据《光武时期可考之郡国守相之南阳人比例表》③,南阳人为郡国守相者,占全部籍贯可考之郡国守相人数之百分比,光武前期(建武元年至十年)为24.5%,光武后期(建

---

① 前引徐复观:《汉代一人专制政治下的官制演变》,页263。
② 参考附表八《光武时期三公九卿之南阳人比例表》(列于正文之后)。
③ 参考附表九《光武时期可考之郡国守相之南阳人比例表》(列于正文之后)。

武十一年至中元二年二月）为26.4%，都约占四分之一，所占比例很大。

按据《汉书·地理志》及《后汉书·续郡国志》，西汉平帝元始二年时郡国总数为一百零三①，东汉光武帝"省郡国十"②，则光武时郡国凡九十三。若以郡国为平均数，则南阳郡之公卿守相占全部公卿守相人数应为1/93，即1.08%。或谓郡国人口分布不均，当以人口多寡比例计。按光武时南阳郡之户口数无考，据《汉书·地理志》，平帝元始二年时全国共59,594,978人，南阳郡有1,942,051人③，又《后汉书·续郡国志》，顺帝永和五年时全国有49,150,220人，南阳郡有2,439,618人④，则南阳郡人口占全国人口比例，在西汉元始二年为3.26%，东汉永和五年则为4.96%⑤。若各地人任官人数与人口之比例相同，则南阳人为公卿守相人数占全部公卿守相人数之百分比，在元始二年当为3.26%，永和五年当为4.96%，在光武时期亦当与此二数字大致相等。但据上文之统计，南阳人为郡国守相之人数占全部籍贯可考之郡国守相人数的百分比，无论光武前期或后期都约为四分之一，约为应有比例数的4.94倍至8.1倍。三公在前期为50%，约为应有比例的10.08倍至15.34倍，后期38.9%，约为7.84倍至11.93倍。九卿在前期为28.6%，约为应有比例的5.77倍至8.77倍；后期为40%，约为8.06倍至12.27倍⑥。从此统计可见在光武时期南阳人为公卿守相比例之大，可以肯定前引《后汉书·郭伋传》，郭伋在建武十一年谓光武偏用南阳人为针对事实而言；而在

---

①《汉书·地理志》28下/1640。
②《后汉书·续郡国志》志23/3533。
③《汉书·地理志》28下/1640,28上/1563。
④《后汉书·续郡国志》志23/3533,志22/3476。
⑤若以户数计，据《汉书·地理志》，平帝元始二年全国共12,233,062户，南阳郡有359,316户（《汉书补注》作359,116户。梁方仲：《中国历代户口、田地、田赋统计》甲表3《前汉各州郡国户口数及每县平均户数和每户平均口数》亦不采《汉书补注》本〔页15〕）。而《后汉书》《续郡国志》载顺帝永和五年全国凡9,698,630户，南阳郡有528,551户，则南阳郡之户数占全国户数之比例，西汉元始二年为2.94%，东汉永和五年为5.45%，相差比口之比例为大。
⑥附表八、九所统计的百分数除以南阳郡人口占全国人口的百分比（亦即若各地人任官数与人口数比例相同，南阳人为公卿守相人数当占全部公卿守相人数的百分比）：4.96%、3.26%，即得出二个倍数。

建武十一年之后,光武并未因郭伋之谏而改变其用人政策,仍然偏用南阳人如故。

或谓光武时期之三公、九卿、郡国守相之所以多南阳人,盖光武南阳人,在南阳起事,从龙最早者也多为南阳人;从龙早,则功劳多,即无功劳亦有苦劳,因得官职之机会大,故公卿守相多南阳人。为证实此说是否正确,当考察光武起事及功臣从龙之事迹。

光武于地皇三年(22)十一月起事于南阳,以势弱,与兄伯升所领宗族宾客,附于新市、平林兵。明年二月,刘圣公为天子,改元更始。光武兄弟在更始阵营中势力不大,即使最初与光武起事者如李轶亦别"诣事更始贵将"①。伯升见诛后,光武更为势单,乃疏通更始左右以求外出②。十月,更始遣光武以破虏将军行大司马事渡河镇抚河北。光武到河北时,所领官属人数甚少,且虽冠将军之号,实不领兵与俱。《后汉书·光武帝纪》曰:

> (更始二年正月,光武至蓟,)王郎移檄购光武十万户,而故广阳王子刘接起兵蓟中以应郎,城内扰乱……言邯郸使者方到(按时王郎都邯郸),二千石以下皆出迎。于是光武趣驾南辕,晨夜不敢入城邑,舍食道傍。至饶阳,官属皆乏食。光武乃自称邯郸使者,入传舍。传吏方进食,从者饥,争夺之。传吏疑其伪,及椎鼓数十通,绐言邯郸将军至,官属皆失色。光武升车欲驰,既而惧不免,徐还坐,曰:"请邯郸将军入。"久乃驾去。传中人遥语门者闭之。门长曰:"天下讵可知,而闭长者乎?"遂得南出。晨夜兼行,蒙犯霜雪……遑惑不知所之。有白衣老父在道旁,指曰:"努力!信都郡为长安守(按时更始都长安),去此八十里。"光武即驰赴之,信都太守任光开门出迎。世祖因发旁县,得四千人。(1上/12)

光武若领兵到河北,则不会因为王郎使者到蓟,蓟城官吏应王郎而仓皇南

---
①参见《后汉书·齐武王缜传》14/549—552。
②《后汉书·冯异传》曰:"更始数欲遣光武徇河北,诸将皆以为不可。是时左丞相曹竟子诩为尚书,父子用事,异劝光武厚结纳之。及度河北,诩有力焉。"(17/640)

逃,"晨夜不敢入城邑,舍食道旁",真道尽其逃命之狼狈。及在饶阳伪称邯郸使者入传舍求食,官属争食见疑,传吏竟欲闭门困之;可见光武到河北不但不领兵,其从属人数亦甚少,恐不过数十人。及至信都郡始发兵得四千人,此为光武在河北之最初武装力量;其日益壮大,是后事。光武在河北之军队非来自南阳。

其次,光武之功臣是否多为南阳人?南阳人之功臣是否从龙最早?可就中兴功臣之资料做分析。上文述光武所封功臣最少有三百六十九人;然钱大昭《后汉书补表》所收功臣侯仅一百三十二人,且在此一百三十二人中,十七人不得其侯号,仅知其封为列侯,三十二人不得封年;至其薨年,则仅约有一半可考;其他如身世、功劳、籍贯等资料,更是不全。今先就其残缺之功劳资料,大致分功臣为六大类:一、从龙有功封。其中绝大多数以征伐军功封,但亦有少数于后方保境安民得封,如伏湛,"初以名儒,才任宰相,车驾出征,常留镇守封"①。二、以道德有名封。如卓茂,"以束身自修,名冠天下侯"②。三、以地方长吏或蛮夷君长归汉封。前者如窦融、梁统、文齐、锡光、邓让等;后者如满头等。四、以父兄功劳封。如来由(来歙弟)、吴彤(吴尉子)、寇寿(寇恂庶子)、岑淮(岑彭庶子),前二人分别以兄、父死事,有功未封而得封;后二人则以父功大,除其父已封大国外,亦以庶子得封。五、以敌将归降封③。如朱鲔本更始大将,守洛阳,归降封侯;又如王遵,以隗嚣将降封。六、以西汉故侯从光武得复国,如张纯、刘飒、常翕、赵牧等。六类功臣中,第二类以道德有名封与第六类西汉故侯复国,俱有类恩泽侯。此二类列侯与第四类以父兄功劳封者,皆不拥有势力威望,其若得任官职,当以才能或其他因素,不可能以功劳,盖其本身无甚功劳。第三类以地方长吏或蛮夷君长归附得封者与第五类以敌将归降封者,从龙日浅,或在势孤力穷之时,

---

① 钱大昭:《后汉书补表》,页19。又参见《后汉书·伏湛传》26/894。
② 钱大昭:《后汉书补表》,页16。又参见《后汉书·卓茂传》25/871。
③ "不义侯子密,以彭宠苍头斩宠降,侯。""渔阳侯帛意,以李宪军士追斩宪降,侯。"子密为奴隶,帛意为军士,皆非敌方之"将",然以敌方人员立功来归,可归入此类。

或多在光武廓清群雄,一统天下之形势甚为清楚时乃举城归顺①。其功劳当然不及长期从龙攻城野战之诸将军,故中兴功臣之主体,是第一类之功臣。今考察南阳人是否以从龙早、功劳大而得任官职,亦当以第一类功臣为考察之主要对象。东汉中兴功臣侯资料不全,但汉明帝在南宫云台列三十二功臣画像,此三十二人为汉政府公认功劳最大,亦必然是最重要而为光武、明帝所最重视者。三十二人中,除卓茂、窦融外,其余包括云台二十八将之三十人俱属第一类②,故云台功臣可谓是第一类功臣之代表;且其在《后汉书》中俱有传,资料相当齐全,可为依据以见光武之用人政策。

云台功臣三十二人,以其籍贯可分为南阳同乡、颍川人、河北人及其他地方人四类。南阳同乡十三人,占三分之一强。颍川人八位,河北人六位(寇恂上谷人,盖延、王梁为渔阳人,邳彤为信都人,刘植、耿纯为巨鹿人)。此外,万修、耿弇、窦融为右扶风人,李忠为东莱人,景丹是左冯翊人。

颍川之功臣多,盖光武曾在颍川作战。光武在昆阳,大败王莽大司徒王寻、大司空王邑,又转战颍阳、父城(1上/5—9),三地皆在颍川③。其后更始以光武行司隶校尉,北之洛阳整修宫室,亦经过颍川。《后汉书·王霸

---

① 《后汉书·岑彭传》:建武元年,更始大将朱鲔守洛阳,光武大军围之数月。时赤眉攻陷长安,更始逃亡;光武使岑彭说朱鲔,许以官爵可保,鲔等遂降(参见 17/654—655)。《岑彭传》又曰:建武四年,征南大将军岑彭击破秦丰、田戎。"喻告诸蛮夷降者,秦封其君长。初,彭与交阯牧邓让厚善,与让书陈国家威德,又遣偏将军屈充移檄江南,班行诏命。于是让与江夏太守侯登,武陵太守王堂、长沙相韩福、桂阳太守张隆、零陵太守田翕、苍梧太守杜穆、交阯太守锡光等,相率遣使贡献,悉封为列侯。"(17/659)邓让等遣使奉贡,本纪系于五年。上述江南诸州郡长吏于战乱时守土安民,及见光武军威日盛,乃遣使贡献,奉正朔,遣子将兵助战。又窦融、梁统等在河西五郡亦保境自治,以待明主,参见《后汉书·窦融传》《梁统传》。又初师宾、任步云撰《建武三年居延都尉吏奉例略考》,有讨论窦融据河西始末,参用汉简资料,谓融曾先后奉更始、建世(赤眉)正朔。建世二年,赤眉势衰,窦融且改奉汉平帝元始年号,称汉元始廿六年(前26,建武二年)。明年,建武三年,始奉建武正朔(《建武三年居延都尉吏奉例略考》,《敦煌学辑刊》第三辑,兰州大学历史系敦煌学研究室出版)。至建武五年始遣使贡献。
② 参考本文附表一《光武前期(建武元年至十二年)三公九卿之功臣比例表》及附表十《云台功臣从龙时间表》(列于正文之后)。
③ 《汉书·地理志》28 上/1560。《后汉书·续郡国志》志 20/3421—3422。又可参见谭其骧主编:《中国历史地图集》第二册,页 19—20、44—45。

传》曰：

> 汉兵起，光武过颍阳，霸率宾客上谒……遂从击破王寻、王邑于昆阳，还休乡里。及光武为司隶校尉，道过颍阳……霸从至洛阳。及光武为大司马，以霸为功曹令史，从度河北。（20/734）

其他如冯异、祭遵、铫期、臧宫、傅俊等俱以光武在颍川征战时从龙（各见本传）。余下二位颍川籍之云台功臣，坚镡从于河北，王常则更始之大将军、邓王，至建武二年始降①。

河北之功臣多，则因河北为光武肇兴帝业之地。更始元年十月，更始遣光武镇抚河北，光武因在河北建立个人势力，六位河北人皆于此时归附。而李忠（信都都尉）、万修（信都令）、景丹（上谷长史）、耿弇（父况为上谷太守）等非河北人亦以在河北为官而迎奉光武。

南阳同乡十三人，其中有吴汉、邓禹、杜茂、岑彭、马武、任光、陈俊、贾复、刘隆九人俱初归光武于河北②。尚余李通、朱祐、马成、卓茂四人。卓茂名儒，西汉哀平间为密令，更始拜为侍中祭酒。光武即位，访求茂，拜为太傅（25/869—871）。李通本与光武首谋起事，"更始立，以通为柱国大将军、辅汉侯。从至长安，更拜为大将军，封西平王；（通从弟）轶为舞阴王；通从弟松为丞相。更始使通持节还镇荆州，通因娶光武女弟伯姬，……光武即位，征

---

① 各云台功臣之籍贯及从龙之时间，请参看附表十《云台功臣从龙时间表》（列于正文之后）。
② 各人事迹见《后汉书》本传。邓禹早在游学长安时就认识光武，但其到河北追随光武才算是归属为臣。马武、任光俱在更始时已为官，与光武共破王寻，虽早已认识光武，但其时三人同为更始之臣；在河北始奉光武为主。岑彭在王莽时字本县长（棘阳长），举降，属伯升。伯升诛，彭为大司马朱鲔之校尉，后为淮阳都尉，迁颍川太守。以颍川为刘茂所据，"彭不得之官，乃与麾下数百人从河内太守邑人韩歆。会光武徇河内，歆议欲城守，彭止不听，既而光武至怀，歆迫急迎降"（17/653—654）。岑彭、韩歆何时降光武，史无明言。按岑彭为更始之颍川太守，不得之官，因与麾下暂从河内太守邑人韩歆，则韩歆亦当为更始之河内太守。光武徇河内，歆欲城守，则其时光武已叛更始。光武贰于更始在更始二年五月诛王郎之后（1上/14—15）。于是年秋，"使吴汉、岑彭袭杀谢躬于邺"（1上/17）。谢躬为更始派在河北之尚书令（《光武帝纪》〔1上/14〕作尚书仆射，《庞萌传》〔12/496〕、《马武传》〔22/784〕俱作尚书令）。则岑彭之降附光武，在更始二年五月之后，秋天之前。时光武尚未完全克定河北。岑彭亦从光武于河北。

通为卫尉"(15/573—575)。李通兄弟在更始朝贵显,李通封王,位出光武之上。李轶又劝更始执诛伯升(14/552)。后更始政乱衰败,光武即位,征通,通始臣事光武。李通虽与光武谋划起事,在起事之初为光武兄弟辅佐;然严格言之,通之臣属光武,实在光武即位之后。又朱祐,南阳宛人,自少与光武兄弟亲爱,"伯升拜为大司徒,以祐为护军。及世祖为大司马,讨河北,复以祐为护军"(本传22/769)。朱祐从光武兄弟甚早。又马成,南阳棘阳人,"少为县吏。世祖徇颍川,以成为安集掾,调守郏令。及世祖讨河北,成即弃官步负,追及于蒲阳,……从征伐"(本传22/778)。马成于光武在颍川作战时为部属,后虽调守郏令,与光武脱离统隶关系,但闻光武讨河北即弃官追从,亦可算是在河北之前已从属光武者。则南阳人列云台功臣者十三人,在光武出使河北以前已为光武之属吏者,仅朱祐、马成二人;反不如颍川籍之八位云台功臣,有六位在光武出使河北前就已从龙。

　　云台功臣三十二人,其中南阳同乡十三人,占三分之一强。光武兄弟起事于南阳,又曾在南阳征战,然云台功臣中,南阳同乡从起南阳者甚少,勉强算有三人。是云台功臣中南阳人所占比例最大,并非以其从龙最早,恐与光武、明帝对南阳同乡之特别感情有关。以卓茂为例,据《后汉书·卓茂传》,茂"称为通儒",西汉末为密令,以道德治密,"教化大行,道不拾遗"。及王莽居摄,以病免。更始以茂为侍中祭酒。光武既求得茂,"乃下诏曰:'前密令卓茂,束身自修,执节淳固,诚能为人所不能为。夫名冠天下,当受天下重赏,故武王诛纣,封比干之墓,表商容之闾。今以茂为太傅,封褒德侯……'"(25/869—871)光武以卓茂为道德之楷模,显示其新人新政,表扬道德,用以使天下归心。就以《卓茂传》所述,卓茂恐仅为南阳地方性人物,史虽谓其"称为通儒",然后世不闻其术学,恐不与大儒之列。其以德治民,亦不使《循吏传》《独行传》之人物逊色①。光武选择道德楷模以做政治宣传,其候选人或不一定局限于南阳人,但以闻见所限,所选未免有所偏;卓茂南阳同乡,

---

① 《后汉书·卓茂传》论曰:"卓茂断断小宰,无它庸能。"(25/872)则范晔对卓茂之评价亦不高。

其行能事迹当久已闻之,或以此而中选。就卓茂而言,不论光武是否有意选南阳人为全国之道德楷模,卓茂之南阳人身份,无疑对其当选有若干助力。

综上所述,无论从统计数字看(光武时期籍贯可考之公卿守相中,南阳人所占的百分比),或从功臣之事迹看,均可肯定光武偏用南阳人之说法。郭伋在建武十一年谏诤光武非无的放矢,而光武偏用南阳人之政策亦未因郭伋之谏诤而有所改变。

(五)余　论

赵翼《廿二史札记》卷十有"东汉功臣多近儒"条,曰:

> 西汉开国功臣多出于亡命无赖,至东汉中兴,则诸将帅皆有儒者气象……帝本好学问……而诸将之应运而兴者亦皆多近于儒。

与西汉开国功臣比较,东汉中兴功臣多儒生,自是不易之论①。自武帝罢黜百家,独尊儒术后,凡识字读书,恐甚少不读儒家经典者,尤以有志仕途者为然。盖读经已为入仕之大道。班固所谓"利禄之路"是也②。西汉后期儒生仕宦者日多,地位亦日渐重要,太子师傅必为经师;至西汉晚期,公卿多为儒生。光武中兴,继承此一传统,东汉官员多为儒生,此为常识,可不必赘言。

---

① 《廿二史札记》卷四"东汉功臣多近儒"条,引邓禹、寇恂、冯异、贾复、耿况、耿弇、祭遵、李忠、朱祐、郭凉、窦融、王霸、耿纯、刘隆、景丹诸人为例,以证成其说。按上列十五人,除耿况,郭凉(二人亦中兴功臣,封侯。耿况事见《耿弇传》〔18/703—708〕。郭凉事见《杜茂传》〔22/777〕)外,俱在云台功臣之列,加上"称为通儒"之卓茂,则云台功臣三十二人中,十四人"有儒者气象"。中兴开国,以马上得天下,元勋当以武人为主,而光武之主要功臣几一半"有儒者气象",则东汉功臣多儒生,自是不易之论。余英时解释此现象为西汉时期士族大姓形成,至西汉末,士族已成为社会上最有势力的阶层。光武出身士族,亦以士族为其政权之社会基础,故其功臣士人多。参见氏著《东汉政权之建立与士族大姓之关系》,《中国知识阶层史论(古代篇)》,页109—184。

② 见《汉书·儒林传》赞(88/25b)。又《夏侯胜传》:"胜每讲授,常谓诸生曰:'士病不明经术,经术苟明,其取青紫,如俛拾地芥耳。'"(75/5a)又参见钱穆:《两汉博士家法考》(此文首刊于中央大学出版之《文史哲》季刊,见其自序),《两汉经学今古文平议》,页165—233。

光武鉴于王莽以外戚建立权势而篡位,故不予外戚重任。《后汉书·明帝纪》注引《东观记》曰:

> 光武闵伤前代权臣太盛,外戚与政,上浊明主,下危臣子,后族阴、郭之家不过九卿,亲属荣位不能及许、史、王氏之半耳。(2/124)

今考光武外祖樊氏、皇后郭氏、阴氏三家事迹,《东观记》所言不差。

光武舅樊宏,"拜光禄大夫,位次特进","樊氏侯者凡五国"(32/1119—1121)。按光禄大夫乃宫中之冗散官,特进加官,俱不负行政责任。封侯使食租税,富贵之,然不任以职事。

光武郭皇后,"郭氏侯者凡三人"①,后弟况,官至大鸿胪。后从兄竟有军功,官至东海相。竟弟匡官至太中大夫。况"以后弟贵重……赏赐金钱缣帛,丰盛莫比,京师号况家为金穴"(10上/402—403)。

光武阴皇后,阴氏侯者凡四人,后兄阴识守执金吾,弟阴兴官至卫尉(32/1130—1133)。

光武外戚,官最高不过大鸿胪、卫尉,所谓"不过九卿"是也。与西京王氏之十侯五大司马相较,不及其半,盖非逊词。是光武对外戚,但富贵之,而不使有权秉政。明帝尚谨守光武规矩,"防慎舅氏,不令在枢机之位"②,且令外戚互相纠察,使其不敢为非③。然其后皇帝命短,继嗣童稚,"权归女主","临朝者六后"④;因之外戚大盛,权倾中外,尤甚于西京。此光武、明帝可防患于当时,不能禁制于身后。章、和以后外戚持权秉政与光武之用人政策无涉。

前文尝试以计量方法,证明光武任官偏用功臣与南阳人。与范晔在《后汉书》所论"光武不以功臣任职"抵牾;范氏所论,恐是别有所指,而不是谓光

---
① 《后汉书·皇后纪》又曰:"后叔父梁早终,无子。其婿南阳陈茂,以恩泽封南䜍侯。"(10上/403)则以郭后而封者四人。
② 参见《后汉书·明帝纪》2/124,《明德马皇后纪》10上/411。
③ 《后汉书·窦宪传》23/812。
④ 《廿二史札记》卷四"东汉诸帝多不永年""东汉多母后临朝,外藩入继"条。

武之功臣任官之比例甚低。开国君主偏用功臣与同乡,至为自然;盖其既无世业可资,凭空开创,其用人与守成之君主谨守既有之升迁制度与擢用已仕之大臣不同;得天下不易,用人亦不得不格外小心。功臣既有功勋,从龙日久,知之最稔;同乡则言语习惯相同,较易取信,而其中有名者且久闻其声名。俱为用人时最容易入选者。

附表二　光武前期三公任期表

	太　傅	大　司　马	大　司　徒	大　司　空
建武元年六月己未即位	卓茂 九月甲申,以前密令拜。	吴汉 七月壬午,以大将军拜。	邓禹 七月辛未,以前将军拜。 伏湛 以大司徒司直行大司徒事(26/894)	王梁 七月丁丑,以野王令拜。 邳彤 行大司空事,十月,帝入洛阳,拜彤太常。(21/6a)
二年	卓茂	吴汉	邓禹 伏湛(行)	王梁 二月,免。 宋弘 二月壬子,以太中大夫拜。
三年	卓茂	吴汉	邓禹 　闰正月乙巳,免。 伏湛 　三月壬寅,以大司徒司直拜。	宋弘
四年	卓茂十月薨	吴汉	伏湛	宋弘
五年		吴汉	伏湛 十一月壬寅免 侯霸 十一月壬寅,以尚书令拜。	宋弘

续表

	太傅	大司马	大司徒	大司空
六年		吴汉	侯霸	宋弘 十二月壬辰免
七年		吴汉	侯霸	李通 五月戊戌以前将军拜
八年到十一年		吴汉	侯霸	李通
十二年		吴汉	侯霸	李通 九月罢 马成 十二月辛卯,以扬武将军行。

任期长短计算之原则如下:以年为单位,拜官之年份与免官之年份虽不满一年,亦作一年计算。如卓茂于建武元年九月甲申拜太傅,建武四年十月薨。其在建武元年仅任职三月余,建武四年则在职不足十月,均各作一年计算,故卓茂为太傅四年。又以他官行三公事者亦计算在内。结果:卓茂四年,吴汉十二年,邓禹三年,伏湛五年,侯霸八年,王梁二年,邳彤一年,宋弘五年,李通六年,马成一年。

附表三 建武元年至十年郡国守相名录(1)
(＊云台功臣　＋普通功臣侯)

＋颍川丁綝	＋乐安欧阳歙	＊渔阳王梁	＊上谷寇恂	李文
＊冯翊景丹	鲜于褒	扶风郭伋	扶风张湛	南阳赵匡
琅邪徐业	＊南阳岑彭	暴氾	潘蹇	上党鲍永
陈康	＊颍川铫期	＋南阳邓晨	＊南阳任光	西河鲜于冀
赵高	＊巨鹿耿纯	范荆	＊南阳陈俊	吕羌
＋魏郡王宏	孙萌	河南侯霸	刘虔	＋琅邪伏湛
＋南阳刘嘉(2)	河内李章	处兴	陈留董宣	＋南阳刘顺(3)
刘麟	河内杜诗	＋侯登	＋田禽	＋张隆
＋王堂	＋韩福	＋安定梁统	＊东莱李忠	汝南黄谠
泰山周生丰	京兆丁邯	广汉文齐	广汉王卿	汝南周业
＊南阳马成	颍川冯异	＋库钧	马期	＋史苞
＋竺曾	＋辛肜	冯翊田邑	戴涉	孙福

扶风马员	宗育	桥扈	+右北平郭凉	田飒
张丰	朱英	赵国张况	赵永	扶风苏竟
刘兴	+扶风耿况	楚国龚赐	*颍川王霸	+南阳彭宠
陈䜣	上谷闵业	+王遵	南阳孔嵩	+杜穆
+汉中锡光	南阳任延	南阳胡著		

（1）此表据严耕望辑：《东汉郡国守相表》，《两汉太守刺史表》（《中研院历史语言研究所专刊》之三十，1948），页101—275；钱大昭《后汉书补表》卷三《光武明章和安顺冲功臣侯》，及《后汉书》卷二二所附之"云台功臣表"编制。《东汉郡国守相表》之分期，建武初叶为元年至十年，故此表之郡国守相为建武元年至十年在职者。若同一人任二任以上，无论是否在同一郡国，均视作一人计算。功臣侯以光武所封为限，光武崩后受封者皆不计算在内。

（2）刘嘉"光武族兄也，父宪，春陵侯敞同产弟"。嘉是南阳人。又嘉以宗室从征伐，拜千乘太守封侯（14/567—568），钱表归之于王子侯，可视为功臣侯。

（3）刘顺，光武族兄，"父庆，春陵侯敞同产弟"。为太守，有战功，封成武侯（14/566），钱表入王子侯，可视为功臣侯。

附表五　光武后期（建武十三年至中元二年二月）三公任期表

	大司马	大司徒	大司空
建武十三年	吴汉	侯霸 　正月庚申薨 韩歆 　三月辛未，以沛郡太守拜。	马成（行） 　三月丙子罢 窦融 　四月甲寅，以冀州牧拜。
建武十四年	吴汉	韩歆	窦融
建武十五年	吴汉	韩歆 　正月辛丑免，自杀。 欧阳歙 　正月丁未，以汝南太守拜，十一月甲戌下狱死。 戴涉 　十二月庚午，以关内侯拜。	窦融

续表

	大司马	大司徒	大司空
建武十六年至十九年	吴汉	戴涉	窦融
建武二十年	吴汉 　五月辛亥薨 刘隆 　六月壬辰,以骠骑将军行。	戴涉 　四月庚辰下狱死（1） 蔡茂 　六月庚寅,以广汉太守拜。	窦融 　四月庚辰免 朱浮 　六月庚寅,以太仆拜。
建武廿一年	刘隆(行)	蔡茂	朱浮
建武廿二年	刘隆(行)	蔡茂	朱浮 　十月壬子免 杜林 　十月癸丑,以光禄勋拜。
建武廿三年	刘隆(行)	蔡茂 　五月丁卯薨 玉况 　九月辛未,以陈留太守拜。	杜林 　八月丙戌薨 张纯 　十月丙申,以太仆拜。
建武廿四年至廿六年	刘隆(行)	玉况	张纯
	太尉(大司马)	司徒(大司徒)	司空(大司空)
建武廿七年（五月丁丑改三公官名）	刘隆(行) 　五月丁丑罢 赵熹 　五月丁丑,以太仆拜。	玉况 　四月戊午薨 冯勤 　五月丁丑,以大司农拜。	张纯
建武廿八年至卅一年	赵熹	冯勤	张纯
中元元年	赵熹	冯勤 　六月乙未薨 邓禹(行) 　正月丁卯至四月癸酉从东巡守	张纯 　三月戊辰薨 冯鲂 　六月辛卯,以太仆拜。

续表

	大司马	大司徒	大司空
中元元年		李䜣 十月辛未,以司隶校尉拜。	
中元二年二月止	赵熹	李䜣	冯鲂

任期长短计算之原则与附表二所附之原则相同。结果:吴汉八年,刘隆八年,赵熹七年,侯霸一年,韩歆三年,欧阳歙一年,戴涉六年,蔡茂四年,玉况五年,冯勤六年,邓禹一年,李䜣二年,马成一年,窦融八年,朱浮三年,杜林二年,张纯十年,冯鲂二年。则功臣侯任三公共四十三年,非功臣侯任三公为三十五年。

钱大昭《后汉书补表》卷七《公卿上》,建武二十年,"四月庚辰,大司徒涉坐所举人盗金下狱死,太子太傅张湛为大司徒,以病笃罢。六月庚寅,广汉太守河内蔡茂子礼为大司徒"。考之《光武纪》,不载张湛曾任大司徒(1上/72)。又据《张湛传》,湛"为太子太傅,及郭后废,因称疾不朝,拜太中大夫……后大司徒戴涉被诛,帝强起湛以代之。湛至朝堂,遗失溲便,因自陈疾笃,不能复任朝事,遂罢之"(27/930)。似张湛在拜大司徒前就以溲便朝堂而自辞,参以《光武帝纪》不载张湛为大司徒,则张湛当是未曾拜任大司徒。

附表六 光武后期(建武十一年至中元二年二月)郡国守相名录
(*云台功臣 +功臣侯)

张伋	信都郭唐	京兆宋嵩	景□	乐安牟长
南阳刘兴(1)	陈留刘昆	阎兴	鲜于褒	*南阳盖延
扶风郭伋	会稽陆宏	+乐安欧阳歙	+南阳邓晨	南阳刘章(2)
+南阳韩歆	赵国张歆	陈□	范横	南阳冯鲂
三辅孙晨	鲁国孔尚	琅邪伏恭	*南阳马成	+南阳邓邯
富宗	京兆玉况	*巨鹿耿纯	京兆王元	颍川尹□
刘育	上党鲍永	真定郭竟	*南阳陈俊	河内李章
南阳张宗	太原令狐子伯	*渔阳王梁	南阳赵熹	广汉文屯

陈留高慎	陈留董并	河内杜诗	陈留虔延	*南阳刘隆
陈留董宣	汝南李□	京兆庞述	汝南周嘉	河内卫飒
南阳茨充	扶风鲁□	张禁	汝南郅恽	+安定梁统
南阳宗均	*东莱李忠	山阳范式	窦翔	京兆第五伦
京兆丁邯	*颍川臧宫	河南蔡茂	南阳张堪	张穆
扶风何□	越嶲长贵	郑鸿	+扶风马援	颍川韩寻
刘盱	南阳樊晔	扶风孔奋	南阳任延	+辛彤
颍川祭午	云中斐遵	+随昱	□随	+右北平郭凉
*颍川王霸	田飒	上谷闵业	颍川祭肜	冯翊宣彪
南阳孔嵩	犍为费贻	苏定	张恢	南阳胡著

(1) 刘兴为伯升子，嗣光武兄仲，封北海王(14/555—556)。

(2) 刘章亦为伯升子，封齐王(14/553)。

附表七　云台功臣存殁表

建武元年 2 3 4 5 6 7 8 9 10 11 12 13 14 15 16 17 18 19 20 21 22 23 24 25 26 27 28 29 30 31 中1 中2

```
邓禹 ─────────────────────────────────────────
吴汉 ─────────────────── 20
贾复 ─────────────────────────────── 31
冯异 ────── 10
朱祐 ─────────────────────── 24
祭遵 ──── 9
铫期 ────── 10
陈俊 ────────────────────── 23
耿纯 ─────────── 13
马武 ─────────────────────────────────────
坚镡 ───────────────────────────── 26
杜茂 ────────────────── 19
任光 ── 5
李忠 ────────────────── 19
万修 ─ 2
邳肜 ── 6
```

续表

	建武元年 2 3 4 5 6 7 8 9 10 11 12 13 14 15 16 17 18 19 20 21 22 23 24 25 26 27 28 29 30 31 中1 中2
刘植	——2
卓茂	——
耿弇	——2
寇恂	——
岑彭	————11
景丹	——2
盖延	——2————15
臧宫	————————————————————
王梁	————14
刘隆	————————————————————
傅俊	——7
王霸	————————————————————
王常	————————————————————
李通	——————18
马成	——7
窦融	——8

此表据钱大昭《后汉书补表》卷三《光武明章和安顺冲功臣侯》及各云台功臣本传而制作，显示三十二位云台功臣之封侯时间，各人之显示线自其封侯时始，至薨时止。其封侯在建武元年以前者，盖光武以更始名义所封；光武即位以前之时间不计，其显示线自建武元年始。若其薨时在建武中元二年之后，则显示线直到表边，以示未断之意。别以文字说明。从此表可容易看出某一年份之云台功臣存殁人数。建武十二年冬公孙述诛，天下平，故在十三年之始以黑线表示。

钱大昭《光武明章和安顺冲功臣侯》曰：全椒侯马成，七年封，三十二年薨（原注：按熊表作三十一年薨，误。《后汉纪》作二十八年。今从传）。据《后汉书·马成传》："七年夏，封平舒侯……二十七年定封全椒侯，就国。三十二年卒。"（22/779）按光武年号，建武三十一年，中元二年；无三十二年。此三十二年当是中元元年之误，盖在改元之前卒。记载仍用旧纪年，史家写史时刊削未尽。

六位云台功臣薨于光武崩后，其薨年不能于表中显示，特注明于此：

  邓禹：永平元年 马武：永平四年 耿弇：永平元年

  臧宫：永平元年 王霸：永平二年 窦融：永平五年

附表八　光武时期三公九卿之南阳人比例表

	可考之三公总数	南阳人为三公之人数	三公中南阳人所占之百分比
光武前期（建武元年至十二年）	十	五	50%
光武后期（建武十三年至中元二年二月）	十八	七	38.9%

	可考之九卿总数	籍贯可考之九卿人数	可考南阳人为九卿之人数	籍贯可考之九卿中南阳人所占之百分比
光武前期（建武元年至十二年）	十六	十四	四	28.6%
光武后期（建武十三年至中元二年二月）	二十三	二十	八	40%

资料来源：本文附表一、附表四

附表九　光武时期可考之郡国守相之南阳人比例表

	可考之郡国守相总数	籍贯可考之郡国守相人数	可考之南阳人为郡国守相之人数	籍贯可考之郡国守相中南阳人所占之百分比
光武前期（建武元年至十年）	八十三	四十九	十二	24.5%
光武后期（建武十一年至中元二年二月）	九十	七十二	十九	26.4%

资料来源：本文附表三、附表六

附表十　云台功臣从龙时间表

光武讨河北以前从龙之云台功臣	南阳人：朱祐、马成 颍川人：冯异、祭遵、铫期、臧宫、傅俊、王霸
在河北从龙之云台功臣	南阳人：邓禹、吴汉、岑彭、杜茂、马武、任光、陈俊、贾复、刘隆 颍川人：坚镡 河北人：寇恂、盖延、王梁、邳彤、耿纯、刘植 其他地方人：耿弇（扶风人）、景丹（冯翊人）、李忠（东莱人）、万修（扶风人）
光武即位后从龙之云台功臣	南阳人：卓茂、李通 颍川人：王常 扶风人：窦融

1989 年元月 25 日初稿。2 月 24 日再稿。10 月 25 日三稿。

初刊于《中研院历史语言研究所集刊》第 61 本 1 分，页 1—24，台北，1991 年。

第二部分

张家山汉简考释及其他

七 辨"真二千石"为"二千石"之别名

汉代史书有"真二千石"之目。有学者以为汉代官秩等级之名有"二千石"三字者凡四级：中二千石、真二千石、二千石、比二千石①。疑其谬误。真二千石应是二千石之别称。《通典·职官》②曰：

> 二千石。〔本注曰：月百二十斛。亦曰真二千石。王莽改为上大夫。〕(36/204)

谓二千石"亦曰真二千石"。又谓王莽改为上大夫。按《汉书·王莽传》，王莽始建国元年，"更名……比二千石曰中大夫，二千石曰上大夫，中二千石曰卿"（99中/4103）。谓"真二千石"为"二千石"之别名，唐代杜佑已言之。

---

①陈梦家：《汉简所见奉例》谓二汉皆有"真二千石"之秩，高于二千石。见陈梦家：《汉简缀述》，页135—138、147，北京，中华书局，1980年。又朱绍侯：《〈尹湾汉墓简牍〉是东海郡非常时期的档案资料》曰："众所周知，汉代的二千石官秩共有四级，即中二千石，月俸百八十斛；真二千石，月俸百五十斛；二千石，月俸百二十斛；比二千石，月俸百斛。中二千石是九卿级的官秩；真二千石是诸侯相的官秩；二千石是中央校尉及郡太守的官秩；比二千石是丞相司直（原文误作'置'，当是手民之误）及郡都尉等的官秩。"见《史学月刊》，1999年第3期，页23，开封，河南大学。
②杜佑：《通典》，《十通》第一种，台北，商务印书馆，1987年台一版。

汉代官秩名有"二千石"三字者仅三级，是为中二千石、二千石、比二千石。其理由如下：

其一，《汉书·百官公卿表》与《后汉书·续百官志》正文及本注皆不见真二千石之秩。汉官秩各等级，于《表》及《续志》皆可见之，中二千石、二千石、比二千石且甚为常见。即使省废之秩级，《表》亦书之，如："成帝阳朔二年除八百石、五百石秩。"（19 上/743）独真二千石秩不一见①。疑真二千石非秩级之正式名称，乃二千石秩之别名。

其二，史料述汉官各秩级官员之月俸若干斛谷，并无真二千石之秩级。《汉书·百官公卿表》注师古曰：

> 汉制，三公号称万石，其俸月各三百五十斛谷。其称中二千石者月各百八十斛，二千石者百二十斛，比二千石者百斛，千石者九十斛，比千石者八十斛，六百石者七十斛，比六百石者六十斛，四百石者五十斛，比四百石者四十五斛，三百石者四十斛，比三百石者三十七斛，二百石者三十斛，比二百石者二十七斛，一百石者十六斛。（19 上/721）

所列秩级有万石、中二千石、二千石、比二千石、千石、比千石、六百石、比六百石、四百石、比四百石、三百石、比三百石、二百石、比二百石、百石，凡十五级。此注文系于《百官公卿表》标题之下，其所言"汉制"，不知汉代何时之制。按"成帝阳朔二年除八百石、五百石秩"，此注文所列秩级无八百石、五百石，则此注文所言之汉制当在阳朔二年（前 23）之后，为西汉末年之制，或东汉之制。《后汉书·续百官志》载"百官受奉例"（志 28/3632—3633），《后汉书·光武帝纪》注亦引《续汉志》所言之"百官受奉例"（1/77），两者同源，

---

① 《汉书·百官公卿表》与《后汉书·续百官志》正文及本注皆不见谓某官之秩为真二千石，"真二千石"之名，则一见于《后汉书·续百官志》，其文曰："凡中二千石，丞比千石。真二千石，丞、长史六百石。比二千石，丞比六百石。令、相千石，丞、尉四百石；其六百石，丞、尉三百石。长、相四百石及三百石，丞、尉皆二百石。"（志 27/3613）此言中二千石、真二千石、比二千石，缺二千石，疑真二千石即二千石。辨详下文。

本应相同，而小有差异，或是手民之误，今列表以做比较，并附列《汉书·百官公卿表》师古注之"汉制"：

《汉书·百官公卿表》注师古曰所言汉制		《后汉书·光武帝纪》注引《续汉书·百官志》所言汉官俸		《后汉书·续百官志》所言百官受奉例	
三公万石，月俸	350斛	大将军三公，月奉	350斛	大将军三公，月奉	350斛
中二千石，	180斛	中二千石，	180斛	中二千石，	180斛
二千石，	120斛	二千石，	120斛	二千石，	120斛
比二千石，	100斛	比二千石，	100斛	比二千石，	100斛
千石，	90斛	千石，	90斛	千石，	80斛
比千石，	80斛	比千石，	80斛		
六百石，	70斛	六百石，	70斛	六百石，	70斛
比六百石，	60斛	比六百石，	55斛	比六百石，	50斛
四百石，	50斛	四百石，	50斛	四百石，	45斛
比四百石，	45斛	比四百石，	45斛	比四百石，	40斛
三百石，	40斛	三百石，	40斛	三百石，	40斛
比三百石，	37斛	比三百石，	37斛	比三百石，	37斛
二百石，	30斛	二百石，	30斛	二百石，	30斛
比二百石，	27斛	比二百石，	27斛	比二百石，	27斛
一百石，	16斛	百石，	16斛	一百石，	16斛
		斗食，	11斛	斗食，	11斛
		佐史，	8斛	佐史，	8斛

《汉书·百官公卿表》师古注所言"汉制"及《续百官志》所言"百官受奉例"，俱阙"真二千石"之俸，而皆有"中二千石""二千石""比二千石"俸。阙"真二千石"应非手民之误，汉代官秩，恐无"真二千石"一级。

其三，《汉书》之文或注释言詹事、王国相、州牧三官秩真二千石，《汉旧仪》言太子太傅秩真二千石。所言"真二千石"皆应是指"二千石"。今先辨太子太傅、詹事之秩。《汉书·百官公卿表》注引臣瓒曰：

  《茂陵书》：詹事秩真二千石。（19上/734）

《汉旧仪》①曰：

  皇太子……太傅一人，真二千石，礼如师。（卷下/78）

按詹事、太子太傅皆秩二千石，可见于《汉书·百官公卿表》，其文曰：

  太子太傅……将作少府……詹事……右扶风……自太子太傅至右扶风，皆秩二千石，丞六百石。（19上/733—737）

《茂陵书》谓詹事秩真二千石，《汉旧仪》谓太子太傅秩真二千石，其理相同，盖以真二千石为二千石，真二千石为二千石之别名。

  次言州牧之秩。

《汉书·朱博传》哀帝时，朱博上书曰：

  "前丞相方进奏罢刺史，更置州牧，秩真二千石，位次九卿。九卿缺，以高弟补……臣请罢州牧，置刺史如故。"奏可。（83/3406）

朱博上书请改州牧为州刺史，书中谓州牧秩真二千石，似真有"真二千石"之秩级。其实不然。《汉书·百官公卿表》曰：

  武帝元封五年初置部刺史……成帝绥和元年更名牧，秩二千石。哀帝建平二年复为刺史，元寿二年复为牧。（19上/741）

又《后汉书·续百官志》曰：

  孝武帝初置刺史十三人，秩六百石。成帝更为牧，秩二千石。（志28/3617）

是州牧秩二千石，甚为明确。朱博上书谓州牧"秩真二千石"，盖"真二千石"

---

① 卫宏撰，孙星衍校：《汉旧仪》，收入孙星衍等辑，周天游点校：《汉官六种》，北京，中华书局，1990年。

为"二千石"之别名,已约定俗成,即在公文书中亦可通用。《尹湾汉墓简牍·东海郡吏员簿》载西汉成帝末东海郡都尉"秩真二千石"①,亦是此理,详后文。

次言王国相之秩。

《史记·汲郑列传》谓汉武帝拜汲黯为淮阳太守,"令黯以诸侯相秩居淮阳"②。注《集解》引如淳曰:

> 诸侯王相在郡守上,秩真二千石。(120/3111)

《汉书·汲黯传》注引如淳曰所言(50/2323)相同③。是所谓诸侯王国相秩真二千石,出自如淳之注释。按《汉书·百官公卿表》曰:

> 诸侯王……丞相统众官……景帝中五年令……改丞相曰相……成帝绥和元年省内史,更令相治民,如郡太守。(19上/741)

不言诸侯王国相之秩。《汉旧仪》则谓王国相秩二千石,其文曰:

> 帝子为王。王国置太傅、相、中尉各一人,秩二千石,以辅王……国中汉置内史一人,秩二千石,治国如郡太守、都尉职事,调除吏属。相、中尉、傅不得与国政,辅王而已……成帝时,大司空何武奏罢内史,相如太守,中尉如都尉,参职。(卷下/80)

---

① 《东海郡吏员簿》,载连云港市博物馆、东海县博物馆、中国社会科学院简帛研究中心、中国文物研究所编:《尹湾汉墓简牍》,页79,北京,中华书局,1997年。
② 《史记·汲黯列传》谓武帝拜汲黯为淮阳太守,黯临行,语大行李息谓御史大夫张汤怀诈行邪,息为九卿,当以时言之。"息畏汤,终不敢言……后张汤果败,上闻黯与息言,抵息罪。令黯以诸侯相秩居淮阳。"(120/3110)味其文意,武帝似奖赏汲黯,令黯以诸侯相秩居淮阳太守。则其时诸侯相秩应高于淮阳太守秩。按西汉诸侯王国相之秩,当前后不同。汉初王国地兼数郡,王国丞相必以大功臣为之。如曹参功高第二,为齐国丞相,及汉相萧何薨,即拜为汉相国。其时王国相之秩必高于郡守秩。文景以下,汉廷之政策为削弱诸侯王国之势力,贬低诸侯王国之地位,王国演变为与郡同级之行政区划,西汉末王国多仅领数县,小于一般郡。而王国相之秩位亦一直下降。唯在武帝中叶,汲黯为淮阳太守时,诸侯相秩当高于郡守秩。
③ "诸侯王相在郡守上,秩真二千石。"除见于《史记》、《汉书》之《汲黯传》注外,亦见于《史记·外戚世家》注《索隐》所引如淳曰(49/1984)。

此条所述为西汉时事。又《汉书·元帝纪》曰："(初元)三年春,令诸侯相位在郡守下。"(9/283)按郡守秩二千石,若有"真二千石"之秩级,高于二千石秩,而诸侯相秩真二千石,其位自然在郡守之上,不必下诏定其位之高下。元帝特下诏"令诸侯相位在郡守下",则其时诸侯相与郡守必同秩,元帝初元中,诸侯相必秩二千石。如淳注谓王国相秩真二千石,所谓"真二千石",恐指二千石而言。

其四,《尹湾汉墓简牍·东海郡吏员簿》释文谓西汉成帝末东海郡"都尉一人,秩真二千石,都尉丞一人,秩六百石"(78-3)①。简牍有"真二千石"之名目。按真二千石为二千石之别名,已约定俗成,于公文书中亦可代用,前文已论。

自元帝建昭三年至成帝绥和元年,大郡都尉秩二千石。严耕望《秦汉地方行政制度》引《汉书·元帝纪》曰:

> (建昭二年,)益三河、〔大〕郡太守秩〔中二千石〕,户十二万为大郡……(建昭)三年夏,令三辅都尉、大郡都尉秩皆二千石②。

《汉旧仪》卷下曰:

> 绥和元年,省大郡、万骑员秩,以二千石居③。

是建昭二年至绥和元年大郡太守秩中二千石,建昭三年至绥和元年大郡都尉秩二千石。尹湾六号汉墓之时代为西汉成帝时④,正在此大郡都尉秩二千石之时期中。又西汉成帝末某年东海郡"户廿六万六千二百九十"⑤。其时

---

① 《尹湾汉墓简牍》释文不附各条编号,甚不方便使用。今每条释文加一编号:前一数字为该条释文在《尹湾汉墓简牍》之页数,后一数字为该条释文在该页之次序数,如78-3表示该条释文为《尹湾汉墓简牍》78页之第3条。
② 《汉书》9/294。"三河"之后应有顿号,今补。严耕望:《中国地方行政制度史》上编卷上《秦汉地方行政制度》,页39。
③ 卫宏:《汉官旧仪》卷下,孙星衍等辑,周天游点校:《汉官六种》,页49。
④ 前引《尹湾汉墓简牍·前言》,页1。
⑤ 《集簿》,前引《尹湾汉墓简牍》,页77。

东海郡为太郡,其郡太守秩中二千石,郡都尉秩二千石。上引《东海郡吏员簿》载东海郡都尉秩真二千石,盖真二千石为二千石之别名。

其五,史书列述汉官秩等级,凡有"真二千石"之文,皆缺"二千石",当是以"真二千石"代"二千石",盖"真二千石"为"二千石"之别名,故书"二千石"为"真二千石"。其例一,《后汉书·续百官志》曰:

> 凡中二千石,丞比千石。真二千石,丞、长史六百石。比二千石,丞比六百石。令、相千石,丞、尉四百石;其六百石,丞、尉三百石。长、相四百石及三百石,丞、尉皆二百石。(志27/3613)

所述主官之秩有中二千石、真二千石、比二千石、千石、六百石、四百石、三百石。有"真二千石"而无"二千石"。查阅《续百官志》,主官秩二千石,丞、长史六百石者①,有"大长秋一人,二千石……丞一人,六百石"(志27/3606)。"将作大匠一人,二千石……丞一人,六百石。"(志27/3610)又《续百官志》注引应劭《汉官仪》曰:"度辽将军……秩二千石。长史、司马六百石。"(志24/3565)上引文谓"真二千石,丞、长史六百石",则上引文之"真二千石"当是指"二千石"。

其例二,《后汉书·续百官志》注引荀绰《晋百官表》注曰:

> 汉延平中,中二千石奉钱九千,米七十二斛。真二千石月钱六千五百,米三十六斛。比二千石月钱五千,米三十四斛。一千石月钱四千,米三十斛。六百石月钱三千五百,米二十一斛。四百石月钱二千五百,米十五斛。三百石月钱二千,米十二斛。二百石月钱一千,米九斛。百石月钱八百,米四斛八斗。(志28/3633)

所言百官月俸钱米,有"中二千石""真二千石""比二千石"之月俸,有"真

---

① 《后汉书·续百官志》曰:"凡州所监都为京都,置尹一人,二千石,丞一人。每郡置太守一人,二千石,丞一人。郡当边戍者,丞为长史。王国之相亦如之。"(志28/3621)此处不言郡国丞、长史之秩。其秩六百石,为治汉史者之常识。《后汉书·续百官志》又曰:"太子少傅,二千石。"(志27/3608)不言有丞。

二千石",无"二千石"。又"真二千石月钱六千五百,米三十六斛。比二千石月钱五千,米三十四斛"。二者之差距,与前后数级之差距比较,可谓甚小,乃至"真二千石"与"比二千石"之间,不可能再有一级官秩。是"真二千石"应是"二千石","真二千石"为"二千石"之别名。

其例三,史书述皇帝之妃妾,其有位"视真二千石"者。今考其文,有"真二千石",必缺"二千石"。《汉书·外戚传》载汉元帝时皇帝妃妾之等级(97上/3935),又《三国志·魏书·后妃传》载魏明帝太和年间所定皇帝妃妾等级(5/155—156),并述妃妾之位视官秩,今表列如下:

《汉书·外戚传》所载汉元帝时皇帝妃妾之等级凡十四等	《三国志·魏书·后妃传》载魏明帝太和年间所定皇帝妃妾等级凡十二等①
	贵嫔、夫人,位次皇后,爵无所视
昭仪,　位视丞相,　爵比诸侯王	淑妃,　位视相国,　爵比诸侯王
倢〔伃〕,位视上卿,　比列侯	淑媛,　位视御史大夫,　爵比县公
	昭仪,　　　　　　　　　比县侯
	昭华　　　　　　　　　　比乡侯
	修容,　　　　　　　　　比亭侯
	修仪,　　　　　　　　　比关内侯
婕娥,位视中二千石,　比关内侯	倢〔伃〕,　视中二千石
傛华,　视真二千石,　比大上造	容华,　视真二千石
美人,　视二千石,　比少上造	美人,　视比二千石
八子,　视千石,　比中更	良人,　视千石
充依,　视千石,　比左更	
七子,　视八百石,　比右庶长	
良人,　视八百石,　比左庶长	

---

① 《三国志·魏书·后妃传》曰:"自夫人以下爵凡十二等。"(5/155)其下所列,自夫人以下,连夫人计,凡十一等。按其文谓"贵嫔、夫人位次皇后,爵无所视",列贵嫔、夫人于同一等。或贵嫔、夫人分计各占一等,则成十二等之数。否则下文所列应有遗漏。

《汉书·外戚传》所载汉元帝时皇帝妃妾之等级凡十四等	《三国志·魏书·后妃传》载魏明帝太和年间所定皇帝妃妾等级凡十二等
长使，视六百石，比五大夫	
少使，视四百石，比公乘	
五官，视三百石	
顺常，视二百石	
无涓、共和、娱灵、保林、良使、夜者，皆视百石	
上家人子，视有秩①	
中家人子，视斗食	

《三国志·魏书·后妃传》所述魏制，"魏因汉法"，乃沿袭汉制而有所改作。其文有"倢〔伃〕视中二千石，容华视真二千石，美人视比二千石"。有"真二千石"而无"二千石"，盖"真二千石"即"二千石"。《汉书·外戚传》所载汉元帝时皇帝妃妾之等级，有"婕妤视中二千石"，"傛华视真二千石"，"美人视二千石"，有"真二千石"与"二千石"，无"比二千石"，疑"美人视二千石"应为"美人视比二千石"，阙"比"字，盖抄书者漏书②。"真二千石"即是"二千石"。

其六，《史记·汲郑列传》注《集解》曰：

如淳曰："诸侯王相在郡守上，秩真二千石。"③律，真二千石俸月二

---

① 《汉书·外戚传》曰："上家人子、中家人子视有秩斗食云。"（97上/3935）按汉官秩，有秩秩百石，百石以下有斗食、佐史二级。此上家人子、中家人子应有高下之分，因分为二级。
② 亦有别一可能。《汉书·外戚传》述皇帝妃妾之等级，美人之下，八子、充依二级皆"视千石"，其下七子、良人二级皆"视八百石"，则傛华、美人二级可能皆"视二千石"，抄书者擅于傛华下补"真"字，乃成"真二千石"。
③ 《史记集解》此条注文点校本作："如淳曰：'诸侯王相在郡守上，秩真二千石。律，真二千石俸月二万，二千石月万六千。'"以为"律"字以下之律文亦如淳见汉律之文而作之注。然比较下文引《史记·外戚世家》注《索隐》引如淳曰之标点，仅"诸侯王相在郡守上，秩真二千石"一句在括号内，为如淳所言；"汉律，真二千石俸月二万"一句则非如淳所注。今为使二条注文相同，因改此条之标点。

万,二千石月万六千。(120/3111)

又《史记·外戚世家》注《索隐》按:

> 又有真二千石者,如淳云"诸侯王相在郡守上,秩真二千石"。汉律真二千石俸月二万。按是二万斗也,则二万斗亦是二千石也。(49/1984)

皆言汉律有"真二千石俸月二万"之条文。司马贞《索隐》解"俸月二万"为二万斗。误,当是二万钱。若谓二万斗,二万斗为二千石,月俸二千石,岁俸则二万四千石,于理不合。按所谓"诸侯王相在郡守上,秩真二千石",已辨于上文。至谓"汉律真二千石俸月二万",则裴骃与司马贞注《史记》时引汉律为说。

此律又有别一书法。《汉书·汲黯传》注曰①:

> 律,真二千石月得百五十斛,岁凡得千八百石耳。二千石月得百二十斛,岁凡得一千四百四十石耳。(50/2323)

《汉书·外戚传》注曰:

> 师古曰:"真二千石,月得百五十斛,一岁凡得千八百石耳。"
> 师古曰:"二千石,月得百二十斛,一岁凡得一千四百四十石耳。"
> (97上/3936)

比较三条引文,文句皆以"耳"字结尾,汉律之条文恐非如此。所谓"律,真二千石月得百五十斛",当是师古见所谓"汉律"而作注释。

谓"真二千石俸月二万"之汉律,见于裴骃、司马贞之注释;而谓"律,真二千石月得百五十斛",则出自颜师古之注文。按裴骃为南朝刘宋人,司马贞、颜师古皆唐人,所引虽谓汉律,比其早之注释家皆不曾言及,其证据力不

---

① 《汉书·汲黯传》注此条注文作:"如淳曰:'诸侯王相在郡守上,秩真二千石。律,真二千石月得百五十斛,岁凡得千八百石耳。二千石月得百二十斛,岁凡得一千四百四十石耳。'"(50/2323)点校本以为全条皆如淳所注。疑如淳所注仅"诸侯王相在郡守上,秩真二千石"一句。律字以下则师古所注。比较下文所引《汉书·外戚传》师古注文,文字相同。

强。然因有此二条律文,则本文所证秩真二千石乃秩二千石之别名,亦不能确定,仅可谓是推测之辞。

《通典·职官》卷三六,列汉官各秩级,各秩级下列该秩之官名,如

中二千石:御史大夫、太常……执金吾(按共十一官名)(页203—204)

二千石:太子太傅、少傅……州牧、郡太守(按共二十二官名)(页204)

比二千石:丞相司直、光禄大夫……郡尉(按共十一官名)(页204)

按两汉四百年,诸官官秩变化甚繁,如此简单归类,必有不清楚或谬误,此且不论。然杜佑据秩级归类官名,乃发现无官名可归类于"真二千石"之项下。虽见若干资料谓太子太傅、詹事、王国相、州牧之秩为真二千石,然《汉书·百官公卿表》及《续百官志》明谓此四官秩二千石,乃得出二千石"亦曰真二千石"之见解。杜佑依秩级归类所有官名,因集中整理全部汉官名,较之注释家见字释音义,见词释义理,分散而各不相关之注释,可见其所不能见。

2003年3月18日初稿。8月27日二稿。据审查意见做修改,9月7日三稿。

初刊于《史学月刊》2005年第1期,页17—20,68,开封,河南大学,2005年1月。

八　汉初之二千石官

《张家山汉墓竹简》①有《二年律令》②。《二年律令》之《秩律》明定百官秩级,其中所载官名、秩级与《汉书·百官公卿表》相异之处甚多。推测《二年律令·秩律》所载应是汉初朝廷命官之秩级,《百官公卿表》所载当是武帝太初元年以后之汉官制。考释两者之不同,当可推论汉初之官制及其后之变化。此文仅考释二千石官。

（一）

《二年律令·秩律》定御史大夫、诸卿皆为二千石,无中二千石、二千石及比二千石之分别。其文曰:

---

① 张家山二四七号汉墓竹简整理小组编:《张家山汉墓竹简》,北京,文物出版社,2001年。
② 《二年律令》释文注释曰:"《二年律令》书题,写于首简背面……故《二年律令》的'二年'应是吕后二年。"(《张家山汉墓竹简》,页133)注释谓《二年律令》之"二年"是指吕后二年(前186),以《史记》《汉书》及后世通用之纪年言,固是不误。然以《二年律令》颁布时书写简文之原意言,则当是少帝二年。盖当时以皇帝纪年,吕后不为皇帝,惠帝崩后至文帝即位之间,即史书记载吕后纪年期间(前187—前180),有二少帝。前者为吕后所杀,又立其弟弘;帝弘于文帝即位后见杀,二少帝皆不入帝系。《史记》《汉书》以吕后纪年,盖以后追记前事。实则在当时是以帝纪年,并无吕后纪年。

>御史大夫、廷尉、内史、典客、中尉、车骑尉、大仆、长信詹事、少府令、备塞都尉、郡守、尉、卫将军①、卫尉、汉中大夫令、汉郎中、奉常,秩各二千石。御史、丞相、相国长史,秩各千石。(页192/简441②)

据此推论汉初当是无中二千石、比二千石之秩级。《汉书·惠帝纪》曰:

>(高祖崩,惠帝即位。)赐给丧事者,二千石钱二万,六百石以上万,五百石、二百石以下至佐史五千。视作斥上者,将军四十金,二千石二十金,六百石以上六金,五百石以下至佐史二金。(2/85)

所谓"给丧事者",史无明言其官称,奉常应在"给丧事者"之列。盖奉常"掌宗庙礼仪",其属官有"太乐、太祝、太宰、太史、太卜","诸庙寝园食官令长丞","及诸陵县皆属焉"(《汉书·百官公卿表》19上/726)。则奉常必给丧事。《百官公卿表》谓奉常秩中二千石。然上引文谓"赐给丧事者",仅言二千石以下,不言中二千石,则其时奉常秩二千石,与"秩律"所言相同。奉常(太常)于《百官表》及《续百官志》皆列于九卿之首,则日后之所谓九卿,于汉初应皆秩二千石。盖其时尚无中二千石之秩。

《汉书·百官公卿表》所载,中二千石、二千石、比二千石为三级不同之秩阶,高下分明,盖据武帝太初元年以后之官秩记录。与《秩律》所列诸官秩有异。今先列表比较如下:

《百官表》之中二千石至比二千石官与《秩律》之二千石官表

《汉书·百官公卿表》所载中二千石至比二千石官	《张家山汉墓竹简·二年律令·秩律》所载二千石官
御史大夫(《百官表》注引臣瓒曰:"《茂陵书》御史大夫秩中二千石。")	御史大夫【1】③

---

① 卫将军、卫尉之卫字,简文作衞,释文者以为是简文之错字,于释文中用〈〉注明正字为卫。
② 《张家山汉墓竹简·二年律令》之释文各简下均附一编号。页192/简441是谓此释文为在《张家山汉墓竹简》之第192页,此简释文编号为441。
③ 此数目字为该官在《张家山汉墓竹简·二年律令·秩律》释文之排列次序号。

续表

《汉书·百官公卿表》所载中二千石至比二千石官	《张家山汉墓竹简·二年律令·秩律》所载二千石官
奉常(太常)	奉常【17】
郎中令(光禄勋)	郎中(当阙"令"字)【16】
卫尉(景帝初曾更名中大夫令)	卫尉【14】
太仆	大仆【7】
廷尉(景帝曾更名大理)	廷尉【2】
典客(大鸿胪,景帝曾更名大行令)	典客【4】
宗正	
治粟内史(大司农,景帝曾更名大农令)	
少府	少府令【9】
中尉(执金吾)	中尉【5】
自太常至执金吾,秩皆中二千石,丞皆千石	
太子太傅	
太子少傅	
将作少府(将作大匠)	
詹事	
长信詹事(长信少府)**不常置**	长信詹事【8】
将行(大长秋)	
典属国	
水衡都尉(武帝初置)	
内史(景帝分为左右内史)	内史【3】
右内史(京兆尹)	
左内史(左冯翊)	
主爵中尉(右扶风)	
自太子太傅至右扶风,皆秩二千石,丞六百石	
护军都尉	
司隶校尉(武帝初置)	

续表

《汉书·百官公卿表》所载中二千石至比二千石官	《张家山汉墓竹简·二年律令·秩律》所载二千石官
城门校尉(武帝初置)	
中垒校尉(武帝初置)	
屯骑校尉(武帝初置)	
步兵校尉(武帝初置)	
越骑校尉(武帝初置)	
长水校尉(武帝初置)	
胡骑校尉(武帝初置)	
射声校尉(武帝初置)	
虎贲校尉(武帝初置)	
州牧(成帝初置)	
郡守(郡太守)	郡守[11]
自司隶校尉至虎贲校尉,秩皆二千石。成帝更名州刺史为州牧,秩二千石。郡守秩二千石。	
中郎将	
骑都尉	车骑尉[6]
中大夫(光禄大夫)	
西域都护(宣帝初置)	
西域副校尉(宣帝初置)	
戊己校尉(元帝初置)	
奉车都尉(武帝初置)	
驸马都尉(武帝初置)	
郡尉(郡都尉)	郡尉[12]
自中郎将至郡尉,秩比二千石。	
关都尉	
农都尉(武帝初置)	
属国都尉(武帝初置)	

《汉书·百官公卿表》所载中二千石至比二千石官	《张家山汉墓竹简·二年律令·秩律》所载二千石官
《百官表》不言关都尉、农都尉、属国都尉三官之秩。	
	卫将军【13】
	中大夫令【15】
	备塞都尉【10】

《汉书·百官公卿表》不言御史大夫之秩，然《注》引臣瓒曰："《茂陵书》御史大夫秩中二千石。"（19上/726）《百官公卿表》明谓"自太常至执金吾，秩皆中二千石"（19上/733）。是御史大夫、奉常（太常）、郎中令（光禄勋）、卫尉、太仆、廷尉、典客（大鸿胪）、宗正、治粟内史（大司农）、少府、中尉（执金吾）十一官皆秩中二千石。《张家山汉墓竹协简·二年律令·秩律》所列秩二千石者凡十七官，其中御史大夫、奉常、卫尉、大仆、廷尉、典客、中尉七官皆是《百官公卿表》之中二千石官。

《二年律令·秩律》之"汉中大夫令""汉郎中"二官，其前皆系"汉"字①。按郎中为郎中令之属官，《百官表》郎中秩比三百石，汉初郎中不应秩二千石，是"汉郎中"应是指"郎中令"。《二年律令》释文【注释】曰："汉郎中，应即郎中令，'掌宫殿掖门户'。"（页193）《百官表》谓郎中令"秦官"。《史记·秦始皇本纪》谓秦二世即位，"赵高为郎中令"（6/266）。《史记·陈丞相世家》谓惠帝初即位，陈平为郎中令（56/2059）。是秦及汉初已有郎中令之例。郎中令亦《百官表》之中二千石官。

《汉书·百官公卿表》曰："卫尉，秦官，掌宫门卫屯兵……景帝初更名中大夫令，后元年复为卫尉。"（19上/728）《秩律》卫尉与中大夫令同见，是高后二年时并有卫尉与中大夫令。中大夫令之职掌，望文生义，当是管领宫内

---

①汉初朝廷与诸侯王国之官制大致相同，官名多相同。为作分别，时人书写汉朝廷之官职，常于官名之上加一"汉"字。

诸大夫。"(卫尉于)景帝初更名中大夫令",盖省卫尉官,使中大夫令兼领卫尉之职事。后以诸大夫改隶于郎中令①,中大夫令仅领卫尉之旧职,乃复改中大夫令为卫尉。

《二年律令·秩律》之二千石官尚有少府令;少府令与《汉书·百官公卿表》之少府应是同一官而异名,汉初称少府令,武帝太初元年更名少府。盖汉初二千石官有称"令"者,如郎中令,又景帝初更名卫尉为中大夫令,景帝又曾更名典客为大行令,更名治粟内史为大农令。武帝改革官制,"令"皆改为秩千石至六百石,秩千石以上官皆不复称令;故"武帝太初元年更名(郎中令为)光禄勋",大行令为大鸿胪,大农令则更名为大司农(19上/727,730,731)。

《二年律令·秩律》列汉初秩二千石官(涵盖《百官表》之秩中二千石、二千石、比二千石官)仅十七,数量太少,必有遗漏。如西汉诸卿之宗正、治粟内史(大司农),二者在东汉为九卿,宗正掌宗室亲属,治粟内史掌谷货,皆汉代中央政府重要之政务分职部门长官,自秦时已有②。汉高祖七年,二月,"置宗正官以序九族"(《汉书·高帝纪》1/64)。是高祖即帝位二年后已置宗正官。又《史记·高祖功臣侯者年表》:棘丘侯襄,"以执盾队史前元年从起砀,破秦,以治粟内史入汉,以上郡守击定西魏地,功侯"(18/919)。是高祖为汉王时已置治粟内史。宗正、治粟内史皆汉初官,《秩律》失载。

(二)

《汉书·百官公卿表》有内史,"周官,秦因之,掌治京师……秩二千石"(19上/736—737)。《秩律》之汉初二千石官亦有内史。内史掌治京师及周围之地,如郡守之治郡。景帝二年分内史地为左右内史二郡,亦置左右内史官以分治之。武帝太初元年,分原内史地为三郡,更名右内史官为京兆尹,

---

①《汉书·百官公卿表》:"郎中令……属官有大夫……"(19上/727)
②《汉书·百官公卿表》:"宗正,秦官,掌亲属。""治粟内史,秦官,掌谷货。"(19上/730—731)

左内史官为左冯翊,又更名主爵都尉①为右扶风,三官各治一郡,郡名分别同其官名:京兆尹、左冯翊、右扶风,是为三辅。三辅治所皆在长安城中②,故三辅长官既治其辖地如郡守,亦为中央官,得与朝议,列于诸卿之中。据徐复观之研究,汉代之九卿,是先有观念,"直至东汉,始将观念上之九卿,坐实而为事实上之九卿"。西汉称卿者多于九,入于《汉书·百官公卿表》者有十四官皆称卿③;其中执金吾(中尉)、水衡都尉、京兆尹(右内史)、左冯翊(左内史)、右扶风(主爵都尉)五官皆非东汉之九卿,而在西汉亦称为卿④。此五官于《百官表》中,除执金吾(中尉)秩中二千石外,其他四官皆秩二千石。四二千石官与十中二千石官俱称为卿,前此不知其理由,今据《张家山汉墓竹简·二年律令·秩律》,汉初无中二千石与二千石之分,皆为二千石。及武帝太初元年改革官制,定御史大夫与太常等凡十一官为秩中二千石,三辅长官秩二千石。然三辅长官前此与诸中二千石俱秩二千石,秩位相同,皆称卿,改革后虽较中二千石秩位低,习惯难改,此数官仍称卿。

《汉书·百官公卿表》曰:"郡守,秦官,掌治其郡,秩二千石。""郡尉,秦官,掌佐守典武职甲卒,秩比二千石。"(19上/742)上引《二年律令·秩律》郡守、郡尉并列,俱二千石,与中央政府之御史大夫及诸卿同秩。此必承袭

---

① 《汉书·百官公卿表》:"主爵中尉,秦官,掌列侯。景帝中六年更名都尉,武帝太初元年更名右扶风。"(19上/736)
② 《汉书·百官公卿表》及《注》(19上/736—737)。
③ 参见徐复观:《汉代一人专制政治下的官制演变》,《周秦汉政治社会结构之研究》,页212—216。又秦蕙田前此已据《汉书·百官公卿表》所列,谓西汉凡十三卿。见秦蕙田:《五礼通考·嘉礼》,据文渊阁《四库全书》本影印,217/9b—10a,台北,商务印书馆,1983年。徐复观所列十四卿,较秦蕙田所列多出"水衡都尉"。
④ 徐复观所举诸例如下:《史记·平津侯主父列传》:御史大夫公孙弘与武帝语谓"夫九卿与臣善者无过黯",时汲黯为主爵都尉(112/2951)。《史记·汲郑列传》:"召(汲黯)以为主爵都尉,列于九卿。"(120/3105)又郑庄"至九卿为右内史"(120/3112)。《史记·酷吏列传》:宁成为中尉,"徙为内史……抵罪髡钳。是时九卿罪死即死,少被刑,而成极刑"(122/3134—3135)。《汉书·张敞传》:前京兆尹张敞"上书曰:'臣前幸得备位列卿,待罪京兆……'"(76/3224)又《王尊传》:尊为京兆尹,御史大夫劾奏尊"不宜备位九卿"(76/3233)。《毋将隆传》:隆为执金吾,牾哀帝意,帝诏遣隆有"隆位九卿"等语(77/3265)。徐复观引此诸例于前引《汉代一人专制政治下的官制演变》,页214—215。

战国时期秦制，郡守统治一郡，为封疆大吏，郡尉则统兵以佐郡守，或亦开府统县。国君遣郡守、郡尉远出，委以一方行政及军事之权，可谓委任甚重，且其时郡之数目甚少，郡之领地为全国疆土之十几分之一乃至几分之一，故郡守、郡尉之地位高，得与中央政府之诸卿同秩。及秦汉统一，疆土扩大，全国郡数多至数十乃至百余，且和平时期，对外派之地方长吏不若战争时期之重视，故郡守、尉之地位与中央之诸卿比较，日渐低落。及改官制，从"二千石"分出"中二千石"与"比二千石"之秩级，中央诸卿升高为中二千石，郡太守之秩仍为二千石不变，郡都尉地位在郡太守之下，其秩降为比二千石。

《二年律令·秩律》所载二千石官有备塞都尉。《张家山汉墓竹简·二年律令》释文【注释】曰："备塞都尉，管理关塞、津关之官。"并指出《二年律令·津关令》第523简有备塞都尉相关之文字。今先引该简释文如下：

> 廿三、丞相上备塞都尉书，请为夹谿河置关，诸漕上下河中者，皆发传，及令河北县为亭，与夹谿关相直。·阑出入、越之，及吏卒主者，皆比越塞阑关令。·丞相、御史以闻。制曰：可。（页210/简523—524）

备塞都尉是某一关塞之备塞都尉，如《汉书·百官公卿表》所言之关都尉①，抑或是管理全国关塞事务之中央官？当以后者为是。盖上引简文谓备塞都尉上书，所请"为夹谿河置关"②，及置关后相应之设置与管理事宜。备塞都尉上书时，尚未置夹谿关，是此备塞都尉非夹谿关之备塞都尉。其他关塞之关

---

① 《汉书·百官公卿表》曰："关都尉，秦官。"（19上/742）不言其秩。《汉书补注》王先谦曰："此函谷关都尉也。见武纪、金日䃅、杜钦、魏相、张敞、翟方进、何并、辛庆忌、循吏、酷吏、西域传。又《地理志》，敦煌龙勒有阳关、玉门关，皆都尉治，亦关都尉也。《续志》建武中省。"（19上/29a）

② 《张家山汉墓竹简·二年律令·津关令》第523简之简文："……请为夹谿河置关，诸漕上下河中者，皆发传，及令河北县为亭，与夹谿关相直……"释文【注释】曰："夹谿关在今陕县，位于黄河之南，其北为西汉河北县。"（页210）按所谓"其北为西汉河北县"，盖误解简文"及令河北县为亭，与夹谿关相直"。《汉书·地理志》：弘农郡陕县，本注曰："故虢国……北虢在大阳。"（28上/1549）陕县在黄河南岸。北岸为河东郡大阳县（28上/1550）。简文"及令河北县为亭，与夹谿关相直"，盖谓于黄河北岸之大阳县为亭，与夹谿关隔河相对。陕县地在今日之三门峡市（谭其骧主编：《中国历史地图集》第二册，页15—16）。其地河道险要，汉于其地置夹谿关，以管制河流之交通。

都尉(或备塞都尉,假设备塞都尉为某一关塞之官)甚少可能逾越其职责,上书请于其他地方置关;则此备塞都尉应是中央官,主管全国关塞事务。此官后裁省,故不见于《百官表》。

《二年律令·秩律》之二千石官有卫将军。《汉书·百官公卿表》曰:

> 前后左右将军,皆周末官,秦因之,位上卿,金印紫绶。汉不常置,或有前后,或有左右,皆掌兵及四夷。(19上/726)

高、惠、高后时无卫将军之例,可考汉代最早之卫将军为文帝即位时任命之宋昌①。文帝以前诸将军官名可考者,有车骑将军、大将军、上将军,或仅称将军。前将军最早见于文帝十四年,左将军、右将军及后将军则武帝元朔六年始首见。昭帝以后,诸将军最常见者为大将军、车骑将军及前后左右将军②。《百官表》举前后左右将军为诸将军之代表,盖据昭帝以后事而言。除大将军多为当权之外戚外,其他诸将军秩位相等;《秩律》仅列卫将军,不及其他将军,或其时有卫将军(其人无考),乃以卫将军代表诸将军而言其秩。

《二年律令·秩律》之二千石官有长信詹事。《汉书·百官公卿表》曰:

> 詹事,秦官,掌皇后、太子家……长信詹事掌皇太后宫,景帝中六年更名长信少府……秩二千石。(19上/734、737)

《二年律令·秩律》颁布时,惠帝新崩,少帝年幼,无皇后、太子,故无詹事。吕太后专制有权,置长信詹事。按西汉皇帝居未央宫,皇太后居长乐宫,长信宫则是长乐宫内之一宫殿,太后居于其中③,其侍从官吏亦以宫名官。长信詹事自汉初秩二千石,景帝时虽更名为长信少府,仍是秩二千石。

---

① 文帝即天子位,"夜拜宋昌为卫将军"(《史记·孝文本纪》10/417)。汉代将军,请参见廖伯源:《试论西汉诸将军之制度及其政治地位》之附表三《西汉将军、领尚书事、辅政表》,《历史与制度——汉代政治制度试释》,页182—197。
② 参见前引《试论西汉诸将军之制度及其政治地位》之附表三《西汉将军、领尚书事、辅政表》,页182—197。
③ 长乐宫内宫殿甚多,其中有长信宫。参见陈直校证:《三辅黄图校证》卷三,页52—53,西安,陕西人民出版社,1980年。

《二年律令·秩律》之二千石官有车骑尉。【注释】曰：

> 车骑尉，应即车骑都尉。《汉书·冯唐传》："拜唐为车骑都尉，主中尉及郡国车士。"王先谦《补注》①："中尉之车士及郡国之车士皆得主之。《汉纪》作主中尉及郡车骑士。《表》无车骑都尉官。"（页192）

所谓"车骑尉，应即车骑都尉"，盖想当然之辞。简文既作"车骑尉"，是汉初有此官名，不必以其后之官名比附。按车兵与骑兵，为秦汉时期军队之重要军种。《汉书·食货志》：晁错上书曰："车骑者，天下武备也。"（24上/1133）汉初已有车骑将军，至汉末仍有其例；而两汉之诸将军，以车骑将军为数最多②。车骑都尉官，除【注释】所举《汉书·冯唐传》，冯唐于文帝时为车骑都尉外③，又有宣帝时之车骑都尉韩昌，见《宣帝纪》（8/271）。《秩律》所列汉初秩二千石官凡十七，其中廷尉、中尉、车骑尉、郡尉、卫尉五官皆以"尉"名；汉初盖以尉名高级武官。汉初虽已有车骑将军，然其时将军有事任命，事毕即罢，无事时不置车骑将军，而以车骑尉领率京师之车骑，车骑尉秩与九卿、将军等。文帝时，省车骑尉，其所领之车骑应分属卫尉与中尉。其后间中置车骑都尉，如上举之冯唐、韩昌，然其秩位已不得与九卿比。此转变与汉初之郡尉相同，《秩律》谓郡尉秩二千石，与九卿、郡守相等，郡尉于"景帝中二年更名都尉"，《汉书·百官公卿表》谓郡都尉秩比二千石（19上/742）。

（三）

《张家山汉墓竹简·二年律令·秩律》载汉初秩二千石官为御史大夫、廷尉、内史、典客、中尉、车骑尉、大仆、长信詹事、少府令、备塞都尉、郡守、郡

---

① 王先谦补注：《汉书补注》50/8b，据"光绪庚子长沙王氏校刊本"影印，台北，艺文印书馆。
② 参见前引廖伯源：《试论西汉诸将军之制度及其政治地位》之附表三《西汉将军、领尚书事、辅政表》，及《东汉将军制度之演变》之附表三《东汉将军年表》，《历史与制度——汉代政治制度试释》，页182—197、275—296。
③《汉书·冯唐传》（50/2314），《史记·冯唐传》（102/2759）同。

尉、卫将军、卫尉、中大夫令、郎中令、奉常等十七官。此十七官中，御史大夫、奉常（太常）、郎中令（光禄勋）、卫尉、少府（少府令）、典客（大鸿胪）、太仆（太仆）等官日后秩中二千石；长信詹事、内史（后分为京兆尹、左冯翊、右扶风）、郡守（郡太守）日后秩二千石不变；郡尉（郡都尉）日后秩减为比二千石。盖汉初之官秩较简单，无中二千石、比二千石之官秩，其后此二级官秩始从二千石秩分出。

汉初郡守、郡尉秩同中央之诸卿，盖沿袭战国秦制。战国时秦国国小郡少，郡守、尉负一方行政、军事之责，委任甚重。及天下一统，帝国疆土广大，郡多至数十乃至百余，而承平事少，郡长吏之地位乃大为降低，不得与中央之诸卿同秩。及改官制秩级，乃调升中央诸卿为秩中二千石，郡太守秩二千石不变，郡都尉秩调降为比二千石。

2005年4月底初稿，宣读于台湾中国文化大学史学系主办之"第三届简帛学术讨论会"（2005年5月18—19日）。2006年元月1日二稿。

初刊于《简帛》第一辑，页369—378，武汉大学简帛研究中心编，上海，上海古籍出版社，2006年10月。

九　汉初郡长吏杂考

（一）引　言

据《汉书·百官公卿表》，西汉郡政府组织中，朝廷所任命之官员，即所谓长吏，为数甚少。普通郡府之员额，仅有郡太守、郡都尉及太守丞、都尉丞四员朝廷命官①。《张家山汉墓竹简·二年律令·秩律》②所载，朝廷任命之郡长吏尚有郡发弩令、司空令、轻车令，"秩各八百石，有丞者三百石。·卒长五百石"。又有"郡候、骑千人……秩各六百石，有丞者二百石"。尚有郡司马、骑司马、塞尉、城尉等。是汉初朝廷任命之郡长吏，其官职与员额较之传统所知者，多出甚多；《秩律》所载为汉承秦制而建立之郡府官制，史书所见则为景、武以后演变形成者。今考论汉初之制，推论其演变之迹。

---

①汉代郡府之朝廷命官仅太守、太守丞、都尉、都尉丞四员，盖就一般而言。边郡及特异者详下文。
②张家山二四七号汉墓竹简整理小组编：《张家山汉墓竹简〔二四七号墓〕》。

（二）汉初郡长吏多于中叶以后

汉代县政府官吏分为长吏与少吏二类。《汉书·百官公卿表》曰：

> 县令、长……令，秩千石至六百石……长，秩五百石至三百石。皆有丞、尉，秩四百石至二百石，是为长吏。百石以下有斗食、佐史之秩，是为少吏。（19上/742）

长吏为朝廷任命之官员，秩比二百石以上，所谓朝廷命官是也。少吏则长吏所自辟除，秩百石以下，为长吏之属吏。上引文仅言县政府之官吏，实则郡政府及中央政府之各官署，秩比二百石以上官吏亦为朝廷所任命，百石以下为长吏自辟除之属吏。

郡府长吏，即朝廷任命之郡府官吏，其人数据《尹湾汉墓简牍·集簿》所载，西汉末东海郡有太守一人，太守丞一人，都尉一人，都尉丞一人，凡四人①。《东海郡吏员簿》载东海郡太守秩释文留白，以简文漫漶；都尉则秩"真二千石"，太守丞与都尉丞秩皆六百石②。此盖郡府朝廷命官最基本之员额。据《汉书·百官公卿表》："边郡又有长史，掌兵马，秩皆六百石。"（19上/742）按据严耕望《秦汉地方行政制度》，西汉边郡太守丞与长史并置。东汉边郡罢太守丞，以长史领丞职，然有兵事过剧之边郡，则长史之外，又置将兵长史。至于都尉，边郡及郡之特殊者或一郡有二或三乃至四都尉，亦各有丞。又或有属国都尉，或有因事而设之农都尉、骑都尉、关都尉等③。

《张家山汉墓竹简·二年律令·秩律》载郡长吏有：

---

① 连云港市博物馆、东海县博物馆、中国社会科学院简帛研究中心、中国文物研究所编：《尹湾汉墓简牍》释文，页77。
② 前引《尹湾汉墓简牍》释文，页79。
③ 严耕望：《中国地方行政制度》上编卷上《秦汉地方行政制度》，页73、102—108、147—187。

郡守、尉……秩各二千石。(页192/简440—441)

二千石□丞六百石。(页193/简444)

郡司马、骑司马……(页202/简468)

郡发弩、司空、轻车,秩各八百石,有丞者三百石。·卒长五百石。(页194/简445)

郡候、骑千人……秩各六百石,有丞者二百石。(页194/简446)

"塞尉""城尉"(秩各加县塞尉、城尉百石)(页202/简469)

郡守、郡尉、郡守丞、郡尉丞,即《汉书·百官公卿表》及《尹湾汉墓简牍》之郡太守、郡都尉、太守丞、都尉丞①。《张家山汉墓竹简·二年律令·秩律》所载郡长吏较《汉书·百官公卿表》记载之郡长吏多出甚多。列表比较如下:

《百官表》汉郡府长吏与《秩律》汉初郡府长吏表

《百官表》汉郡府长吏		《秩律》汉初郡府长吏	
郡太守	二千石	郡守	二千石
郡都尉	比二千石	郡尉	二千石
太守丞、(边郡有)长史 都尉丞	六百石 六百石	郡守丞*、郡尉丞*	六百石
		郡发弩令、司空令、轻车令,八百石;丞,三百石。	
		郡司马、骑司马	
		候、骑千人,六百石;丞,二百石。	
		卒长,五百石。	
		塞尉、城尉	

*《秩律》不见郡守丞、郡尉丞之名,而谓"二千石□丞六百石"(页193/简444)。

---

① 《汉书·百官公卿表》19上/742。前引《尹湾汉墓简牍·集簿》及《东海郡吏员簿》释文,页77、79。

《秩律》谓郡守、郡尉皆秩二千石(页192/简440—441)。故于此加"郡守丞、郡尉丞",秩各六百石。

(三)郡司马、郡骑司马

上引《张家山汉墓竹简·二年律令·秩律》释文所列之郡长吏,其中多出《百官公卿表》所载者,传世文献或不明言其为郡吏,或语焉不详,今考之如下。

先言郡司马、郡骑司马。

《张家山汉墓竹简·二年律令·秩律》第468简释文曰:

> 中司马、郡司马、骑司马、中轻车司马、备盗贼、关中司马□□关司☒①

中司马与郡司马相对,中司马为中都官之属官②,郡司马为郡太守之属官。郡司马后有骑司马,不言"中"或"郡"。有二解:一是谓郡骑司马,以省文去郡字;二是骑司马为中骑司马与郡骑司马之合称,似以后一说为是。盖封泥有"中骑司马"之例③。按郡司马、郡骑司马当依郡兵之种类而定,郡兵为骑兵,则置郡骑司马。

传世文献言司马为武官之官名。《汉书·百官公卿表》注引应劭曰:"司

---

①此简之全部释文如下:"田、乡部二百石,司空二百五十石。中司马、郡司马、骑司马、中轻车司马、备盗贼、关中司马□□关司☒"(页202/简468。此简释文,官名之间多用逗号,今改为顿号。)按此简当排列于444号简之后。盖443—444号简列天下第一等县,长吏秩下不列田、乡部、司空之秩。此简释文前段"田、乡部二百石,司空二百五十石"当为县吏,与前一简(简467)释文之内容不相衔接;而此简之司空秩二百五十石,高于秩阶二百石之第二等县之司空(见页195/简447—450),应是第一等县之司空。

②或谓"中司马"是否如"军司马"之类,而非中都官之属官。按此可为一说,然难以证明。史料有间,为秦汉史研究之困难,许多论断都是作者之个人看法。

③孙慰祖等编:《古封泥集成》(上海,上海书店出版社,1994年)页26有"中骑司马"(141)之封泥。此条资料为审查人所提供。

马,主武也,诸武官亦以为号。"(19上/725)谓"诸武官",则不止一;是也。司马为汉代军事编制之中级军官,将军之领兵者①、中都官之领兵者及出监护边疆民族之官员,其麾下之军队皆有司马为属官②;此外,部分郡之郡府亦有司马,称郡司马。

两汉史书皆可见郡司马。今先列西汉郡司马诸例如下:

《史记·东越列传》:武帝建元三年,"遣庄助以节发兵会稽。会稽太守欲距不为发兵,助乃斩一司马,谕意指,遂发兵浮海救东瓯"。(114/2980,又见《汉书·严助传》64上/2776)

《汉书·酷吏传·田广明传》:"以郎为天水司马。"(90/3663)

《汉书·西域传》:武帝末,搜粟都尉桑弘羊与丞相御史奏言:"臣愚以为可遣屯田卒诣故轮台以东,置校尉三人分护……张掖、酒泉遣骑假司马为斥候,属校尉,事有便宜,因骑置以闻……"(96下/3912)

《汉书·韩延寿传》:东郡太守韩延寿试骑士,"军假司马、千人持幢旁毂"。(76/3214)

《汉书·冯奉世传》:"奉世长子谭……功次补天水司马。"(79/3302)

《汉书·西南夷传》:"大将军(王)凤于是荐金城司马陈立为牂柯太守。"(95/3845)

次列东汉郡司马之例如下:

《后汉书·班勇传》:顺帝永建二年,西域长史班勇与敦煌太守张朗分二道击入侵车师之北匈奴,朗"遣司马将兵前战,首虏二千余人"。

---

① 将军所领军分若干部,《后汉书·续百官志》:"部校尉一人,比二千石;军司马一人,比千石……其不置校尉部,但军司马一人。又有军假司马……为副贰。其别营领属为别部司马。"(志24/3564)

② 中都官之领兵者,有卫尉、执金吾(中尉)、城门校尉、中垒校尉、屯骑校尉、步兵校尉、越骑校尉、长水校尉、胡骑校尉、射声校尉、虎贲校尉等皆领兵,其麾下有司马为属官。出监护边疆民族之官员,如西域都护、戊己校尉、使匈奴中郎将、护乌桓校尉、护羌校尉领兵,其麾下亦有司马为属官。详参廖伯源:《汉"司马"考》,未刊稿。

(47/1590)

《后汉书·南匈奴传》：顺帝永和五年，南匈奴左部反，秋，"杀上郡都尉及军司马"。（89/2962）

《后汉书·质帝纪》：永憙元年六月，"（九江都尉）滕抚谴司马毛章击破之（庐江盗贼）"。（6/279）

《三国志·吴书·孙破虏讨逆传》："孙坚……吴郡富春人……会稽妖贼许昌（反）……众以万数。坚以郡司马募召精勇，得千余人，与州郡合讨破之。是岁，熹平元年也。"（46/1093）

上列有郡司马之诸郡，西汉为会稽、天水、张掖、酒泉、金城、东郡，东汉为敦煌、上郡、九江、吴郡。以边郡为多，但不限于边郡；盖郡有置郡兵之需要，则遣兵驻扎其地，其军官司马，领辖于郡太守、郡都尉。

《后汉书·续郡国志》曰："安帝又命属国别领比郡者六。"（志 23/3533）属国比郡，属国都尉领兵，辖下亦置司马为军官。《后汉书·续郡国志》曰：张掖属国于"安帝时，别领五城"，其中一城为"司马官"（志 23/3521）。盖张掖属国都尉下辖之司马领兵驻扎一地，筑城固守，其城为司马官署所在，故称"司马官"，日久百姓附居其地，因置县，仍其旧名。属国之司马比郡司马。

综言之，汉初，承秦之旧，郡置郡兵，有司马为军官，若郡兵为骑兵，则郡司马称郡骑司马。郡司马领辖于郡太守、郡都尉。其后承平，久无兵事之郡罢郡兵或仅余少数之郡兵，其郡之郡司马亦不复置。然有兵事之郡仍置郡兵，亦仍置郡司马，尤以边郡为然，上列诸例可见，至汉末仍有其例。罢郡兵或仅余少数郡兵之郡，既不置郡司马，其兵事由郡太守自辟之兵曹掾史或兵马掾史任之①。

---

①前引《中国地方行政制度》上编卷上《秦汉地方行政制度》，页 111、135。

（四）郡发弩、司空、轻车、卒长

次言"郡发弩、司空、轻车"。

《张家山汉墓竹简·二年律令·秩律》释文曰：

> 中发弩、枸（勾）指发弩、中司空、轻车、郡发弩、司空、轻车，秩各八百石，有丞者三百石。·卒长五百石。（页194/简445）

释文【注释】曰："中发弩，中央政府所设主教放弩官。"又曰："中司空，中央政府所设主罪人作役官。"（页194）上引文之"中发弩、勾指发弩、中司空、轻车"为中都官，"郡发弩、司空、轻车"为郡吏，中与郡相分别。郡发弩之官号带郡字，为郡吏无疑；简文"司空、轻车"在郡发弩之后，盖郡司空、郡轻车，以省文去郡字。简文"中司空、轻车"，此轻车为中轻车，盖亦省文去中字。上引文"中发弩……轻车"七官，"秩各八百石，有丞者三百石"。则此七官皆当为令：中发弩即中发弩令、中司空即中司空令、郡发弩即郡发弩令等等。

"郡发弩、司空、轻车"三官既为郡吏，其官称全名当连郡名，如南阳郡之郡发弩全名当作"南阳郡发弩令"。郡司空、郡轻车，其官称全名亦当连郡名。如南阳郡之郡司空全名当作"南阳郡司空令"、南阳郡之郡轻车当作"南阳郡轻车令"。郡发弩令、郡司空令、郡轻车令或有丞，其丞秩三百石。

先述郡发弩。《张家山汉墓竹简》释文【注释】曰："郡发弩，《汉书·地理志》记南郡别置发弩官。"（页194）按《汉书·地理志》：南郡，本注曰："有发弩官。"师古注曰："主教放弩也。"（28上/1566—1567）发弩官之资料，史书所见仅此一条，《古封泥集成》则有"琅邪发弩"、"临菑发弩"、"南郡发弩"之封泥①。《秩律》谓汉初郡有发弩官：郡发弩令，秩八百石。其时是否各郡皆置

---

① 孙慰祖等编：《古封泥集成》页344有"琅邪发弩"（2045）、"临菑发弩"（2046）、"南郡发弩"（2047）之封泥。此条资料为匿名审查人所提供。

发弩官,抑屯重兵之郡乃置发弩官,无考。其后诸郡发弩官省,唯仍有省置不尽者,如南郡至西汉末仍有其官。

次述郡司空。按前考述汉初县吏之秩阶及其任命,已详司空之职掌:掌刑徒服役劳作事①。郡司空掌其郡刑徒之服刑劳役事。《秩律》谓汉初郡有郡司空令,秩八百石。封泥有"齐司空印"及"泰山司空"②。传世文献不见有郡司空,当是其后省。《秦汉地方行政制度》考汉郡府掾属有尉曹掾、史;引《续百官志》曰:"公府尉曹主徒卒转运事。"(志24/3559)因谓"郡国(之尉曹职掌)盖同"③。推测郡司空省后,其职务由尉曹掾史承担。

次述郡轻车。轻车为秦汉时期四军种之一。《后汉书·光武帝纪》注引《汉官仪》曰:

> 高祖命天下郡国选能引关蹶张,材力武猛者,以为轻车、骑士、材官、楼船,常以立秋后讲肆课试,各有员数。平地用车骑,山阻用材官,水泉用楼船。(1下/51—52)

轻车为战车部队,盖以其装备轻车为名。其轻车之型制,《后汉书·续舆服志》曰:

> "轻车,古之战车也。洞朱轮舆,不巾不盖,建矛戟幢麾,轙辀弩服。"注引徐广曰:"置弩于轼上,驾两马也。"(志29/3650)

轻车之兵卒,乘车以弓弩射敌,或持矛戟击敌。景帝时,张隆为"轻车武射"是也④。轻车兵适合于平地作战。晁错言克服匈奴之道曰:"若夫平原易地,轻车突骑,则匈奴之众易挠乱也。"(《汉书·晁错传》49/2281)又曰:"平地通道,则以轻车材官制之。"(49/2283)西汉轻车将军,武帝时有公孙贺、李

---

① 参见本书第十篇《汉初县吏之秩阶及其任命》。
② 前引孙慰祖等编:《古封泥集成》页60有"齐司空印"(346)及"泰山司空"(347)。此条资料为匿名审查人提供。
③ 前引严耕望:《秦汉地方行政制度》,页135—136。
④ 见《史记·卫将军骠骑列传》111/2943。

蔡,王莽时有甄邯、孙建①。王莽时又有轻车校尉②。据上引《汉官仪》,天下郡国选卒,为"轻车、骑士、材官、楼船,常以立秋后讲肄课试,各有员数"。"平地用车骑",天下各郡国地处平原者,当有轻车。其例如《汉书·宣帝纪》:本始二年"秋,大发兴调关东轻车锐卒"(8/243)。

《秩律》谓汉初郡有郡轻车,盖承秦制,地处平原之各郡置郡轻车令,统率训练该郡之轻车兵卒。然郡轻车不见于传世文献,盖其后省其官,其职则并于都尉及兵曹掾史、兵马掾史③。

次言卒长。上引《秩律》第 445 号简,于述"中发弩……轻车"七官后,有"·卒长五百石"之符号与文字。释文【注释】曰:"卒长,系上列军官之佐。"(页 194)疑非为"佐",当是上列军官所辖下级单位之主官。按传世文献不见秦汉有卒长之官职。春秋战国时期,似有卒长之官。《周礼·夏官司马》曰:

> 凡制军万有二千五百人为军……军将皆命卿。二千有五百人为师,师帅皆中大夫。五百人为旅,旅帅皆下大夫。百人为卒,卒长皆上士。二十五人为两,两司马皆中士。五人为伍,伍皆有长。④

又《周礼·大司马》曰:

> 辨鼓铎镯铙之用……军将执晋鼓,师帅执提,旅帅执鼙,卒长执铙,两司马执铎……⑤

《周礼》书成于战国之世,其中所言军制或多少反映战国时事。则战国

---

① 公孙贺、李蔡为轻车将军多见,如《史记·卫将军骠骑列传》(111/2923,2925—2926)。轻车将军孙建,见《汉书·翟义传》(84/3427)、《王莽传》(99 中/4101),甄邯见《王莽传》(99 上/4086)。
② 《汉书·王莽传》:莽使人破坏高庙,"令轻车校尉居其中,又令中军北垒居高寝"(99 下/4169)。
③ 前引《秦汉地方行政制度》谓郡太守属吏兵曹、兵马掾,主兵事(页 135)。
④ 《周礼注疏》,据嘉庆二十年江西南昌府学重刊宋本《十三经注疏》影印,28/2a,页 429,台北,艺文印书馆,2007 年。
⑤ 前引《周礼注疏》(29/7b,页 442)。

时,列国之军制,其中或有官名卒长之军吏。

《秩律》载"卒长五百石"。是汉初有卒长之官,汉承秦制,卒长之官当承秦制,秦制当上接战国之制。是自战国至汉初,似有卒长之官。《周礼》卒长领百人,汉初卒长秩五百石,皆中级军官。据传世文献所言汉代军队组织:将军领营,营有若干部,部以校尉为主官;部有若干曲,曲以军候为长官,军候秩比六百石;曲有若干屯,其主官屯长秩比二百石①。秩五百石之卒长约相当于秩比六百石之军候。《秩律》又载汉初中都官有中候,郡吏有郡候,皆秩六百石。推测汉初之后,以军候及卒长之职掌类似,而秩相近,因省卒长②,职并于军候。汉初郡兵,似亦置卒长,其后亦省其官,职并于郡候或郡兵曹掾史。

(五)郡　候

次言郡候、郡骑千人。

《秩律》第446简释文曰:

> 中候、郡候、骑千人、卫将军候、卫尉候,秩各六百石,有丞者三百石。

释文【注释】释"中候",谓据《百官公卿表》,"中尉属官有候,中候即此

---

① 《后汉书·续百官志》志24/3564。又参见廖伯源:《试论西汉将军之制度及其政治地位》,《历史与制度——汉代政治制度试释》,页156—158。
② 传世文献不见汉代有卒长之官职,近人据出土简牍重建汉代军制系统,亦无卒长。简牍文字中,疑可能是军吏卒长之简文有数条,今陈列如下:
"卒长尽勿言官署甲渠候长郭谨白长史"(206.17)
"各持下吏为羌人所杀者赐葬钱三万其印绶吏五万又上子一人名尚书卒长□
奴婢二千赐伤者各半之皆以郡见钱给长吏临致以安百姓也早取以见钱□"(267.19)
(谢桂华、李均明、朱国炤合校:《居延汉简释文合校》)。
又《青海大通县上孙家寨115号汉墓木简》:"犯令者一人拜爵一级其官吏卒长五百将当百以下及同"(273)(李均明、何双全编:《散见简牍合辑》,北京,文物出版社,1990年。)
此三条简文,或有缺字,或文义不通,不敢以此证汉中叶以后尚有卒长之官。

官简称"(页194)。是谓此官之全名为"中尉候"。按此可作一说。疑凡中都官属下之候,皆得称中候;简文之"卫将军候、卫尉候"亦是中候。① 中候与郡候相对,前者在京师,后者在郡。简文郡候之后有骑千人,盖郡骑千人,以省文去郡字。郡候、郡骑千人之全名亦当连郡名。如云中郡之郡候、郡骑千人之全名为云中郡候、云中郡骑千人。

先述郡候。

上引简文谓"中候、郡候……卫将军候、卫尉候,秩各六百石,有丞者三百石"。是无论京师官署、将军部曲或郡太守属下之候,皆秩六百石,有丞者其丞秩三百石。此汉初之制。

《秩律》不详中候所属与人数。今据《汉书·百官公卿表》,京师官署下辖之候如下:

> 卫尉之属官有"诸屯卫候"。(19上/728)
> 执金吾(中尉)属官有候、式道左候、式道右候、式道中候、候丞。(732)
> 将作大匠(将作少府)之属官有左候、右候、中候。(733)
> 典属国之属官有候。(735)
> 城门校尉之属官有十二城门候,长安城十二门,门各一候。(737)

朝廷派出护西域之军事长官下辖之候如下:

> 骑都尉谏大夫西域都护之属官有候二人。(19上/738)
> 戊己校尉之属官有候五人,秩比六百石。(738)

将军领辖军队之军官亦有"候",或称为军候。前引《续百官志》谓将军营分若干部,部分若干曲,曲以军候为长官,军候又称曲候。上引《秩律》之"卫将军候",即卫将军领辖军队之曲候。

---

① 第446简:"中候"之后又有"卫将军候、卫尉候"。若谓中候是指中都官属下之候,则中候已包含卫将军候、卫尉候,简文不必书"卫将军候、卫尉候"。此说诚是。以此不敢谓"中候是指中都官属下之候"为定说。

军候与上列《汉书·百官公卿表》所言诸候相同，俱是武官，又皆秩比六百石。

郡候不见于《汉书·百官公卿表》及《后汉书·续百官志》，然《后汉书·续百官志》注引《汉官仪》曰：

> 边郡太守各将万骑，行障塞烽火追虏。置长史一人，丞一人，治兵民，当兵行长领。置部尉、千人、司马、候、农都尉，皆不治民，不给卫士。（志28/3624）

又《后汉书·续舆服志》注引《东观书》曰：

> 郡国长史、丞、候、司马、千人秩皆六百石……以上皆铜印黑绶……秩六百石者，丞、尉秩三百石。（志30/3676）

谓边郡太守属下有"候"官。两《汉书》传、志有边郡所辖候官之例，如《汉书·赵充国传》有"酒泉候奉世"（69/2980），《汉书·律历志》有"酒泉候宜君"（21上/975），《佞幸传》董贤父为云中候①。陈梦家释曰："凡此酒泉、云中皆郡名。"②又《汉书·孙宝传》："尚书仆射唐林……左迁敦煌鱼泽障候。"（77/3261）乃敦煌郡鱼泽障候也。《后汉书·郑弘传》注引《谢承书》曰：郑弘之曾祖父之"少子举孝廉，理剧东部候也"（33/1155）。盖为某郡之东部候。是皆郡候之例。郡候于汉简尤常见。近人之研究，陈梦家之撰述最为系统清楚而有理据。今引录其《汉简所见居延边塞与防御组织》③所述郡候如下：

> 边郡之防御系统，其部分之统隶关系为"太守—都尉—候—部候长—隧长"（《汉简缀述》，页38）。候之官署称候官，驻于边塞上障城之内，故候又称为障候、塞候。"候所直辖者为一段候官塞（约百里）上的若干候长与各候

---

① 《汉书·佞幸传·董贤传》：贤"父为云中候"（93/3733）。《汉书补注》本作"云中候"（93/8a）。"其实候候一字。"参见前引《秦汉地方行政制度》，页174。盖谓古人书写，常候、候不分。
② 陈梦家：《汉简所见居延边塞与防御组织》，《汉简缀述》，页48。
③ 前引陈梦家：《汉简所见居延边塞与防御组织》，《汉简缀述》，页37—95。

长所率之若干隧长。"(页 48)谓候负责候望之边塞长约百里,分为若干部,各部有候长为主官,候长领辖若干隧,隧各有隧长,隧长下领若干兵卒。候及其领辖之官兵为边塞之候望系统(页 46—63)。

候秩比六百石,有丞为副贰,属吏有掾、令史、尉史等(页 48)。

候之下又有塞尉,又称障尉。"塞尉秩二百石,月奉二千钱;障候秩比六百石,月奉三千钱,塞尉乃候的属吏,位次在候长之上,故候官下行文书皆经塞尉达于士吏、候长。"(页 51)塞尉有丞为佐官,其属吏有士吏、尉从史、尉史(页 52)。

据陈梦家之研究及所陈列之简文,结合其他文献,今或可做进一步之推论:

上引《秩律》第 446 简释文谓"中候、郡候、骑千人……秩各六百石,有丞者三百石"。此为汉初之制。又前引《后汉书·续舆服志》注引《东观书》谓候、千人秩六百石,丞秩三百石(志 30/3676)。然《后汉书·续百官志》谓将军部曲,"曲有军候一人,比六百石"(志 24/3564)。又陈梦家据居延汉简,谓"障候秩比六百石,月奉三千钱"(页 51)。是候秩有"六百石"与"比六百石"两说。疑两者皆不误,或候秩前后有变化;或候秩高者六百石,低者比六百石。一如县令秩有千石,有六百石,县长秩有四百石,有三百石者然。

候虽不治民,乃郡太守辖下与县令长同级之长吏,候有丞、塞尉为佐官,与县令长有丞、尉为佐官相同;塞尉与候之关系,同于县尉与县令长之关系。劳榦谓"候官自有尉,即障塞尉也"①。按陈梦家述塞尉,其小结曰:"塞尉介于候与候长之间,与候官同辖若干候长,为候之属官。"(页 52)谓塞尉为候之属官,盖泛指隶属于候之官员,无误。按今人述汉县廷官吏组织,再分隶属于县令长之官吏为佐官与属吏,佐官是朝廷任命之丞、尉;属吏是县令长自辟用之掾、史、属、书佐等少吏。《汉书·百官公卿表》谓县"丞、尉,秩四百石至二百石"(19 上/742)。据《尹湾汉墓简牍·东海郡吏员簿》所载②,西汉晚

---

①劳榦:《从汉简所见之边郡制度》,《劳榦学术论文集甲编》,页 183,台北,艺文印书馆,1976 年。
②前引《尹湾汉墓简牍·东海郡吏员簿》,页 79—84。

期东海郡三十八县,县丞三十八人①,县尉四十三人,其中秩四百石之县丞四人,县尉八人;秩三百石之县丞三人,县尉六人;秩二百石之县丞三十一人,县尉二十九人。以东海郡例之,全国之县丞、尉秩二百石者所占人数最多。"塞尉秩二百石",其秩级与多数县尉同。

《秩律》第469简曰:

> 县有塞、城尉者,秩各减其郡尉百石。

所谓"郡尉",盖指直属于郡之塞尉、城尉,非谓郡守之佐官郡尉(郡都尉)。盖郡守之佐官郡尉秩二千石;县辖之塞尉、城尉之秩,仅减二千石郡尉秩百石,于理不通。且秦汉官秩亦无"千九百石"者。上引文盖谓塞尉、城尉有属县,有属郡;属县之塞尉、城尉,其秩减于属郡之塞尉、城尉秩百石。此为汉初之制。其后候官与塞尉不复领辖于县,而皆直辖于郡。

前文引《汉书·孙宝传》:哀帝时,"尚书仆射唐林……左迁敦煌鱼泽障候"(77/3261)。《汉书·地理志》敦煌郡效谷,师古注曰:"本渔泽障也。桑钦说孝武元封六年济南崔不意为鱼泽尉,教力田,以勤效得谷,因立为县名。"(28下/1615)是鱼泽障有候,又有尉。鱼泽障尉盖鱼泽障候之佐官。武帝时,鱼泽障尉崔不意教民力田勤效得谷,故置县,县名为效谷。《地理志》敦煌郡有效谷县,是西汉末平帝元始时尚见在。而哀帝时尚有鱼泽障候。是效谷县与鱼泽障候官同时见在,其地置县固不碍其地同时置候官。

候不治民,《后汉书·续百官志》注引《汉官仪》谓边郡"置部〔都〕尉、千人、司马、候、农都尉,皆不治民"②。然候官所在,又有置县为县治所,故有以候官之名为县名者。如《后汉书·续郡国志》上郡十城,所列最后一城为候

---

① 前引《尹湾汉墓简牍·东海郡吏员簿》载郯县有"狱丞一人秩二百石"(页79)。此狱丞不计在内。
② 志28/3624。此条原作"部尉",当是"部都尉"之误。《汉书·冯奉世传》注引如淳曰:"《汉〔仪〕注》:边郡置都尉及千人、司马,皆不治民也。"(79/3302)又《汉书·靳歙传》注引如淳曰:"《汉仪注》边郡置部都尉、千人、司马、候也。"(41/2086)此三条所引出处或不同,实言同一事,可互相参照。

官(志23/3524)。《续郡国志》之体例,郡辖若干县,书作若干城;候官为上郡之一县。而会稽郡之一县名为东部候官①。又张掖属国所领县,有一县名候官②。《续郡国志》谓"凉州刺史部,郡国③十二,县、道、候官九十八"(志23/3521),以"县、道、候官"并列,盖有候官置县。然候官数目甚多,仅少数候官置县。如陈梦家考证居延汉简所载,张掖郡之居延都尉与肩水都尉各领辖五候官,凡十候官④。候官负责候望之边塞长约百里,凉州十二郡国之候官数目至少数十,大多数候官不置县,《续郡国志》不载,仅少数置县之候官见录。所谓候官"置县""不置县",按边郡之候官负责候望之边塞长约百里,其地皆在某县之地界内,属该县;而一县之地界内,或包含数候官候望之地及其他非候官候望之地。若某候官其后不自其所在县中析出,别置新县,此某候官为"候官不置县"。候官官署所在,皆筑城候望固守,其城即称某候官。沿边百姓为安全计,必有聚居于候官城之附近。其后,若某候官之附居百姓渐多,朝廷以该候官署之城为县城,新置一县,此为"候官置县"。若该县无新名,仍以该候官之名为县名,是为上述上郡、张掖属国所领县,皆有一县名候官之原因。若某候官别置一新县,又别有新名,如上文之敦煌郡鱼泽

---

① 《后汉书集解·续郡国志》志22/47。又参见陈梦家《汉简缀述》,页42。
② 《后汉书·续郡国志》张掖属国辖"候官、左骑千人、司马官、千人官"。点校本分"左骑千人"为"左骑""千人"(志23/3521)盖本注谓张掖属国于"安帝时别领五城",乃《集解》钱大昕之说分左骑千人为二,以凑足五城之数。见校勘记(志23/3545)。钱大昕说见《集解》志23上/40a。陈梦家释曰:"'候官、左骑千人〔官〕、司马官、千人官',则第五城应为都尉府所在。"(《汉简缀述》,页42)案以左骑千人为一官,是。左骑千人后加官字,盖谓左骑千人之官署所在,以其地置县。唯谓"第五城应为都尉府所在",则泥于本注"安帝时别领五城"之说。案都尉治所若为县城,其县名自在郡所领辖诸县名中,若都府所在非县城,则其地自不得列入《地志》之诸县。如《汉书·地理志》敦煌郡敦煌县,本注曰"中部都尉治步广候官"(28下/1614)。步广候官虽中部都府所在,然步广候官不别置县,故步广候官不列入敦煌郡所辖之六县。再者,安帝时张掖属国别领五城,不碍《续志》作者所据图版仅有四城。然《续郡国志》后文谓"凉州刺史部,郡国十二,县、道、候官九十八"(志23/3521)。今统计十二郡国之领县,仅有九十七,少一县,不知是否张掖属国漏书一县?
③ 点校本以括号加于国字,盖谓国字为衍文。案凉州十二郡国,为陇西等十郡及张掖属国、张掖居延属国,国字指属国,非衍文。
④ 前引陈梦家:《汉简所见居延边塞与防御组织》,《汉简缀述》,页71—74。

障候官之地自原所属县中析出,别立效谷县,即是其例。

传世文献及居延汉简所载之郡候,皆边郡之候;其与《秩律》所载之郡候,是否同一官,甚为难说。疑《秩律》之郡候,为汉初各郡俱有,故《秩律》仅言郡候,不言边郡。而汉初新定天下,恐各郡皆有屯驻军队以为镇压,郡兵之编制亦同将军所领军,有部曲,曲有候为长官。唯承平日久,天下无事,乃渐裁撤内郡之兵员,郡候亦见裁撤。仅边郡尚保留于边塞候望防御之候官。

(六)郡骑千人

次述郡骑千人。

上引《秩律》第446简释文谓"中候、郡候、骑千人……秩各六百石,有丞者三百石"。此汉初之制。候与骑千人之秩阶相同,又同是领兵之武官。骑千人为千人之一种,《汉书·靳歙传》注引如淳曰:"骑将率号为千人。"(41/2086)今考千人之名目,有千人、骑千人、左骑千人、左千人、折冲千人等①。若"左""折冲"为所属营部之名称②,则千人有千人及骑千人二

---

① 左骑千人、左千人详后文。陈梦家引《十钟山房印举》,谓汉印有"折冲千人印"(2.50),见前引陈梦家:《汉简所见居延边塞与防御组织》,《汉简缀述》,页43。今查《十钟山房印举》,不见此印。又查王人聪《新莽官印汇考》,有"破奸猥千人""折冲猥千人""建威猥千人"等印(见王人聪、叶其峰著:《秦汉魏晋南北朝官印研究》,页108—109、129,香港,香港中文大学文物馆,1990年)。则汉代应有"折冲千人"官。

② 以"折冲"为将军官号或营部之名者,最早见于王莽居摄时,拜阎迁为折冲将军(《汉书·翟方进传》84/3438)。至汉末灵帝时,袁术"为折冲校尉"(《三国志·魏书·袁术传》8/207)。董卓乱后,其例渐多,如曹操拜夏侯惇为"折冲校尉"(《三国志·魏书·夏侯惇传》9/267)、乐进为"折冲将军"(《三国志·魏书·乐进传》17/521)。袁术表(孙)策为"折冲校尉"(《三国志·吴书·孙策传》46/1102)。其后孙策拜太史慈为"折冲中郎将"(《三国志·吴书·太史慈传》49/1188)。孙权时,朱然"迁山阴令,加折冲校尉"(《三国志·吴书·朱然传》56/1305),甘宁拜"折冲将军"(《三国志·吴书·甘宁传》55/1294)。前引王人聪《新莽官印汇考》,有"破奸猥千人""折冲猥千人""建威猥千人"等印。破奸、折冲、建威皆将军之名号,其麾下之千人冠其长官军营之号。

种①。

上引《秩律》释文"中候、郡候、骑千人",可作二解释:其一,郡候、骑千人二词相连,骑千人为郡骑千人之简称,以省文去郡字。其二,骑千人包含中骑千人②与郡骑千人,即中都官与郡吏皆有骑千人。按今考之传世史书,似以后一说为是。考述如下:

将军所领军吏,有骑千人。《史记·靳歙传》:靳歙击秦军,"斩骑千人将一人"(98/2709)。《汉书·靳歙传》同(41/2086)。此秦之骑千人,或为某将军之属官,或隶属某郡太守,为郡骑千人。《史记·魏其武安侯列传》:灌夫父灌孟,"吴楚反时,颍阴侯灌何为将军,属太尉,请灌孟为校尉。夫以千人与父俱"(107/2845)。《汉书·灌夫传》同(52/2382)。灌夫为千人,乃将军所领校尉之属官。《汉书·王莽传》:车骑将军千人扈云(99上/4093)。师古注曰:"千人,官名也,属车骑将军。扈其姓,云其名。"(99上/4094)《后汉书·续百官志》注引《汉官仪》曰:"议者以为汉军有官候、千人、司马。"(志24/3558)盖谓汉军制有千人官,乃将军所领之军吏。

郎中令与中尉为西汉之九卿,其属官有千人或骑千人。

《史记·高祖功臣侯者年表》:汾阳侯靳彊,"以郎中骑千人"从起(18/961)。《汉书·高惠高后文功臣表》同(16/606)。汉军之郎中骑千人,当是承秦制,郎中骑千人当是郎中令之属官。又《汉书·百官公卿表》曰:

> 中尉,秦官,掌徼循京师,有两丞、候、司马、千人。(19上/732)

郎中令与中尉之属官"骑千人"或"千人"是中都官。

西域都护与属国都尉之属官亦有千人。盖此二官皆领兵,亦置军吏千人。

《汉书·百官公卿表》曰:"西域都护加官,宣帝地节二年初置,以骑

---

① 陈梦家谓"千人有'千人'与'骑千人'二种"。见前引陈梦家:《汉简所见居延边塞与防御组织》,《汉简缀述》,页43。
② 吴式芬、陈介祺《封泥考略》有"中骑千人"封泥,见严一萍编:《封泥考略汇编》1册/页103,1/45,台北,艺文印书馆,1982年。此条先见于前引陈梦家:《汉简缀述》,页43。

都尉、谏大夫使护西域三十六国,有副校尉,秩比二千石,丞一人,司马、候、千人各二人。"(19上/738)又曰:"典属国,秦官,掌蛮夷降者。武帝元狩三年昆邪王降,复增属国,置都尉、丞、候、千人。"(19上/735)

属国都尉初属典属国,为中都官之属官。其后属郡,为郡太守之属官。东汉"属国都尉。属国,分郡离远县置之,如郡差小,置本郡名"①。《续郡国志》东汉郡国凡一百五,为郡、王国与属国之和;属国"如郡差小",属国都尉领辖之千人官,后期可归类为郡吏。

郡吏有千人官,前引《史记·靳歙传》:靳歙击秦军,"斩骑千人将一人"。此秦之骑千人,或为某将军之属官,或隶属某郡守,为郡骑千人。尚不能确定此骑千人为郡吏。汉代边郡有千人官,两汉书注引汉官数言之②。如《汉书·靳歙传》注引如淳曰:"骑将率号为千人。《汉仪注》边郡置部都尉、千人、司马、候也。"(41/2086)前述属国都尉领辖之千人官,后期可归类为郡吏。西北边塞汉简简文有"千人"者凡十二条,此十二千人,陈梦家考定其中三人属居延都尉,六人属肩水都尉,三人属玉门都尉③。是皆边郡之千人官。又汉封泥有"定襄千人"④,盖为定襄郡之千人。王莽时官印有"文德左千人"印;陈梦家举此,并谓文德为王莽时敦煌郡之改名⑤。《东海郡下辖长吏名籍》有"渔阳□□左骑千人"⑥,此左骑千人盖渔阳郡之左骑千人。定襄、敦煌、渔阳亦边郡。《后汉书·续舆服志》注引《东观书》曰:"郡国长史、丞、

---

①《后汉书·续百官志》志28/3619。
②见《汉书·冯奉世传》注如淳引《汉〔仪〕注》(79/3302),《后汉书·续百官志》注引《汉官仪》(志28/3624)。此二条前引《秦汉地方行政制度》已曾引用(页105)。
③前引陈梦家:《汉简所见居延边塞与防御组织》,《汉简缀述》,页43。
④罗振玉:《齐鲁封泥集存》(22/5),收入《罗雪堂先生全集》七编,台北,大通书局,1976年,1册/39、72。此条先见于前引陈梦家:《汉简缀述》,页43。
⑤陈梦家引《十钟山房印举》2.50。参见前引陈梦家:《汉简缀述》,页44。《汉书·地理志》:敦煌郡。本注曰:莽曰敦德(28下/1614)。按《十钟山房印举》2.50之印非"文德左千人"印,当是错乱。又按前引王人聪:《新莽官印汇考》(页115—116,132),有"文德左骑千人"印。
⑥《东海郡下辖长吏名籍》,《尹湾汉墓简牍》页85第9条。参见廖伯源:《〈东海郡下辖长吏名籍〉释证》,《简牍与制度——尹湾汉墓简牍官文书考证》,页133—134,台北,文津出版社,1998年。

候、司马、千人秩皆六百石……以上皆铜印黑绶……秩六百石者,丞、尉秩三百石。"(志30/3676)此条郡国"千人",或不限于边郡。《汉书·韩延寿传》:宣帝时,延寿为东郡太守,试骑士,其属官有"千人"(76/3214)。东郡是内郡,此条可确定内郡之郡吏有千人官,惟可考者仅此一条。资料过少,难下论断。疑内郡一般不置千人,较为特殊者,屯兵多,需增加军吏,乃置千人。唯此仅是推测之辞。

上文述候、千人秩"各六百石"。陈梦家据居延汉简,谓"障候秩比六百石,月奉三千钱"(页51)。又谓"千人官、司马官,均与候官并列而稍低"(页68—69)。是候、千人秩阶相当,俱秩比六百石至六百石,然候之官职稍高于千人。请见下列汉简释文:

居延汉简454.24号简:

□子○井守候骑千□(《居延汉简释文合校》页567)

○井守候骑千〔人〕(陈梦家《汉简所见居延边塞与防御组织》,《汉简缀述》页43)

215.5号简:

□候千人竟□(《居延汉简释文合校》页345)

□□〔守〕候千人竟(陈梦家《汉简所见居延边塞与防御组织》,《汉简缀述》页43)

以千人守候。"守"者,于汉代官制有两义,其一为试用之谓。《汉书音义》曰:"试守一岁,乃为真,食其全俸。"①《秦汉地方行政制度》考谓"西汉三辅例试守称职,然后即真……三辅之县令亦皆先试守后真除也"②。《秦汉官吏法研究》谓"汉代,上至公卿,下至县令丞,均有关于试守的记载"③。此为

---

① 《后汉书·马援传》注引《汉书音义》之文(24/850)。严耕望《秦汉地方行政制度》考述已引用此文(页389)。
② 前引严耕望:《秦汉地方行政制度》,页389。
③ 安作璋、陈乃华:《秦汉官吏法研究》,页65—68,济南,齐鲁书社,1993年。

对中央任命之长官为言。其二为郡国守相权宜任命之县长吏,使暂代理县长吏之职,亦称为"守"。守职者主要为郡府属吏,出守县令长;又有以县长吏守他县令长。此所谓守者,盖"暂摄以待真令"长①。则守者之资历,低于其所守官职之真除者。上引释文以千人守候,千人官职低于候明矣。

又居延汉简564.6号简释文:"觻得骑士敬老里成功彭祖　属左部司马宣后曲千人尊"(《居延汉简释文合校》页662)。称后曲千人,按汉军制将军营下有若干部,部下有若干曲,曲之长官为候。此简文谓骑士成功彭祖,"属左部司马宣后曲千人尊",盖郡都尉比将军,其下有左部及他部,左部之下有后曲及他曲。后曲千人尊,乃后曲之军官,其官衔为千人,其名为尊。是曲之长官,候之外,又有千人②。唯千人于传世文献极少见,于简牍文书亦不多见,候则甚为常见,居延汉简尤多。疑候为曲常置之长官,千人则不常置。

上文转引《后汉书·续百官志》注引《汉官仪》,谓千人不治民;然千人官所在,又有置县为县治所,故有以千人官之名为县名者。如《后汉书·续郡国志》:武威郡十四城,其中有"左骑千人官"(志23/3520)。张掖属国所领县有"左骑千人〔官〕"及"千人官"(志23/3521)。比照上文所述某地置县固不碍其地同时置候官,某地置县亦当不碍其地同时置千人官。此左骑千人官及千人官,盖先为左骑千人与千人之城障,故名。其后百姓附居其地,人口渐多,朝廷乃于其地置县,仍用左骑千人官及千人官之名为新置县之县名。

(七)推 论

《张家山汉墓竹简·二年律令·秩律》所载朝廷任命之郡长吏,除《汉

---

① 前引严耕望:《秦汉地方行政制度》,页79—81。
② 白建钢谓"曲之长官二人,称候、千人"(页144)。见其所撰《论西汉步、骑兵的兵种、编制和战术》,收入王子今、白建钢、彭卫主编:《纪念林剑鸣教授史学论文集》,北京,中国社会科学出版社,2002年。

书·百官公卿表》及《后汉书·续百官志》所载之郡太守、郡都尉、太守丞、都尉丞外，尚有郡发弩令、司空令、轻车令、郡候、郡骑千人、郡司马、郡骑司马、卒长、塞尉、城尉等，又各有丞。是汉初朝廷任命之郡长吏，其官职与员额较之传统所知者，多出甚多；《秩律》所多出之郡长吏，全是武吏。推测为战国至秦时之建置，战国时武力争霸，各郡皆置郡兵，各有军吏若干。及秦统一，为镇压天下，且祚短，未遑改作。汉承秦制，《秩律》所载郡府之军官，盖战国秦制之遗迹。及文、景、武承平，渐裁省郡兵及军官，以后演变形成《百官表》及《续志》所述之郡府官制。

战国、秦及汉初之地方政府，郡府偏重军事，治民行政事务之重心，则在县不在郡①。其后承平，郡府军事任务渐轻，转重治民行政，尤以内郡为然。汉初郡府治民行政之属吏尚少于县廷。郡府于行政是县廷之上级单位，郡太守掌一郡之人事权，民政各事项诸曹之掾属员额增加，郡府常多于县廷，故西汉后期及东汉，郡府属吏之人数大幅超越县廷属吏之人数。

2002年8月28日初稿。2007年6月18日二稿。2008年元月16日三稿。2009年4月20日据审查意见修订。

初刊于《汉学研究》第廿七卷第四期，页61—84，台北，汉学研究中心，2009年12月。

---

① 秦及汉初地方行政之重心在县而不在郡，详廖伯源：《汉代郡县属吏制度补考》，《简牍与制度——尹湾汉墓简牍官文书考证》，页75—81。

十　汉初县吏之秩阶及其任命

（一）引　言

汉代县政府组织中，朝廷所任命之官员，即所谓长吏，为数甚少。多者有县令（长）、丞、左尉、右尉四员；或一尉，仅有县长、丞、尉共三员①；少者不置尉，仅县长、丞各一，凡二员②。《张家山汉墓竹简·二年律令·秩律》所载，朝廷任命之县吏有司空二百五十石至百六十石；田、乡部二百石至百廿石；塞尉、城尉；又有"县、道传、马、候、厩有乘车者，秩各百六十石；毋乘车者，及仓、库、少内、校长、髳长、发弩……秩各百廿石"③。是汉初朝廷任命之县廷官吏，其官职与员额较之传统所知者，多出甚多；其秩阶二百五十石、百六十石、百廿石，皆传世文献所不见。《秩律》所载为汉承秦制而建立之官秩

---

① 详严耕望：《中国地方行政制度》上编卷上《秦汉地方行政制度》，页218—221。
② 《尹湾汉墓简牍·东海郡吏员簿》所载：东海郡中，不置尉之县凡二，侯国凡十一，此十三县（侯国）各仅有长（相）一人、丞一人，凡二长吏（见连云港市博物馆、东海县博物馆、中国社会科学院简帛研究中心、中国文物研究所编：《尹湾汉墓简牍》，页79—84）。论详后文。
③ 张家山二四七号汉墓竹简整理小组编：《张家山汉墓竹简》。所引释文之页数详下文。

制度,史书所见则为景、武以后演变形成者。今考论汉初之制,推论其演变之迹。

(二) 考 述

汉代县廷官吏分为长吏与少吏二类。《汉书·百官公卿表》曰:

> 县令、长……令,秩千石至六百石……长,秩五百石至三百石。皆有丞、尉,秩四百石至二百石,是为长吏。百石以下有斗食、佐史之秩,是为少吏。(19上/742)

长吏为朝廷任命之官员,秩二百石以上,所谓朝廷命官是也。少吏则长吏所自辟除,秩百石以下,为长吏之属吏。

县廷长吏之人数,据《尹湾汉墓简牍·东海郡吏员簿》所载①,西汉末东海郡三十八县(邑、侯国),以县之大小而异。今整理如下:

> 县令一人,丞一人,尉二人,狱丞一人,凡五人。(凡一县)
> 县令一人,丞一人,尉二人,凡四人。(凡十五县)
> 县长一人,丞一人,尉一人,凡三人。(凡二县)
> 县长一人,丞一人,凡二人。(凡二县)
> 侯国相一人,丞一人,尉二人,侯家丞一人,凡五人。(凡二侯国)
> 侯国相一人,丞一人,尉一人,侯家丞一人,凡四人。(凡五侯国)
> 侯国相一人,丞一人,侯家丞一人,凡三人。(凡十一侯国)

县令、长(侯国相),县(侯国)各一人。丞,县(侯国)各一人。尉,大县(侯国)二人,小县(侯国)一人。此与传世史书所言相同,与严耕望据史书及汉碑之考证亦相同②。上引《东海郡吏员簿》有二县、十一侯国不置尉,各县(侯国)仅长(相)一人,丞一人,长吏凡二人。此则传世史书所不言,考证者

---

① 前引《尹湾汉墓简牍》,页79—84。
② 严耕望所引史书及汉碑及其考证见前引《秦汉地方行政制度》,页218—221。

忌言否定之辞①,亦不明言汉县有不置尉者。及《尹湾汉墓简牍》出土,简文谓西汉末东海郡三十八县邑侯国,有十三县侯国不置尉,可证汉县(侯国)不置尉者比例相当大。

严耕望《秦汉地方行政制度》考证汉县丞、尉,除上述一般县外,亦考其特异者。其一,京县"置员稍广"。西汉长安县丞不止一人,县尉四人;东汉洛阳县丞三人,县尉亦四人,此京县特异。西汉杜陵县丞亦不止一人,盖"三辅尤异"。其二,若干特别之县特置专某职务之丞,如阳翟县置狱丞,专掌刑狱;睢陵县置马丞,专知马政②。又《东海郡吏员簿》载郯县除县令、县丞及县左右尉外,有"狱丞一人,秩二百石"③。按据《汉书·地理志》,郯县为东海郡之首书县,郡治所在(28上/1588)。各县之重案及上诉案于郡府重审,为方便提问嫌犯,于郯县设置较大之监狱,又置秩二百石之朝廷命官一人为狱丞以主之④。

《张家山汉墓竹简·二年律令·秩律》规定诸郡县长吏及中都官之秩,其中县长吏之官秩有:

> 秩各八百石,有丞、尉者半之,司空、田、乡部二百石。(页195/简450)

> 秩各六百石,有丞、尉者半之,田、乡部二百石,司空及衡〈卫〉官、校长百六十石。(页197/简463—464)

> 秩各三百石,有丞、尉者二百石,乡部百六十石。(页202/简466)

> 田、乡部二百石,司空二百五十石。(页202/468)

> 县有塞、城尉者,秩各减其郡尉百石。道尉秩二百石。(页202/简

---

① 行文至此,忆及当年严耕望师口授考证之法,谓考证名物之有无,忌作否定之论断。盖据有限之史料,轻断必无,若他人找出一例,则考证全盘推翻。故即使汉碑有仅书县长、县丞,不书县尉之例,师必不据以言汉县有不置尉者,而以为碑文有阙或遗漏。
② 此段文字据前引《秦汉地方行政制度》,页219—220。
③ 前引《尹湾汉墓简牍·东海郡吏员簿》第79页第6条释文。
④ 参见廖伯源:《汉代郡县属吏制度补考》,《简牍与制度——尹湾汉墓简牍官文书考证》,页79,台北,文津出版社,1998年。

469)

  县、道传、马、候、厩有乘车者,秩各百六十石;毋乘车者,及仓、库、少内、校长、髳长、发弩……都市亭厨有秩者及毋乘车之乡部,秩各百廿石。(页203/简471—472)

诸县之长吏,县令(长)、丞、尉之外,又有司空、田、乡部、卫官、校长、塞尉、城尉,更有"县、道传、马、候、厩有乘车者……毋乘车者,及仓、库、少内、校长、髳长、发弩……都市亭厨有秩者及毋乘车之乡部"。其秩分二百五十石、二百石、百六十石及百廿石凡四级。按百石以下为少史,即长吏之属吏,长吏所辟除。《秩律》所载诸吏之秩,最低为百廿石,盖《秩律》规定朝廷所任命官吏之秩。百廿石以上秩之官吏应是朝廷所任命。

先言乡部。《汉书·循吏传·黄霸传》:"乡部书言"云云(89/3630)。《后汉书·樊鯈传》:"乡部吏司。"(32/1124)又《后汉书·左雄传》:雄上请"乡部亲民之吏,皆用儒生清白任从政者"(61/2018)。"乡部"于两汉皆指乡。盖县分若干乡,为县之分部。乡吏有乡有秩(啬夫)、乡佐、游徼等。《后汉书·续百官志》:

  乡置有秩……本注曰:有秩,郡所署,秩百石,掌一乡人;其乡小者,县置啬夫一人……游徼掌徼循,禁司奸盗。又有乡佐,属乡,主民收赋税。①

乡分大乡小乡,大乡置有秩一人,郡所署;小乡置啬夫一人,由县长委任。乡有秩与乡啬夫之职掌相同,掌一乡之事务。《后汉书·续百官志》所载,盖西汉后期以后之制度,谓乡有秩为郡所署,乡啬夫为县所置。《张家山汉墓竹简·二年律令·秩律》所言之"乡部",当是指乡有秩或啬夫而言,其秩多者二百石,其次百六十石,少者为"毋乘车之乡部",百廿石。

次言田部。上引《秩律》言"田、乡部二百石"者凡三。汉代田部之名,不见于史籍。战国时赵奢为"赵之田部吏",收租税(《史记·廉颇蔺相如列

---

① 《后汉书·续百官志》志28/3624。参见前引《秦汉地方行政制度》,页237—240。

传》81/2444);盖主农业之事务,登记田亩,征收田地租税。裘锡圭《啬夫初探》据云梦秦简考证,谓《法律答问》中"部佐匿者(诸)民田"之所谓"部佐"①,应是田佐,结合其他材料,因断言秦之"乡啬夫下面有乡佐、里典,田啬夫下面有部佐、田典,这是平行的两个系统"。因谓田啬夫之职掌是"总全县田地等事",又"管理假民公田的事务","督促农民进行生产"②。《秩律》"田、乡部"并言,秩皆二百石,则田、乡为平行之两系统说,似可成立,且至西汉初犹然。裘锡圭又证在西汉武帝时,"田啬夫仍然是各县普遍设置的一种重要官职",且东汉初仍有其官③。

据《秦汉地方行政制度》之研究,汉郡府列曹有田曹、劝农掾史④,县廷列曹亦有田曹⑤,又《汉书·百官公卿表》:乡有秩、啬夫"职听讼,收赋税"⑥。又《后汉书·续百官志》曰:乡佐"主民收赋税"。田租为主要之赋税项目,国家税收之大宗(志28/3624)。推测汉初县下分若干田部;其后田部省置,职事分入县廷之田曹及乡部诸吏⑦。

次言司空。上引《秩律》言县之司空有"二百五十石""二百石""百六十石"三等,盖以县大小其司空之秩有差异。汉代以司空名官者有二类:其

---

①《睡虎地秦墓竹简》戊午年本《法律问答》,页483—484,台北,里仁书局,1981年。
②裘锡圭:《啬夫初探》,收入中华书局编辑部编:《云梦秦简研究》,页248—251,北京,中华书局,1981年。
③前引《啬夫初探》,页248。
④参见前引《秦汉地方行政制度》,页131。
⑤前引《秦汉地方行政制度》,页230。
⑥《汉书·百官公卿表》19上/742。仅谓"啬夫职听讼,收赋税"。严耕望释谓"但举啬夫,不言有秩。是皆以啬夫包括有秩而言也。盖五千户之大乡甚少,故啬夫几成通制;至于有秩,乃特制耳"。见前引《秦汉地方行政制度》,页238。
⑦裘锡圭亦做类似推论。前引《啬夫初探》曰:"估计田啬夫在东汉中后期已经停止设置。《后汉书·百官志五》本注说县'诸曹略如郡员,五官为廷掾,监乡(五)部,春夏为劝农掾,秋冬为制度掾'(志28/3623)。督促农民生产本是田啬夫的任务,如果田啬夫仍在设置,似乎没有必要再有劝农掾。"(页251)

一为东汉三公之一司空,其源盖出自战国儒生之说,职掌水土之事,本文不讨论①。其二为掌刑狱之司空,是今所讨论者。《汉书·百官公卿表》中以"司空"为官名者有:

> 宗正……属官有都司空令丞。(19上/730)
> 少府……属官有……左、右司空②。(19上/731)
> 水衡都尉……属官有……水司空。(19上/735)

颜师古注宗正之属官都司空,引如淳曰:

> 律,司空主水及罪人。贾谊曰"输之司空,编之徒官"。(19上/731)

所谓司空主水,盖混淆掌水土事之司空于掌刑狱之司空。上引都司空、左、右司空及水司空皆掌刑狱及罪徒劳役之事。《史记·淮南衡山列传》:伍被说淮南王安扰乱天下之法有言:

> "又伪为左右都司空上林中都官诏狱书,逮诸侯太子幸臣。"注《集解》引晋灼曰:"《百官表》宗正有左右都司空,上林有水司空,皆主囚徒官也。"(118/3090—3091)

按晋灼所注,稍有混乱。上引《百官表》谓宗正属官都司空,少府属官左、右司空。晋灼谓"宗正有左右都司空",盖混合都司空与左右司空而言。晋灼

---

① 《后汉书·续百官志》曰:"司空……本注曰:掌水土事。凡营城起邑,浚沟洫,修坟防之事,则议其利,建其功。凡四方水土功课,岁尽则奏其殿最而行赏罚……大丧则掌将校复土。"注引《韩诗外传》曰:"……司空主土……山陵崩阤,川谷不通,五谷不植,草木不茂,则责之司空。"又引应劭《汉官仪》曰:"绥和元年,罢御史大夫官,法周制,初置司空。"(志24/3561—3562)《汉书·百官公卿表》叙曰:"《书》载唐虞之际……禹作司空,平水土……记曰三公无官……或说司马主天,司徒主人,司空主土,是为三公。"(19上/721—722)司空主水土,盖战国时说,其后汉人以为是周制。故应劭《汉官仪》曰:"法周制,初置司空。"

② 《汉书·百官公卿表》曰:"少府……属官有尚书……左右司空……东园匠十(二)〔六〕官令丞。"(19上/731)《汉书补注》钱大昭曰:"十二疑是十六。以左右司空分两官,亦是十七。"官本注:十二作十六,是(19上/15b)。点校者以左右司空为一官,自尚书到东园匠凡十六官,又采官本注之说,故改十二为十六。今以左右司空当分为二官。本文所引《汉书补注》,为台北艺文印书馆景印"光绪庚子长沙王氏校刊本"。

注又谓"上林有水司空",盖水司空属水衡都尉,水衡都尉掌上林苑。唯晋灼谓都司空、水司空及左、右司空"皆主囚徒官",则是确诂①。上引伍被所言云云,乃谓伪造都司空、水司空及左、右司空之诏狱文书,逮捕诸侯大臣,引起怨恨与混乱。盖此数官署主宗室诸侯大臣之刑狱,惯例由此数官署遣人持文书逮捕诏狱人犯。《史记·魏其武安侯列传》:魏其侯窦婴与丞相田蚡相争,武帝偏袒其舅田蚡,"使御史簿责魏其……欺谩。劾系都司空"(107/2853)。按窦婴为景帝母窦太后之侄,是所谓"宗室外家"②,故由宗正属官都司空收系。又《汉书·陈咸传》曰:

> "(陈咸)为南阳太守。所居以杀伐立威,豪猾吏及大姓犯法,辄论输府,以律程作司空,为地白木桎,舂不中程,或私解脱钳釱,衣服不如法,辄加罪笞。督作剧,不胜痛,自绞死,岁数百千人。"师古注曰:"司空,主行役之官。"(66/2901)

是司空监督刑徒服役劳作。前述之"水司空"官,推测其职掌当是监督刑徒作与水有关之苦役,如浚河、挖沟洫、筑堤防之类。

又有军司空,为军中之狱官。《汉书·杜延年传》曰:

> "(昭帝时,杜延年)补军司空。"注:"苏林曰:'主狱官也。'如淳曰:'律,营军司空,军中司空各二人。'"(60/2662)

军司空、军中司空外,又有军司空令。昭帝时,冯奉世为"前将军韩增奏以为军司空令"(《汉书·冯奉世传》79/3274)。盖为前将军营之军司空令,下领军司空、军中司空各二人,为军中之典狱官。

---

① 《史记·儒林列传》:窦太后好老子书,怒儒者辕固生贬老子书之言,曰:"安得司空城旦书乎?"《集解》:"徐广曰:'司空,主刑徒之官也。'骃案:《汉书音义》曰:'道家以儒法为急,比之于律令。'"(121/3123)按司空为狱官,城旦为秦汉徒刑之名目,窦太后怒谓"安得司空城旦书乎?"意指辕固生之言如法律书。故《汉书音义》释谓道家视儒家之言与法家之律令同类。
② 《史记·魏其武安侯列传》107/2852。西汉帝室出自社会下层,前期尚"保有相当浓厚之母系遗俗",故外戚称宗室。参见牟润孙著:《汉初公主及外戚在帝室中之地位试释》,《注史斋丛稿》,页52—61,香港,新亚研究所,1959年。

司空之职掌既明,唯上述诸司空皆京师九卿之属官或将军军营之属官,《张家山汉墓竹简·二年律令·秩律》所言之县司空则诸县之属官。史籍虽无某人任职县司空之例,而《后汉书·续百官志》注引应劭《汉官仪》曰:

> 绥和元年,罢御史大夫官,法周制,初置司空,议者又以县道官狱司空,故覆加"大",为大司空,亦所以别大小之文。(志24/3562)

直至西汉末,县道尚有狱司空。《秦汉地方行政制度》曰:县置尉曹掾史、狱司空,主士卒(页232)。又据《续百官志》公府"尉曹主卒徒转运事"(志24/3559)。因谓郡国之尉曹盖同(页135—136)。县道之尉曹、狱司空盖主县内之刑徒役作。裘锡圭《啬夫初探》谓"从秦律看,县司空主要有两方面任务,一是主管县里的土木工程等徭役,一是管理大量刑徒,让他们从事劳役"①。《秩律》作"司空",传世文献作"狱司空",或是本名司空,以其主狱徒,后习惯加狱字而称狱司空,用以区别三公之司空。

次言县吏之"传、马②、候、厩有乘车者,秩各百六十石;毋乘车者,秩各百廿石"。

"传"者,传舍吏,据《秦汉地方行政制度》所考,汉代传舍吏有传舍啬夫、门长③。"候"者谓候舍吏④,盖县置候舍,供来往百姓人客投宿。《后汉书·方术传·李郃传》:"县召署幕门候吏……使者……微服单行……观采风谣……投郃候舍。"使者夜与郃言⑤。按使采风微行,必恐人知其身份,故其非以官吏之身份投宿候舍甚明,则候舍供百姓投宿可知。传舍接待往来之官吏,候舍则供宿百姓,此或两者之分别。唯小县或仅有传舍,兼供宿往

---

① 前引《啬夫初探》,页251—252。
② 《二年律令释文》释作"传马",今分开为"传""马"。
③ 参见前引《秦汉地方行政制度》,页231。
④ 参见前引《秦汉地方行政制度》,页231—232。
⑤ 《后汉书·方术传·李郃传》:"李郃……汉中南郑人……县召署幕门候吏。和帝即位,分遣使者,皆微服单行,各至州县,观采风谣。使者二人当到益部,投郃候舍。时夏夕露坐,郃因仰观,问曰:'二君发京师时,宁知朝廷遣二使邪?'二人默然,惊相视曰:'不闻也。'问何以知之。郃指星示云……"(82上/2717—2718)。按前引《秦汉地方行政制度》已引《李郃传》以作考述(页231—232)。

来之官吏与百姓,此所以文献可见传舍甚多,候舍则极少。

"马"吏盖主马之县属吏。《秦汉地方行政制度》所考县佐官,某特别之县置马丞,主马政(页220)。至以马为名之县属吏,无考。或中叶以后省,其职并入厩吏。

"厩"吏,《秦汉地方行政制度》所考县吏有厩令史、厩啬夫、厩司御(页231)。盖主马及车驾。裘锡圭《啬夫初探》引《云梦秦简·秦律杂抄》中有厩啬夫、皂啬夫,谓"整理小组注:'厩啬夫是(县属)整个养马机构的负责人……皂啬夫是厩中饲养人员的负责人。'"又谓"皂啬夫之称不见于汉,可能已与厩啬夫并为一职"(页259—260)。

"传、马、候、厩"吏当各指其主吏而言,其中又分二等,一等为"有乘车者",秩百六十石。其次为"毋乘车者",秩百廿石。

次言县吏之"仓、库、少内、校长、髳长、发弩……都市亭厨有秩者……秩各百廿石"。

"仓"吏,《睡虎地秦墓竹简·秦律十八种》之《仓律》及《效律》载秦县之仓啬夫、仓佐、仓史①。裘锡圭《啬夫初探》据此及其他文献及汉印与封泥,考秦汉县有仓啬夫②。《秦汉地方行政制度》所考县属吏之诸曹有仓曹掾、史,主农赋,收民租(页230)。

"库"吏,《秦汉地方行政制度》所考县属吏有库啬夫,主兵戎器械(页232)。裘锡圭《啬夫初探》据出土简牍器物,考秦汉县有库啬夫、库佐,谓"库的主要任务是管理车和兵甲等作战物资"。又证秦及西汉前期县之库亦制造兵器、车器、漆器等,且利用刑徒劳作③。

---

①前引《睡虎地秦墓竹简·秦律十八种·仓律》(页318)及《效律》(页373—374)。
②前引《啬夫初探》,页258—259。
③前引《啬夫初探》,页252—256。

"少内",县属吏之少内,不见于史籍①。《睡虎地秦墓竹简·法律答问》有"县少内",【注释】谓"县少内,县中收储钱财的机构"②。又《睡虎地秦墓竹简·封诊式》"告臣"条有"少内某、佐某"云云③。《睡虎地秦墓竹简·秦律十八种·金布律》又有"少内"④。裘锡圭《啬夫初探》据此及其他资料,考秦汉县有少内啬夫,其下有佐⑤。《秦汉地方行政制度》考县属吏有少府,又称小府,其职掌"总管财政",主县廷之饷粮出纳也(页226—227)。《秩律》所载县属吏之少内,当即是少府。

"校长",上引《秩律》谓县属吏之校长有秩百六十石、百廿石两等,盖视县之大小为区分。《张家山汉墓竹简》【注释】曰:

> 校长,见于《睡虎地秦墓竹简·封诊式》的"群盗"条,《续汉书·百官志》注:"主兵戎盗贼事。"⑥(页203)

按《睡虎地秦墓竹简·封诊式》"群盗"条曰:"群盗爰书:某亭校长甲、求盗"乙、丙三人,徼巡到某山,逮捕盗丁,及斩盗戊之首级云云⑦。据此,校长为亭吏。传世文献所载亭吏有亭长、亭佐、亭候、求盗(亭父)⑧,无校长。高敏据秦简"群盗"条,谓秦之校长职掌徼巡捕盗贼,与传世文献所言亭长之职掌相

---

① 《史记·孝景本纪》:景帝中六年改官制,"以大内为二千石,置左右内官,属大内"。《集解》韦昭曰:"大内,京师府藏。"《索隐》:"主天子之私财物曰少内,少内属大内也。"(11/446—447)《汉书·丙吉传》:巫蛊之祸,皇曾孙(日后之宣帝)下狱;遭大赦,以无去处,治狱使者丙吉留养皇曾孙狱中。"后少内啬夫白吉曰:'食皇孙亡诏令。'"师古注曰:"少内,掖庭主府藏之官也。"(74/3148—3150)是京师宫内有少内之官,盖主内庭之府藏。
② 前引《睡虎地秦墓竹简》,页438。
③ 前引《睡虎地秦墓竹简》,页521—522。
④ 前引《睡虎地秦墓竹简》,页341。
⑤ 前引《啬夫初探》,页280—281。
⑥ 《张家山汉墓竹简》【注释】释县吏之校长,引"《续汉书·百官志》注:'主兵戎盗贼事。'"实是错引。盖此"主兵戎盗贼事"者,乃诸陵园之校长,非县吏之校长。(《后汉书·续百官志》"太常"条下曰:"先帝陵,每陵园令各一人,六百石……丞及校长各一人。本注曰:校长,主兵戎盗贼事。"〔志25/3574〕又《后汉书·舆服志》:"诸陵校长秩二百石。"〔志30/3676〕)虽然诸陵校长与县吏之校长两者禁捕盗贼之职掌类似,官称相同,但不可以彼校长作此校长。
⑦ 《睡虎地秦墓竹简·封诊式》,页518。
⑧ 《后汉书·续百官志》志28/3624—3625。参见前引《秦汉地方行政制度》,页240—243。

同,因断言"'校长'则可能是'亭长'的别称"①。云梦秦简中校长仅一见,不易考证。今张家山汉简数见汉初之校长,可据以证秦及汉初亭有校长,校长当即传世文献之亭长。

"群盗"条谓"某亭校长甲,求盗"乙、丙,"甲将乙等徼循"②。校长为亭吏,官职又高于求盗。《秦汉地方行政制度》考亭有两卒,或称亭父、亭公、弩父、求盗,因地不同而异③。校长、亭长皆领率求盗之亭吏,可能因时地不同而一官异名,则校长可能即为亭长,此其一。

《张家山汉墓竹简·奏谳书》《淮阳守》章:从狱史武出行新郪县公梁亭,髳长苍、求盗布、舍人余"共贼杀武于校长丙部中"。"公梁亭校长丙"与发弩赘逮捕苍,"布死,余亡不得"。苍供出受新郪县长信指使,丙、赘即释放苍。后淮阳守偃疑有奸诈,案理其事,劾髳长苍贼杀人,新郪县长信谋贼杀人,罪皆弃市。公梁亭校长丙、发弩赘"捕苍而纵之",律:纵囚,与同罪。丙、赘亦当弃市④。释文有"公梁亭校长丙""校长丙部中"之文。按"亭部"史书多见,如"渭城寿陵亭部""凤皇、黄龙所见亭部"等⑤,汉人习惯称亭之辖区为亭部。"校长丙部"即"公梁亭校长丙"所辖之亭部。校长可能是亭长之别称,此其二。

《张家山汉墓竹简·奏谳书》《江陵余》章曰:

> (汉高祖十年五月庚戌,)校长池曰:"士五(伍)军告池曰:'大奴武亡,见池亭西,西行。'池以告,与求盗视追捕武……"……军曰:"武故军奴,楚时亡,见池亭西。以武当复为军奴,即告池所……"(页216/简

---

① 高敏:《秦汉时期的亭》,收入中华书局编辑部编:《云梦秦简研究》,页310—311。
② 前引《睡虎地秦墓竹简·封诊式》,页518。
③ 参见前引《秦汉地方行政制度》,页242—243。
④ 《张家山汉墓竹简·奏谳书》《淮阳守》章,页219—220。
⑤ 《汉书·元帝纪》有"渭城寿陵亭部"(9/292)。《成帝纪》有"渭城延陵亭部"(10/305)。《哀帝纪》有"渭城西北原上永陵亭部"(11/340)。《汉书·张禹传》有"平陵肥牛亭部"(81/3350)。《后汉书·章帝纪》元和二年诏:"凤皇、黄龙所见亭部无出二年租赋……"注引《古今注》:"黄龙见洛阳元延亭部。"(3/153)《安帝纪》:延光三年,赐"凤皇所过亭部,无出今年田租……"(5/238)尚有其他亭部之例不列举。

36—48）

军发现其故奴武,即向该地亭之校长池报案,其述发现武之地为"池亭西",又曰"即告池所",是校长池任职之亭以池之名为称。《奏谳书》为法律公文,其文字应当精确,若池之上尚有亭长,不得称该亭为池亭;池当为该亭之主吏,即亭长。汉初县吏校长,当即亭长,此其三。

上文已述高敏据秦简之校长职掌与传世文献之亭长职掌相同,因断言秦简之校长为亭长。又上述《张家山汉墓竹简·奏谳书》《淮阳守》章曰:公梁亭校长率领求盗二人,徼巡到某山,捕斩群盗,则校长之职掌禁捕盗贼。上述《江陵余》章,校长池据告武为亡奴,即"与求盗视追捕武";追捕亡奴,亦属禁捕盗贼之职责。《秦汉地方行政制度》引《后汉书·续百官志》本注曰:"亭长,主求捕盗贼,承望都尉"（志28/3624）,考亭长之本职为"典武禁盗贼"（页241）。亭长、校长之职掌相同,亦皆亭吏;亭长、校长可能是一官而异名,此其四。

县吏之校长,传世文献仅见一例。《史记·彭越列传》:秦末,群雄起,众拥彭越起事。越与众约,后期者斩,因诛最后到一人,"令校长斩之"（90/2591）。拥彭越起事之众皆乡里少年,所见识之官不过乡亭小吏。所谓校长,必亭吏校长。亭之校长职掌禁捕盗贼,故彭越使校长斩最后期者以立威。据前引《秩律》,汉初之校长秩百廿石。

"髳长",《二年律令释文》【注释】曰:"髳长,《说文》:'汉令有髳长。'①"（页203）按所谓汉令,当是类似如《二年律令》之令,由朝廷颁布之令。传世文献不见髳长,髳长盖秦及汉初时官,其后官省。许慎尚见前所颁之令有髳长之文,故于解髳字时附言之。《二年律令·秩律》所言髳长,应是县吏。又前引《张家山汉墓竹简·奏谳书》《淮阳守》章,新郪县长信指使髳长苍贼杀从狱史武。髳长是县属吏无疑,髳长职掌无考。据前引《秩律》,髳长秩百廿石。

---

① 段玉裁注:《说文解字注》,九篇上/23b（页431）,据经韵楼藏版影印,台北,艺文印书馆,1966年。

"发弩",《汉书·地理志》:南郡"有发弩官"。师古注曰:"主教放弩也。"(28上/1566—1567)前引《张家山汉墓竹简·奏谳书》《淮阳守》章,掱长苍等杀从狱史武于"校长丙部中",公梁亭校长"丙与发弩赘"捕苍。发弩盖郡县武职小吏。裘锡圭引云梦秦简《秦律杂抄》"除吏律"载发弩啬夫①,并引整理小组注释谓发弩啬夫为县吏,是"统率专门发弩的士卒"。又谓传世之秦及西汉前期"发弩"半通印及封泥数见②。《地理志》谓南郡有发弩官,则郡发弩到西汉后期尚见在,县发弩仅见于秦及汉初。据前引《秩律》,县发弩秩百廿石。

"都市、亭、厨有秩者",亦皆县吏。《秦汉地方行政制度》已详考亭吏(页240—243),上文考校长可能即亭长,亦略言之,今不赘言。

"市"吏,裘锡圭引用大量官印、封泥之印文及器物上之印文、铭文、陶文,证明汉县属官有市吏。并证秦代亭吏兼管市务,盖先有亭,亭吏禁盗贼,亭之所在,治安较佳,人众会聚而成市集。至汉代亭、市分立,市吏管理有市籍者,有市籍乃得从事商业与手工业,市吏收市租,维持市场秩序,交易公平,监督手工业之生产,故手工业之产品铜器、漆器、陶器,有市吏之市印印文、铭文、陶文③。《秦汉地方行政制度》考县属吏有金曹掾、史,职"共钱布","主市租"。又引《太平御览》所载《汝南先贤传》:黄浮为濮阳令,"同岁子为都市掾,犯罪当死",浮执法不私④。是濮阳县属吏有都市掾,《秦汉地方行政制度》以为都市掾即市掾,又考市掾"职主市籍","主物价"⑤。

"厨"吏,《汉书·王莽传》:莽颁行布钱,"吏民出入,持布钱以副符传。不持者,厨传勿舍,关津苛留"。师古注曰:"厨,行道饮食处。传,置驿之舍也。"(99中/4122)又《后汉书·刘盆子传》:赤眉十余万众降光武于宜阳,"帝令县厨赐食,众积困喂,十余万人皆得饱饫。"(11/485)是宜阳县有县厨。

---

①前引《睡虎地秦墓竹简·秦律杂抄》,页403。
②前引《啬夫初探》,页280。
③前引《啬夫初探》,页262—279。
④《太平御览》268/5b。
⑤前引《秦汉地方行政制度》,页230—231。

《秦汉地方行政制度》考证县属吏,不列厨官。然其考《洪范五行传》以干支所配之诸官,为西汉中叶以后之县属吏,其中有:"未为厨官,百味悉具。"①裘锡圭引西汉前期"荣厨""厨"等半通印,封泥有"厨啬夫印"及西汉铜器铭文中有不少厨名,其中部分为县厨,因推论秦及西汉县置厨啬夫②。则汉县属吏有厨官,似可确定。

县厨官之职掌,史无明言。据《汉书·百官公卿表》:京兆尹辖下有长安厨令、丞,右扶风辖下有雍厨长、丞(19上/736)。长安厨、雍厨之职掌为供给国家官府祠祀之祭品,请见相关资料如下:

> 《汉书·霍光传》:昌邑王贺(时为皇帝)"发长安厨三太牢具祠阁室中"。(68/2940)
>
> 《汉书·郊祀志》:成帝时,丞相、御史大夫条奏"长安厨官县官给祠郡国候神方士使者所祠,凡六百八十三所"。(25/1257)
>
> 《汉书·王嘉传》:丞相王嘉谏哀帝宠幸董贤太过。"贤母病,长安厨给祠具,道中过者皆饮食。"师古注曰:"长安有厨官,主为官食。"如淳曰:"祷于道中,故行人皆得饮食。"(86/3496—3497)
>
> 《汉书·百官公卿表》:"雍厨长、丞。"注如淳曰:"五畤在雍,故有厨。"(19上/737)又《汉书·地理志》:右扶风雍县。本注曰:"有五畤,太昊、黄帝以下祠三百三所③。"(28上/1547)则雍即是雍。

长安为首都,雍有五畤及神祠二百余所,国家重大祭祀之所在,故其地厨官秩位特高,为令、长。一般县之厨官,为县属吏,其职掌当类似长安厨、雍厨,主官府祠祀祭品之供给。前引《王莽传》,师古释厨为"行道饮食处",盖县厨亦供给往来官员之饮食。官吏往来人数有限,故兼卖饮食以方便往来客商。

---

① 《秦汉地方行政制度》第五章附录:《萧吉〈五行大义〉第二十二〈论诸官〉条节钞》,其中有《洪范五行传》,因考《洪范五行传》为刘向所作,以干支配官,"所载可视为西汉中叶以后之制度……其所言以县吏为主"(页235—237)。
② 前引《啬夫初探》,页262。
③ 《汉书补注》王先谦曰:《郊祀志》:雍有百有余庙,又云旧祠二百三所。此三百,疑二百之误(28上之1/34a)。

次言县吏之塞尉、城尉。前引《秩律》曰:"县有塞、城尉者,秩各减其郡尉百石。道尉秩二百石。"按此所言"郡尉",非谓郡都尉,应指属郡之塞尉、城尉。塞尉、城尉,有属郡,为郡吏;有属县,为县吏。属县之塞尉、城尉,其秩各减属郡之塞尉、城尉百石。县有蛮夷者曰道,属道之塞尉、城尉,秩位最低,仅二百石。城尉极少设置,史书不一见。《居延汉简》有"张掖肩水城尉"(10.29)①,陈梦家详细考证汉边郡之城尉,谓城尉乃都尉辖下屯兵系统之官员,为一城之长②。

至于塞尉,陈梦家考居延汉简所见之边塞防卫组织,谓候、塞尉、侯长等为都尉所辖之候望系统官员③,其文曰:

> "每一候官统辖一个(段)塞,其长为候(或称障候、塞候),而塞尉为其属官,副为候丞与塞丞;候与塞尉一同统辖几个部,其长为候长,其副或属吏为候史,而士吏是塞尉属吏遣驻于部的。""塞尉秩二百石,月奉二千钱;障候秩比六百石,月奉三千钱。""士吏、候长都是月奉一千二百钱。"④

候秩比六百石,其阶级略等于县令长,塞尉秩二百石,略等于县尉。候与塞尉之关系,类似县令长与县尉之关系。《二年律令释文》【注释】曰:"《汉书·匈奴传》注引汉律:'近塞郡皆置尉,百里一人,士吏⑤、尉史各二人。'"(页203)《后汉书·续百官志》曰:"边县有障塞尉,本注曰:掌禁备羌夷犯塞。"(志28/3625)一曰郡置塞尉,一曰边县有障塞尉,盖候及塞尉得比县令长与县尉,而统于郡都尉。

---

①谢桂华、李均明、朱国炤合校:《居延汉简释文合校》。
②陈梦家:《汉简所见居延边塞与防御组织》,《汉简缀述》,页45—46、69。
③前引陈梦家:《汉简缀述》,页69。
④前引陈梦家:《汉简缀述》,页52、51、53。原文无"(或称障候、塞候)",作者所加。
⑤《汉书·匈奴传》作"士史"(94上/3766),误。《二年律令》释文【注释】照引。按当作"士吏","士吏"于汉简中多见。陈梦家谓"据《汉律》,塞尉下置士吏、尉史各二人"。不言出处,亦不辨《匈奴传》注所引汉律之误,盖以其误不必辨(见前引陈梦家:《汉简缀述》,页51—53)。又《二年律令》释文【注释】引《匈奴传》注之汉律:"近塞郡皆置尉。"漏引"皆"字。今引文据以补正。

前考述为汉北边之塞尉、城尉。然《张家山汉墓竹简·二年律令·秩律》谓"县有塞、城尉者……"云云，似非仅指边塞县而言。内郡之县，若县治之外尚有城，或亦置城尉。而县内有险要隘口，遣兵屯守者，或亦置塞尉。秩律之文意，或是指此而言，然传世文献无征，不敢多言。

《汉书·百官公卿表》与《张家山汉墓竹简·二年律令·秩律》所载县吏秩级比较表

《汉书·百官公卿表》及《秦汉地方行政制度》所考		《张家山汉墓竹简·二年律令·秩律》	
秩级	官名	秩级	官名
千石至六百石①	县令	千石、八百石、六百石	县令
五百石至三百石②	县长	五百石、三百石	县长
四百石至二百石	县丞、县尉	四百石、三百石、二百石	县丞、县尉
百石	尉曹(掾) 狱司空	二百五十石、二百石、百六十石	司空
百石 斗食	乡有秩 乡啬夫	二百石、百六十石 百廿石	乡部(有乘车者) 乡部(毋乘车者)
百石	田曹(掾)	二百石	田部
佐史	亭长	百六十石、百廿石 百廿石	校长亭吏
斗食 斗食	传舍啬夫 门候史 厩令史、厩啬夫	有乘车者百六十石，毋乘车者百廿石	传吏 马吏 候吏 厩吏

---

① 《汉书·百官公卿表》："成帝阳朔二年除八百石……秩。"（19 上/743）
② 《汉书·百官公卿表》："成帝阳朔二年除……五百石秩。"（19 上/743）

续表

《汉书・百官公卿表》及《秦汉地方行政制度》所考		《张家山汉墓竹简・二年律令・秩律》	
秩级	官名	秩级	官名
百石	仓曹掾	百廿石	仓吏
斗食	库啬夫	百廿石	库吏
百石	少府	百廿石	少内
		百廿石	髳长
		百廿石	发弩
百石	金曹掾、市掾	百廿石	市吏
		百廿石	厨吏

（三）推　论

《张家山汉墓竹简・二年律令・秩律》所载诸官吏,秩最低者百廿石。按吏秩百石以下,长吏得自辟除,不必上请。吏秩高过百石者,长吏得上书朝廷,批准乃得任用。则秩百廿石以上吏,皆朝廷所任命,即所谓朝廷命官。《秩律》所载者为朝廷命官之秩,长吏自除之百石以下吏秩,不在其内。上文考《秩律》所载县属吏,即乡部、田部、司空、"传、马、候、厩",及"仓、库、少内、校长、髳长"等官,乃日后县廷诸曹掾史及乡亭吏,据传世文献,其秩最高百石;然《秩律》载其秩高者二百五十石,其次二百石、百六十石,最低者百廿石。则汉初县廷各分职部门之主管官吏,乃至乡、亭之主吏,皆朝廷所任命。

传统以为县属吏为郡县长吏自行辟除①,此实西汉中叶以后形成之制

---

① 县属吏多由县长吏辟除,唯县属吏中秩位最高之官有秩、乡有秩,则郡所署。《后汉书・续百官志》曰:"乡置有秩……本注曰:有秩,郡所署,秩百石,掌一乡人;其乡小者,县置啬夫一人。"(志28/3624)参见前引廖伯源:《汉代郡县属吏制度补考》,《简牍与制度——尹湾汉墓简牍官文书考证》,页82—83。

度。《张家山汉墓竹简·二年律令·秩律》显示汉朝初年之制度：县廷各分职部门之主管官吏，乃至乡、亭之主吏，皆由朝廷任命。推测此制自郡县制初始，即已形成。盖初置郡县时，为春秋时代之后期①，诸侯国小，郡县少，国君任命郡县长官外，又任命郡县政府各分职部门之主管官吏，令其辅助郡县长吏治理地方；亦所以掣肘郡县长吏，防备其权力过大，以免尾大不掉。至秦灭六国，此制已行之数百年。始皇统治天下，郡县多至千，任命及于县吏，其事极繁剧，始皇好权势，不以为苦，秦祚短促，其事不得改革。汉承秦制，故汉初仍行之不替。

推测此制初行，国君任命地方官吏，朝臣皆可推荐人才。及战国时期国家规模扩大，郡县渐多，任命之员额日多而事繁，至天下一统，更多更繁。国君、皇帝任命郡县吏之员额众多，任命必趋向依赖郡县长吏之推荐。其任命之程序，渐形成郡太守提名推荐，朝廷核准，颁布任命之诏令。郡领县十余，多者数十，县各有若干乡，乡部、田部、司空、"传、马、候、厩"，及"仓、库、少内、校长、髳长"等县吏人数太多，郡太守或请诸县令长初选，复核之后，再呈上朝廷。后又以用人得经朝廷核准同意，手续烦琐，渐不复上请，而径以百石之秩任用，盖郡县长吏得自辟除百石以下属吏。郡太守自除郡属吏及诸县之有秩，放任县令长自除其余之县属吏。此所以史书所见郡县属吏秩最高不过百石。其发展一如公府掾属之任用：

> 太尉……掾史属二十四人。本注曰：《汉旧注》东西曹掾比四百石，余掾比三百石，属比二百石，故曰公府掾，比古元士三命者也。或曰，汉初掾史辟，皆上言之，故有秩比命士。其所不言，则为百石属。其后皆自辟除，故通为百石云。（《后汉书·续百官志》志24/3558）

公府掾属与郡县属吏之任用由长吏上请朝廷任命，转变为长吏自辟除，当同步发展；其始当在汉初黄老之治流行之时，朝廷以少事为尚，放任公卿郡县自为。又公卿府与郡县之属吏皆秩百石以下，节省吏员俸给之支出甚多，亦

---

① 严耕望：《郡县制度渊源论略》，见前引《秦汉地方行政制度》，页1—7。

当为朝廷所乐见，故不限制长吏自辟属吏。然其转变必非短期完成，盖自然发展，渐成习惯，经数十百年之后，乃成制度。所以迟至西汉后期，仍有朝廷任命之郡属吏。如《汉书·循吏传·黄霸传》曰：

> 黄霸……后复入谷沈黎郡，补左冯翊二百石卒史，冯翊以霸入财为官，不署右职，使领郡钱谷计。（89/3627—3628）

黄霸为左冯翊属吏，然其秩二百石，乃朝廷命官。是为前期郡县属吏秩高者由朝廷任命制度之遗迹。

汉初官吏，秩百石以下为少吏，百廿石以上为长吏。其后郡县属吏自辟除，皆百石以下，不复有秩百廿石及百六十石之官。长吏最低之秩乃定为比二百石。

2002年7月3日初稿。8月6日二稿。曾于2002年8月13日在西安召开之"中国秦汉史研究会第九届年会暨国际学术讨论会"中宣读。

初刊于《中国中古史研究》第一期，页1—22，台北，兰台出版社，2002年9月。

十一　酂侯国及雍县考

（一）引　论

《张家山汉墓竹简·二年律令·秩律》①以县令长秩之高下，分汉县为五等，其中第一等见释文如下：

"栎阳、长安、频阳、临晋、成都、□雒、雒阳、酂、云中、□□□□、新丰、槐里、雎、好畤、沛、郃阳"诸县，其令"秩各千石，丞四百石"。（页193/简443—444）

所列除不可辨识之数字外，汉初县令秩千石之县，其县名隶定者凡十四②，其中有"雎"县。"雎"字，《张家山汉墓竹简》释文【注释】曰：

---

① 张家山二四七号汉墓竹简整理小组编：《张家山汉墓竹简》。
② "□雒"不计在此十四县之中，盖不知其县名。《张家山汉墓竹简》释文【注释】曰："□雒"，"缺字疑为'上'。上雒，属弘农郡。"见前引《张家山汉墓竹简》，页193。按《秩律》后文有"上雒"（页196），则此处□雒之□不应为"上"字，否则《秩律》所列诸县，上雒重出。

睢,字左从"且",应即"酁",今写作"鄑",属沛郡。①

据《张家山汉墓竹简》之图片,此字写作"⿰月"(原简文请见附录一)。【注释】谓是沛郡鄑县之"鄑"字。疑此说谬误。按《张家山汉墓竹简·二年律令·秩律》下文第 449 简有"鄑、赞"二县(原简文请见附录二)②。【注释】注前者曰:"鄑,属沛郡。"注后者曰:"赞,又名鄑国,属南阳郡。"(页 196)《秩律》列天下县长吏之秩,同一县不应重出。简 449 之鄑县属沛郡,则简 443 之"⿰月"县不得为沛郡之鄑县。"⿰月"字非酁字。

上引《秩律》释文之"睢"字,【注释】曰:"睢,字左从'且'。"检查图版,⿰月字之左边漫漶,右边为"隹"。今推测⿰月为"雍"字。《说文》:"雝,从隹,邕声。"注曰:"于容切……隶作雍。"③何琳仪著《战国古文字典——战国文字声系》④曰:"雝,从隹,㕣声……即雝之初文。"(页 403)其所列甲骨文、金文及简帛文字之例,时代较近张家山汉简者,为睡虎地秦简,雝写作"雝"(页 403)。雝字与睢字之字右皆从"隹";雝字之左边为上下两口,睢之字左为且,雝与睢两字容易混淆。简文⿰月字之字左漫漶,释文者释该字之左边为且,故释⿰月字为睢字。若⿰月字之左边作"㕣",则"⿰月"字为"雝"字,即"雝"字,隶书作"雍"。

(二)萧何封国在沛郡

《张家山汉墓竹简》之释文【注释】谓"⿰月"即沛郡之鄑县。前已证其非是。《汉书·地理志》有两鄑县:一在沛郡(28 上/1572),一在南阳郡,在南

---

①前引《张家山汉墓竹简》,页 194。
②前引《张家山汉墓竹简》,页 195/简 449。
③段玉裁注:《说文解字注》,四篇上/28a(页 144)。
④何琳仪:《战国古文字典——战国文字声系》,北京,中华书局,1998 年。按同事颜世铉兄提示此书,并影印相关数页见赐,感激不尽。

阳郡者为侯国(28上/1563)。此又牵涉萧何所封鄸侯国所在,及鄸字之古体及音读问题。《史记·萧相国世家》曰:

> "(萧何)封为鄸侯。"《集解》瓒曰:"……孙检曰'有二县,音字多乱。其属沛郡者音嵯,属南阳者音赞'。按……嵯旧字作'酂',今皆作'鄸',所由乱也。"(53/2015—2016)

《地理志》沛郡及南阳郡皆有鄸县,然《说文》二县名不同:

> 鄸……从邑,赞声,南阳有鄸县。(六篇下/24a〔页286〕)

> 酂,沛国县,从邑,虘声,今鄸县。注曰:"谓本为酂县,今为鄸县,古今字异也。"(六篇下/45b—46a〔页297〕)

沛郡及南阳郡皆有鄸县,萧何之封国究在何处?《说文》段玉裁注南阳郡鄸县曰:

> 《汉地理志》南阳郡鄸侯国。孟康曰:音赞。按南阳县作鄸,沛郡县作酂。许(慎)二字画然不相乱也……萧何始封之鄸,《茂陵书》、文颖、臣瓒、颜师古、杜佑皆云在南阳。江统、戴规、姚察、李吉甫、今钱氏大昕皆云在沛。在沛说是也。始封于酂,高后乃封之南阳之鄸与筑阳,文帝至莽之鄸侯皆在南阳。故《地理志》于南阳云鄸侯国,而沛郡鄸下不云侯国。为在沛者不久也。诸家所传班固作泗水亭高祖碑云:"文昌四友,汉有萧何,序功第一,受封于酂。"以韵求之,可以不惑。(六篇下/24a〔页286〕)

因沛郡酂县之"酂"字写作鄸,南阳郡又有鄸县,史书不言萧何封国之所属郡,故引起注史者辨萧何封国为沛郡之鄸县,抑南阳郡之鄸县。有二说:其一为南阳郡之鄸县;其二为萧何封沛郡之鄸,后嗣国绝,绍封于南阳郡之鄸县。

《汉书·萧何传》曰:

> (萧何封鄸侯,)孝惠二年,何薨……子禄嗣,薨,无子。高后乃封何

夫人同①为酂侯,小子延为筑阳侯。孝文元年,罢同,更封延为酂侯。(39/2012—2013)

萧何为汉第一功臣,故其后嗣数次国绝,不久又得绍封。最后一次绍封在成帝永始七年,封何六世孙喜为酂侯,传国至王莽时②。《汉书·地理志》南阳郡酂县为侯国,沛郡酂县不云侯国。萧喜所封在南阳郡。又上引《萧何传》萧何夫人为酂侯,小子延为筑阳侯,师古注曰:"酂及筑阳皆南阳县也。"(39/2013)酂与筑阳相隔三十里③。萧何夫人所封酂国亦在南阳郡。二说对此皆无异言,二说之不同,为萧何封为酂侯时,一谓其国属沛郡,一谓属南阳郡。

谓萧何所封酂侯国属沛郡者,其证据有二。其一是班固所作《泗水亭高祖碑》中,何、酇二字押韵。上引《说文》段注曰:

诸家所传班固作《泗水亭高祖碑》云:"文昌四友,汉有萧何,序功第一,受封于酇。"以韵求之,可以不惑。(六篇下/24a〔页286〕)

"受封于酇"之"酇"字,诸家所引或作酇,或作酂:杜佑《通典》引作酇④,《说文》段注引作酇,钱穆《史记地名考》引作酇⑤,钱大昕《廿二史考异》引作酂⑥,《汉书补注》吴卓信引作酂⑦。按此字之作酇、作酂,关系甚大。盖若班固碑文原作酇,则班固所指确定为沛郡之酂〔酇〕。若碑文作酂,则其所指并不确定,可能指沛郡之酂〔酇〕,亦有可能指南阳郡之酂〔赞〕,虽然酇与何字押韵,"受封于酂"之酂字指沛郡酇字之可能性较大。按《全后汉文》班固

---

①《史记·高祖功臣侯者年表》曰:"(惠帝)二年,懿侯同元年。同,禄弟。"又曰:"(文帝)元年,同有罪,封何小子延(为筑阳侯),元年。"(18/892)与《汉书》异。又《史记·萧相国世家》述何后嗣事甚简,不言同、延事(53/2020)。
②《汉书·萧何传》(39/2012—2013)及《汉书·高惠高后文功臣表》(16/541—544)。
③见杜佑撰:《通典》卷177/页943下。又《汉书·地理志》:南阳郡有酂侯国、筑阳县(28上/1563—1564)。参见谭其骧主编:《中国历史地图集》第二册,页22—23。
④前引《通典》卷177/页943下。
⑤见钱穆:《史记地名考》22/679—680,香港,太平书局,1962年。
⑥见钱大昕:《廿二史考异》4/66,日本京都,中文出版社,1980年。
⑦《汉书补注》引吴卓信之言(28上之2/45)。本文所引《汉书补注》,为台北艺文印书馆景印"光绪庚子长沙王氏校刊本"。

《十八侯铭》作"酇"。《十八侯铭》之"酇侯萧何"铭后注曰:"《通典》一百七十七引下四句,以为《泗水亭高祖碑》。知此十八铭皆碑中语也。"①按此以何、鄌二字押韵为证据,并非明确指出萧何之封国属沛郡。恐非强证。

其二是江统《徂淮赋》云:

> 戾鄌城而倚轩,实萧公之故国。②

按江统所言,甚为明确。然江统西晋人,离汉初已远,其说不言所本,亦非强证。颜师古注《汉书》时,已见说者持江统《徂淮赋》为证,乃斥谓"此乃统之疏谬,不可考核"(《汉书·高帝纪》1下/72)。

上引《说文》段注谓持萧何封沛郡酇之说者,有"江统、戴规、姚察、李吉甫"、钱大昕等人,段玉裁亦赞同此说。此说之提出,始于戴规。《通典》曰:

> 近代戴规《辩字》③,与姚察《训纂》④,傍将众说,俱因此论。规即断云:何封沛之鄌,夫人封南阳之酇。⑤

戴规《辩字》、姚察《汉书训纂》及李吉甫之说,今皆不得见。钱大昕之说,见其所著《廿二史考异》卷四,释《史记索隐》之言:

> 【索隐】云:"萧何初封沛之酇,音赞。后其子续封南阳之酇,音嵯"(《史记·三王世家》60/2107)也。案……小司马谓何初封沛,后嗣改封南阳。最为有据。(4/66)

司马贞于《史记索隐》所云,就萧何及其后嗣之封地言,正是前此戴规、姚察

---

① 按《全后汉文》载"十八侯铭",十七侯各有八句,陈平则仅有六句。见严可均校辑:《全上古三代秦汉三国六朝文》,《全后汉文》26/4—6(页613—614),北京,中华书局,1958年。
② 前引《通典》卷177/页943下。《全晋文》载江统《徂淮赋》仅此二句,注谓辑自《通典》。见前引《全上古三代秦汉三国六朝文》,《全晋文》106/1a(页2066)。
③《隋书·经籍志》(32/943)及《旧唐书·经籍志》(46/1986)有"《辩字》一卷,戴规撰"。《新唐书·艺文志》有"《辨字》一卷,戴规撰"(57/1448)。
④《隋书·经籍志》(33/954)、《旧唐书·经籍志》(46/1988)及《新唐书·艺文志》(58/1454)皆有"《汉书训纂》三十卷",陈史部尚书姚察撰。
⑤ 前引《通典》卷177/页943下,《州郡》七,"襄阳郡谷城"条。

等人之说。然司马贞谓沛、南阳二"酂"之读音，则与《说文》及戴规等人所说相反。钱大昕引《说文》纠正司马贞之酂字读音错误。而谓司马贞所言"何初封沛，后嗣改封南阳。最为有据"。钱大昕所举之证据仍是上文所引之班固《泗水亭高祖碑》"十八侯铭"。

又清人吴卓信①，近人钱穆②，亦持萧何封沛郡酂，后嗣改封南阳酂之说。

别一说为萧何封于南阳郡之酂县。臣瓒、郦道元、颜师古、杜佑、赵一清持此说。《汉书·高帝纪》师古注曰：

> 臣瓒曰："《茂陵书》何封国在南阳。酂音赞。"师古曰："瓒说是也。"（1下/71）

此说之证据是《茂陵书》明谓萧何国在南阳。杜佑谓"《茂陵书》在武帝崩日，去何不远，指事为亲"③。意谓《茂陵书》之著作年代在武帝崩日，离汉初较近，故其书之史料价值较高。郦道元《水经注·沔水注》谓酂县，"汉高帝五年，封萧何为侯国也"④。沔水流经之酂县属南阳郡。清人赵一清作《水经注释》，亦采萧何封国在南阳之说⑤。杜佑又以情理推测曰：

> 又何本传：（萧何）子禄薨，无子。高后封何夫人同为酂侯，小子延为筑阳侯。孝文元年，罢同，更封延为酂侯。寻筑阳距酂三十余里。若唯夫人封酂，则小子延独继其母。予谓不然也。鲍至《南雍州记》云：城内见有萧相国庙，相传谓为城隍神。远近而推，《茂陵书》亦可依矣。（《通典》177/页943下，《州郡》7）

杜佑意谓若萧何不封南阳酂，其夫人与小子延绍封于南阳，延独继其母，于

---

①《汉书补注》引吴卓信之言（28上之二/45）。其言皆袭前人之说，并无新意。
②见前引钱穆：《史记地名考》22/679—680。
③前引《通典》卷177/页943下，州郡7，"襄阳郡谷城"条。
④王先谦合校：《王氏合校水经注》28/3b，《四部备要》本，台北，中华书局，1970年台二版。
⑤前引《王氏合校水经注》30/13。

情理不合。按汉列侯绍封徙国,其事多见①。萧何子禄无子国绝,高后别封何夫人与延,非必封于萧何之故国不可。

其次杜佑谓南阳酂"城内见有萧相国庙,相传谓为城隍神"。又师古谓"南阳酂……今为襄州阴城县,有酂城,城西见有萧何庙"②。两者之意同,皆欲用以证明萧何初封在南阳酂。实则不可作为证据。盖萧何后嗣封国在南阳酂,说者皆无异议。萧何以功封侯,为酂侯国之始祖,后之酂侯,皆何子孙,以何有大功于汉,乃得绍封。故无论萧何初封是否在南阳,其后嗣既绍封于南阳,则萧何庙立于南阳乃理所当然。

颜师古、杜佑等人谓萧何及其后嗣之酂侯国,皆在南阳之酂县,其证据仅《茂陵书》谓"何封国在南阳,酂音赞"。唯此一证据文意明确,其书之年代又离萧何为近,是为强证。远胜萧何初封于沛酂之二证据。

萧何初封在南阳郡抑沛郡,两说各有证据,然皆不足以下定论。今《张家山汉墓竹简》出,增新证据:前引《二年律令·秩律》简449之释文,有"酂、赞"二县,【注释】曰:"酂,属沛郡","赞,又名酂国,属南阳郡"(页196)。《二年律令》颁布于高后二年,则汉初时沛郡鄌县之"鄌"字已书作酂。

今推测萧何初封沛郡之鄌县,时鄌已习惯写作酂,行政文书写作萧何封"酂侯"。《汉书·高惠高后文功臣表》谓"(萧何薨,)孝惠三年,哀侯禄嗣,六年薨,亡后。高后二年,封何夫人禄母同为侯"(16/541—542)。前文所引《汉书·萧何传》详其事,谓高后封何夫人为酂侯,少子延为筑阳侯。师古注谓"酂及筑阳皆南阳县也"。何夫人所封酂侯国,本南阳郡之赞县,因封为酂侯国而改赞为酂,然其音读仍作赞,故上引《说文》谓南阳酂音"赞声"。萧何夫人同封酂侯在高后二年,与《二年律令》之颁布同一年,其封侯之时间或迟

---

①汉列侯徙封,其事多见。即以萧何之后人而言,酂侯萧则有罪免,景帝二年,"以武阳县户二千封何孙嘉为列侯"(《汉书·萧何传》39/2012)。《汉书补注·高惠高后文功臣表》先谦曰:"武阳,东海县。"(16/11b)《汉书·地理志》东海郡有武阳侯国(28上/1588)。

②《汉书·高帝纪》注,1下/71—72。

于《二年律令》颁布之时间。此所以《二年律令·秩律》中,南阳郡赞县仍书作"赞",与沛郡之酂县写作"酇"不同。其后,南阳郡赞县改作酇侯国,故《汉书·地理志》沛郡酂县与南阳郡赞县皆写作"酇"。

(三)《秩律》列一等县

上文已证《二年律令·秩律》简443之"▊"县不得为沛郡之酂县。"▊"字非酇字。酂字于汉代写作酇,则"▊"字非酂字。上文从文字之结构推测"▊"字应是"雍"字;今又从《秩律》之前后文意及相关之历史背景,辨证"▊"为内史之雍县。

《张家山汉墓竹简·二年律令·秩律》显示汉初高后时,天下诸县以其长吏秩之高下分为五等。其秩分别为:(一)"秩各千石,丞四百石。"(二)"秩各八百石,有丞、尉者半之。"(三)"秩各六百石,有丞、尉者半之。"(四)"秩各五百石,丞、尉三百石。"(五)"秩各三百石,丞、尉者二百石。"

第一等县仅十余,除数字不可辨识外,释文释为"栎阳、长安、频阳、临晋、成都、□雒、雒阳、酆、云中、新丰、槐里、雎、好畤、沛、郃阳"等县。此十余县列入第一等,其理由或是为京师所在,或为高祖故乡,或为天子祭祀天地山川神鬼之地,或为人多地广之大县,详言如下:

其一,栎阳、长安、洛阳,为京师所在,或曾为京师所在。汉二年,汉王都栎阳(《汉书·高帝纪》1上/33)。至汉五年,灭项羽,二月甲午,汉王即皇帝位于定陶,"西都洛阳"(1下/54)。五月,娄敬说高祖,谓都洛阳不如都关中,张良亦以为然,高祖即日"车驾西都长安"(1下/58)。按所谓"西都长安",盖以后事为言。高祖西迁关中,初尚都栎阳,故六年,"上归栎阳,五日一朝太公"(1下/62)。然以栎阳不宜为都,乃别营新都于长安;颜师古谓"长安本秦之乡名"(1下/58)。于五年之后九月,治长乐宫(1下/58)。据

《三辅黄图》,长乐宫乃秦之兴乐宫,始皇所造①。高祖于五年五月西迁关中,后九月修治长乐宫,则于西迁之后数月,即决定营治长安为新都,先修秦之兴乐宫,又于其西侧新建未央宫。七年二月,未央宫之东阙、北阙、前殿,及武库、大仓已大致完工,高祖乃"自栎阳徙都长安"(1下/64)。

其二,高祖"沛县丰邑中阳里人",颜师古谓丰为"沛之聚邑"(1上/1)。按秦时沛县属泗水郡,高祖改泗水郡名为沛郡,辖有沛县、丰县等(《汉书·地理志》28上/1572)。盖分割沛县之丰,别为丰县。上引《秩律》载汉初第一等县有沛、酂,【注释】谓"酂,即丰"②,盖以高祖之故乡得列入第一等县。至于新丰县,以太上皇思恋故土,乃于汉七年徙丰邑之故人,置于骊山之南之骊邑,修治屋室街市,一如丰邑,以解太上皇之乡愁。及十年七月,太上皇崩,"更命骊邑曰新丰"③。新丰初属内史,中属右内史,后属京兆尹。

沛县、丰县为高祖之故乡,新丰则新建为太上皇养老之地,三县皆以此特异,列入为第一等县。

其三,县隶属于内史,地近京师。《秩律》所列第一等县,除上述长安、栎阳、新丰外,尚有频阳、临晋、槐里、好畤、郃阳五县属内史。此五县列入第一等县之原因不明。唯知其县名之第一等县仅十四,其中有八县属内史,则在内史之县以地近京师,或有离宫禁苑之类之皇家重地在其中④,故特重其县令之职。

其四,人口众多之大县。《秩律》所列第一等县,有成都。《汉书·地理志》曰:成都为蜀郡之首县,郡治所在,"户七万六千二百五十六"(28上/

---

①《三辅黄图》卷一:"兴乐宫,秦始皇造,汉修饰之,周回二十余里,汉太后常居之。"陈直校证:《三辅黄图校证》,页11。
②前引《张家山汉墓竹简》,页193—194。
③《史记·高祖本纪》注《正义》:"丽邑……《括地志》云:'……太上皇时凄怆不乐,高祖窃因左右问故,答以平生所好皆屠贩少年,酤酒卖饼,斗鸡蹴踘,以此为欢,今皆无此,故不乐。高祖乃作新丰,徙诸故人实之。太上皇乃悦。'按:前于丽邑筑城寺,徙其民实之,未改其名,太上皇崩后,命曰新丰。"(8/387)又参见《汉书·地理志》28上/1543。
④如槐里县,《汉书·地理志》:"右扶风……槐里。"本注曰:"有黄山宫,孝惠二年起。"(28上/1546)

1598)。按西汉县邑一千三百一十四,道三十二,侯国二百四十一,凡一千五百八十七;天下"民户12,233,062"(28下/1640),平均每县有七千七百零八户。成都县户数几为平均数之十倍,较不少边郡之户数为多。长安为首都,长安县有户八万八百,仅稍多成都县四千余户。《地理志》之户口数为平帝元始二年时数,汉初户口数必少于是。然以后推前,成都县人口众多,为汉初之一等大县,可以断言。《秩律》列成都县为第一等县,其原因甚明。

其五,云中亦列为第一等县。云中为云中郡之首县。云中边郡,全郡仅有"户三万八千三百三"(28下/1620)。云中何以得列为第一等县,不知其原因。

(四) 雍 县

《秩律》简443所列之第一等县又有"𩫖"县,释文作"睢"县,释文【注释】谓是沛郡之䣙县。上文已证其误,并推测当是内史之雍县,今再申论如下:

《汉书·地理志》曰:

"右扶风……雍"。本注曰:"秦惠公①都之。有五畤,太昊、黄帝以下祠三百三所②。橐泉宫,孝公起。祈年宫,惠公起。棫阳宫,昭王起。"(28上/1547)

《汉书补注·地理志》释"五畤"曰:

先谦曰:《渭水注》雍有五畤,以上祠祀五帝。《封禅书》:"惟雍四畤,上帝为尊。"(《史记》28/1376)……《后汉书·冯衍传》注引《史记》云:秦并天下,祠雍四畤,汉加黑帝,谓之五畤③。(《汉书补注·地理

---

① 《汉书补注》王念孙以为惠公当是德公之误(28上之一/34a)。
② 《汉书补注》先谦曰:《郊祀志》:雍有百有余庙,又云旧祠二百三所。此三百,疑二百之误(28上之1/34a)。
③ 《后汉书·冯衍传》传注(28下/990)所引乃《史记·封禅书》:汉二年,汉王问"秦时上帝祠何帝。对曰:'四帝,有白、青、黄、赤帝之祠。'"高祖乃立黑帝祠(《史记》28/1378)。

志》28 上之 1/34a)

是雍曾为秦都,有宫殿,城池必甚坚厚。而自秦时已集中天地神鬼之祠二百余所于雍,岁时奉祠。故于雍专置厨长、丞,供给国家祠祀之祭品。《汉书·百官公卿表》曰：

> 雝厨长、丞。注如淳曰："五畤在雝,故有厨。"(19 上/737)

雝即是雍。西汉置厨令、长者仅二县,是为长安厨令、丞及雍厨长、丞①。是雍县地位重要,雍令为地方长官,其职必因此较常令为剧。雍或以此而得列第一等县。此亦所以推测《秩律》简 443 之"𠂎"县为内史之雍县。

（五）结　论

《张家山汉墓竹简·二年律令·秩律》所列高后二年汉廷直辖之诸县名,其中有"𠂎"县。释文释此字为"雎",释文【注释】谓此字即"酇"字,酇县即鄼县,属沛郡。按《秩律》别有沛郡之鄼县,《秩律》中同一县不应重出,𠂎县不得为鄼县。今据简文图片文字,又从《秩律》之前后文意及相关之历史背景,辨证"𠂎"为内史之雍县。

高祖封萧何为酇侯。酇侯国所在,魏晋以下有二说,一谓属沛郡,一谓属南阳郡;二者证据皆不足下定论。《秩律》有酇、赞二县,得以证明酇属沛郡说。

本文写作之前,曾请教同事颜世铉兄,承蒙提示资料,谨致谢。

2002 年 6 月 30 日初稿。全文重写,7 月 12 日二稿。承李启文兄指正,9 月 20 日三稿。

初刊于《汉学研究》第廿一卷第二期,页 31—44,台北,汉学研究中心,2003 年 12 月。

---

①参见本书第十篇《汉初县吏之秩阶及其任命》。

246 / 秦汉史论丛续编

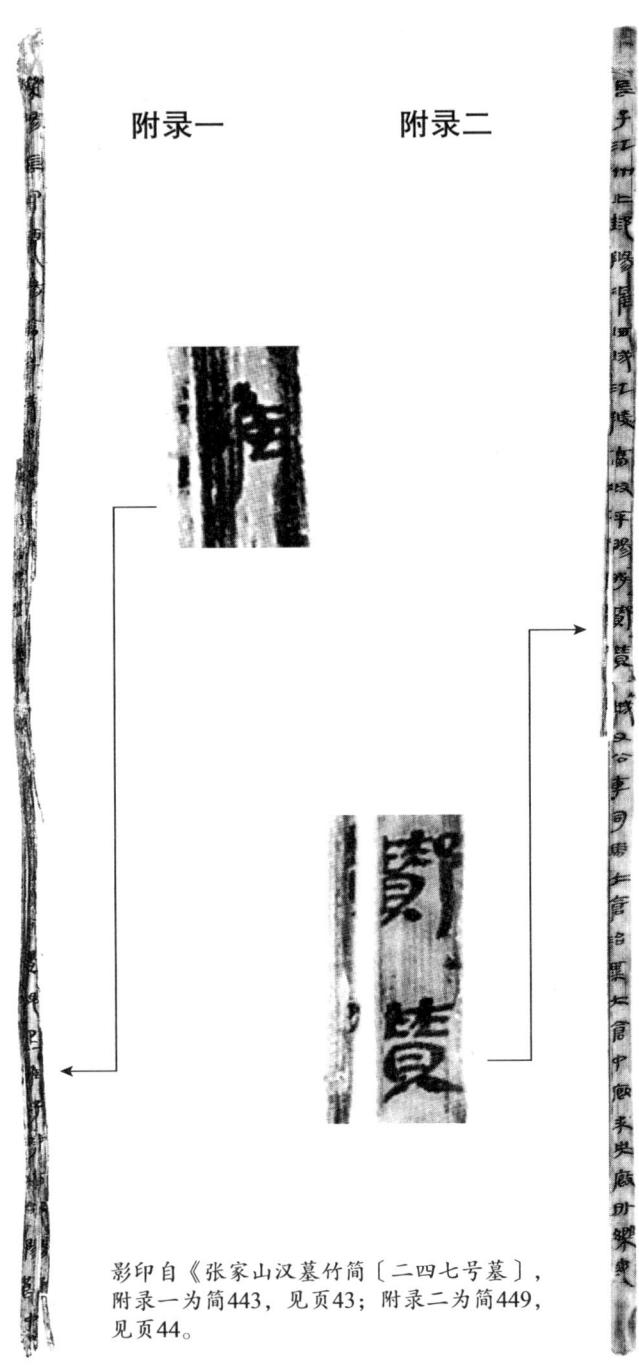

影印自《张家山汉墓竹简〔二四七号墓〕》，附录一为简443，见页43；附录二为简449，见页44。

十二　汉代郡县乡亭之等级

（一）

《张家山汉墓竹简·二年律令·秩律》①曰：

> 廷尉、内史……郡守、尉……秩各二千石。（页192/简440—441）

内史、郡守、郡尉之秩皆二千石，与九卿同列。此为汉初高后二年时之制，内史、郡守、郡尉之秩相同，不分等级②。

传世文献言及汉郡守、尉之秩级者稍详，亦可据以分汉郡之等级。史书述汉内史于景帝时分为左、右内史，武帝时又分为京兆尹、左冯翊、右扶风三辅。内史、左内史、右内史、京兆尹、左冯翊、右扶风皆得称为九卿③。严耕望

---

① 张家山二四七号汉墓竹简整理小组编：《张家山汉墓竹简》。
② 此为仅有之汉初郡守、尉秩级之资料，据此立说，不分等级。
③ 考详徐复观：《汉代一人专制政治下的官制演变》，《周秦汉政治社会结构之研究》，页213—216。

《秦汉地方行政制度》①谓汉郡之等级,除三辅为畿郡,其长官与九卿同列,地位特崇外,一般之郡有时亦分大小。其引《汉书·元帝纪》为证:

> (建昭二年,)益三河、〔大〕郡太守秩〔中二千石〕,户十二万为大郡……三年夏,令三辅都尉、大郡都尉秩皆二千石。②

是西汉元帝时曾分郡为大小,户十二万以上者为大郡,其郡太守秩中二千石,郡都尉秩二千石。《汉书·百官公卿表》载郡守"秩二千石",郡尉"秩比二千石"(19上/743)。大郡太守、都尉秩皆高于常郡长吏秩一级。按宣帝重视郡国守相,"以为太守,吏民之本也……故二千石有治理效,辄以玺书勉厉,增秩赐金"③。如王成为胶东相,黄霸为颍川太守,皆增秩为中二千石。然此皆特例,元帝划一制度,以十二万户以上为大郡,其太守秩中二千石。

《秦汉地方行政制度》又引《汉旧仪》曰:

> 元朔三年,以上郡、西河为万骑太守,月奉二万。绥和元年,省大郡、万骑员秩,以二千石居。④

按"月俸二万"当是秩中二千石之月俸⑤。若干边郡万骑太守月俸二万始于元朔三年,盖武帝征伐匈奴之特别措施。元帝建昭三年(前36)令大郡太守秩中二千石,至成帝绥和元年(前8)省大郡太守、万骑太守秩为二千石。则大郡太守秩中二千石仅施行二十余年。郡太守秩二千石为汉代之经制。

《尹湾汉墓简牍·东海郡吏员簿》牍文谓东海郡"太守一人秩□□□□"

---

① 严耕望:《中国地方行政制度》上编卷上《秦汉地方行政制度》,页218—221。
②《汉书·元帝纪》9/294。"三河"之后应有顿号,今补。前引《秦汉地方行政制度》,页39。
③《汉书·循吏传》89/3624。又王成事见89/3627,黄霸事见89/3631。
④ 卫宏:《汉官旧仪》卷下,孙星衍等辑,周天游点校:《汉官六种》,页49。
⑤ 据此条所言,武帝时万骑太守"月奉二万";成帝绥和中,省万骑太守秩为二千石。二千石之上唯有中二千石、万石,郡太守之秩不可能万石,则"月奉二万"应是中二千石之俸禄。《汉书·贡禹传》:禹于元帝时上书自谓"为光禄大夫,秩〔比〕二千石,奉钱月万二千"(72/3073,《汉书补注》引周寿昌曰:"《百官表》光禄大夫秩比二千石。此亦脱比字。"〔72/12〕)中二千石高比二千石两级。其月俸分别为二万及万二千,于理亦顺。本文所引《汉书补注》,为台北艺文印书馆景印"光绪庚子长沙王氏校刊本"。

（79—2）。又谓"都尉一人秩真二千石"（79—3）。《尹湾汉墓简牍·集簿》谓东海郡有户廿六万余（77—10）。是所谓大郡。"《集簿》是成帝晚年（最可能是元延年间）之物。"①元延年间（前12—前9）是施行大郡太守秩中二千石，大郡都尉秩二千石之时。则上引牍文"太守一人秩□□□□"所空四字，应是"中二千石"。

《秦汉地方行政制度》又述汉代有内郡、边郡、近郡、远郡之目②，虽非等级之别，然其长吏职位是否优差，时人心中自分高下，为官者不欲远离京师，喜得近郡，似是人之常情。

（二）

传世史书述汉县之等级，以万户为界，分为大县与小县，大县置令，小县置长。《汉书·百官公卿表》曰：

> 县令、长……万户以上为令，秩千石至六百石。减万户为长，秩五百石至三百石。皆有丞、尉，秩四百石至二百石。（19上/742）

此引文过于简略，今据其文意，可依县令千石、八百石、六百石、县长五百石、四百石、三百石，而分汉县为六等。"成帝阳朔二年除八百石、五百石秩。"③则汉县尚有县令千石、六百石、县长四百石、三百石凡四等。此一分等尚未考虑丞、尉之秩及尉之人数，否则等级当更多。据《尹湾汉墓简牍·东海郡吏员簿》所载④，西汉晚期东海郡三十八县，依长吏之秩及县尉之人数可分为七等：

(1) 县令秩千石，丞一人秩四百石，尉二人秩四百石。（凡四县）

---

① 《尹湾汉墓简牍·前言》，页4，连云港市博物馆、东海县博物馆、中国社会科学院简帛研究中心、中国文物研究所编：《尹湾汉墓简牍》。
② 《秦汉地方行政制度》，页40。
③ 引文出自《汉书·百官公卿表》19上/743。
④ 前引《尹湾汉墓简牍·东海郡吏员簿》，页79—84。

(2) 县令秩六百石,丞一人秩三百石,尉二人秩三百石。(凡三县)

(3) 县长(侯国相)秩四百石,丞一人秩二百石,尉二人秩二百石。(凡八县、二侯国)

(4) 县长(侯国相)秩四百石,丞一人秩二百石,尉一人秩二百石。(凡一县、二侯国)

(5) 县长秩三百石,丞一人秩二百石,尉二人秩二百石。(凡一县)

(6) 县长(侯国相)秩三百石,丞一人秩二百石,尉一人秩二百石。(凡一县、三侯国)

(7) 县长(侯国相)秩三百石,丞一人秩二百石。(凡二县、十一侯国)

《尹湾汉墓简牍》之时代为西汉晚期成帝末年①;其中所显示之汉县等级当是武帝以来演变所形成者,故与《汉书·百官公卿表》所记载者一致而更为详细,为西汉后期之制度。《张家山汉墓竹简·二年律令》颁行之年代为高后二年(前186)②。其中《秩律》显示汉初高后时诸县分为如下五等:

(1)"栎阳、长安、频阳、临晋、成都、□雒、雒阳、酆、云中、□□□□□、新丰、槐里、雎、好畤、沛、邰阳"诸县,其令"秩各千石,丞四百石"。(页193/简443—444)

(2)"胡、夏阳、彭阳……"等55县③,其县令"秩各八百石,有丞、尉者半之,司空、田、乡部二百石"。(页195/简447—450)

(3)"汾阴、汧、杜阳……"等195县④,其县令"秩各六百石,有丞、尉者半之,田、乡部二百石"。(页196—197/简451—464)

(4)"阴平道、蜀〈郪〉氏道、县〈緜〉遰道、湔氏道"等四道,其长"秩

---

①前引《尹湾汉墓简牍·前言》,页1。
②《二年律令释文注释》之"说明"。见前引《张家山汉墓竹简》,页133。
③其中"□□□□□□临邛",仅计临邛一县,释文空白者皆不计在内。
④其中简453之"□平乐"作一县计,"□□□陵"作一县计。简460之"□□"及"□"俱不计算在内。

各五百石,丞、尉三百石"。(页202/简465)

(5)"黄(广)乡、万年邑"等二县,其县长"秩各三百石,有丞、尉者二百石,乡部百六十石"。(页202/简465—466)

汉初县分五等。第一等县之县令秩千石,除有数字不可辨识,《释文》释出县名者仅十四县①,是为栎阳、长安、频阳、临晋、成都、雒阳、酆、云中、新丰、槐里、䧹②、好畤、沛、郃阳等县。此十余县列入第一等,其理由或是为京师所在,或为高祖故乡,或为天子祭祀天地山川神鬼之地,或为人多地广之大县,详言如下:

其一,栎阳、长安、洛阳,为京师所在,或曾为京师所在。汉二年,汉王都栎阳(《汉书·高帝纪》1上/33)。至汉五年,灭项羽,二月甲午,汉王即皇帝位于定陶,"西都洛阳"(1下/54)。五月,娄敬说高祖,谓都洛阳不如都关中,张良亦以为然,高祖即日"车驾西都长安"(1下/58)。按所谓"西都长安",盖以后事为言。高祖西迁关中,初尚都栎阳,故六年,"上归栎阳,五日一朝太公"(1下/62)。然以栎阳不宜为都,乃别营新都于长安;颜师古谓"长安本秦之乡名"(1下/58)。于五年之后九月,治长乐宫(1下/58)。据《三辅黄图》,长乐宫乃秦之兴乐宫,始皇所造③。高祖于五年五月西迁关中,后九月修治长乐宫,则于西迁之后数月,即决定营治长安为新都,先修秦之兴乐宫,又于其西侧新建未央宫。七年二月,未央宫之东阙、北阙、前殿,及武库、大仓已大致完工,高祖乃"自栎阳徙都长安"(1下/64)。

其二,高祖"沛县丰邑中阳里人",颜师古谓丰为"沛之聚邑"(1上/1)。按秦时沛县属泗水郡,高祖改泗水郡名为沛郡,辖有沛县、丰县等(《汉书·

---

① "□䧹"不计在此十四县之中,盖不知其县名。《张家山汉墓竹简》【注释】"□䧹"曰:"缺字疑为'上'。上䧹,属弘农郡。"(页193)按《秩律》后文有"上䧹"(页196)。则此处□䧹之□不应为"上"字,否则《秩律》所列诸县,上䧹重出。
② 此字《释文》释作"雎",【注释】谓即沛郡之䧹县(前引《张家山汉墓竹简》,页194)。另文考此字应为"雍"字,是内史之雍县。参见本书第十一篇《鄭侯国及雍县考》。
③ 《三辅黄图》卷一:"兴乐宫,秦始皇造,汉修饰之,周回二十余里,汉太后常居之。"陈直校证:《三辅黄图校证》,页11。

地理志》28 上/1572）。盖分割沛县之丰，别为丰县。上引《秩律》载汉初第一等县有沛、酆，注释谓"酆，即丰"①，盖以高祖之故乡得列入第一等县。至于新丰县，以太上皇思恋故土，乃于汉七年徙丰邑之故人，置于骊山之南之骊邑，修治屋室街市，一如丰邑，以解太上皇之乡愁。及十年七月，太上皇崩，"更命骊邑曰新丰"②。新丰初属内史，中属右内史，后属京兆尹。

沛县、丰县为高祖之故乡，新丰则新建为太上皇养老之地，三县皆以此特异，列入为第一等县。

其三，县隶属于内史，地近京师。《秩律》所列第一等县，除上述长安、栎阳、新丰外，尚有频阳、临晋、槐里、好畤、郃阳五县属内史。此五县列入第一等县之原因不明。唯知其县名之第一等县仅十四，其中有八县属内史，则在内史之县以地近京师，或有离宫禁苑之类之皇家重地在其中③，故特重其县令之职。

其四，其县为天子祭祀天地山川神鬼之地，释文之"睢"县。已于另文证此县非沛郡之鄑县，推测当是内史之雍县④。盖自秦以来，雍县即为天子祭祀天地山川神鬼之地。《汉书·地理志》曰：

"右扶风……雍"。本注曰："秦惠公⑤都之。有五畤，太昊、黄帝以下祠三百三所⑥。橐泉宫，孝公起。祈年宫，惠公起。棫阳宫，昭王起。"（28 上/1547）

---

①前引《张家山汉墓竹简》，页 193—194。
②《史记·高祖本纪》注《正义》："丽邑……《括地志》云：'……太上皇时凄怆不乐，高祖窃因左右问故，答以平生所好皆屠贩少年，酤酒卖饼，斗鸡蹴鞠，以此为欢，今皆无此，故不乐。高祖乃作新丰，徙诸故人实之。太上皇乃悦。'按：前于丽邑筑城寺，徙其民实之，未改其名，太上皇崩后，命曰新丰。"（8/387）又参见《汉书·地理志》28 上/1543。
③如槐里县，《汉书·地理志》："右扶风……槐里。"本注曰："有黄山宫，孝惠二年起。"（28 上/1546）
④参见本书第十一篇《鄑侯国及雍县考》。
⑤《汉书补注》王念孙以为惠公当是德公之误（28 上之 1/34a）。
⑥《汉书补注》先谦曰：《郊祀志》：雍有百有余庙，又云旧祠二百三所。此三百，疑二百之误（28 上之 1/34a）。

《汉书补注·地理志》释"五畤"曰：

> 先谦曰：《渭水注》雍有五畤，以上祠祀五帝。《封禅书》："惟雍四畤，上帝为尊。"(《史记》28/1376)……《后汉书·冯衍传》注引《史记》云：秦并天下，祠雍四畤，汉加黑帝，谓之五畤。①(《汉书补注·地理志》28上之1/34a)

是雍曾为秦都，有宫殿，城池必甚坚厚。而自秦时已集中天地神鬼之祠二百余所于雍，岁时奉祠。故于雍专置厨长、丞，供给国家祠祀之祭品。《汉书·百官公卿表》曰：

> 雝厨长、丞。注如淳曰："五畤在雝，故有厨。"(19上/737)

雝即是雍。西汉置厨令、长者仅二县，是为长安厨令、丞及雍厨长、丞②。是雍县地位重要，雍令为地方长官，其职必因此较常令为剧。雍或以此而得列第一等县。

其五，人口众多之大县。《秩律》所列第一等县，有成都。《汉书·地理志》曰：成都为蜀郡之首县，郡治所在，"户七万六千二百五十六"(28上/1598)。按西汉县邑一千三百十四，道三十二，侯国二百四十一，凡一千五百八十七；天下"民户 12,233,062"(28下/1640)，平均每县有七千七百八户。成都县户数几为平均数之十倍，较不少边郡之户数为多。长安为首都，长安县有户八万八百，仅稍多成都县四千余户。《地理志》之户口数为平帝元始二年时数，汉初户口数必少于是。然以后推前，成都县人口众多，为汉初之一等大县，可以断言。《秩律》列成都县为第一等县，其原因甚明。

其六，云中亦列为第一等县。云中为云中郡之首县。云中边郡，全郡仅有"户三万八千三百三"(28下/1620)。云中何以得列为第一等县，不知其原因。

---

① 《后汉书·冯衍传》传注(28下/990)所引乃《史记·封禅书》(28/1378)：汉二年，汉王问"秦时上帝祠何帝。对曰：'四帝，有白、青、黄、赤帝之祠。'"高祖乃立黑帝祠。
② 参见本书第十篇《汉初县吏之秩阶及其任命》。

（三）

前引《秩律》,谓汉初高后时诸县分为五等。各等之长吏秩分别为:(一)"秩各千石,丞四百石。"(二)"秩各八百石,有丞、尉者半之。"(三)"秩各六百石,有丞、尉者半之。"(四)"秩各五百石,丞、尉三百石。"(五)"秩各三百石,丞、尉者二百石。"除释文之若干□号不计外,此五等县之数目为15+55+195+4+2＝271。第四等为"阴平道、蜀〈䣌〉氏道、县〈䣥〉递道、湔氏道"等四道；第五等为"黄(广)乡、万年邑"等二县,后二等共六县,前三等占绝大多数。若以《百官表》,六百石以上为县令,以下为县长,则《秩律》所载二百七十一县中,二百六十五县之长官为令,六县之长官为长。似可谓汉初一般县之主官多为令,主官为长之县数目甚少,皆为道及乡县(以乡为县)。或谓汉初主官为长之县是特异,一般县之主官皆为令。

《尹湾汉墓简牍·东海郡吏员簿》载西汉成帝末年东海郡吏员,三十八县邑侯国,其中侯国十八,县邑二十。二十县邑中,主吏为令之县凡七,余十三县之主吏为长。七县令中,秩千石者四人,秩六百石者三人；十三县长中,秩四百石者九人,秩三百石者四人。又十八侯国之主吏皆称为相,然其秩四百石者四人,秩三百石者十四人①。以六百石以上为县令,以下为县长例之,此十八侯国相秩位皆比县长。则此东海郡三十八县邑侯国之主吏,其级别为令者仅七人,余三十一人之级别皆为长。以此为例,或可谓西汉后期县主吏称令者甚少,为长者则甚多；与《秩律》所显示汉初县主吏多为令,为长者极少,刚好相反。或可据此谓汉初至西汉末二百年之发展,诸县主吏之秩位渐趋低落,为数不少县之主吏从县令降级为县长。

---

①前引《尹湾汉墓简牍·东海郡吏员簿》,页79—84。

（四）

《张家山汉墓竹简·二年律令·秩律》记载汉初乡部亦分等级，乡部吏之秩分别为二百石、百六十石、百二十石。今引释文如下：

> 第二等县之县令"秩各八百石，有丞、尉者半之，司空、田、乡部二百石"。（页 195/简 450）
>
> 第三等县之县令"秩各六百石，有丞、尉者半之，田、乡部二百石，司空及卫官、校长百六十石"。（页 197/简 463—464）
>
> 第五等县之县长"秩各三百石，有丞、尉者二百石，乡部百六十石"。（页 202/简 466）
>
> "田、乡部二百石，司空二百五十石。"（页 202/简 468）
>
> "毋乘车之乡部，秩各百廿石。"（页 203/简 472）

页 202/简 468 之释文独立成段，与前后二则释文皆无关联。疑简 468 当置于简 444 之后。盖简 443—444 列第一等县，其长吏秩后不列田、乡部及司空之秩，与上列引文不同。又此简之司空秩二百五十石，较之上列第二等县之司空秩二百石为高，当为第一等县之司空。

乡部分为二等：县令千石、八百石、六百石之县，其乡部主吏秩二百石。县长三百石之县，其乡部主吏秩百六十石。盖三百石已为县长秩之最低者，故百六十石亦当是乡部主吏秩之最低者。然上引释文尚有"无乘车之乡部，秩百廿石"。推测当是乡部之次要吏员，其于释文中与县、道之"传、马、候、厩……无乘车者，及仓、库、少内、校长、髳长、发弩……士吏"同列，皆秩百廿石。

汉初乡之等级分为二等，依县令、长之秩级而分。县令千石至六百石，其县之乡部主吏秩二百石，此为一级。县长秩五百石至三百石，其乡部主吏秩百六十石,此为第二级。乡部主吏之下,各有秩百廿石之吏。

传世文献述乡亦分大小。《后汉书·续百官志》本注曰:

> 有秩,郡所署,秩百石,掌一乡人;其乡小者,县置啬夫一人。注引《汉官》曰:"乡户五千,则置有秩。"(志28/3624)

是五千户以上为大乡,郡为置乡有秩,主管一乡之事;五千户以下为小乡,县为置乡啬夫。《秦汉地方行政制度》引劳榦说,以为边地不及五千户之乡亦有置有秩者,盖边地特异。又谓"五千户之大乡甚少,故啬夫几成通制,至于有秩,乃特制耳"(页238)。

按百石以下为少吏,郡县长吏得自辟除。任用秩过百石以上吏,则须上请,由朝廷批准任命。汉初乡部主吏秩二百石、百六十石,为朝廷所署。其后郡县长吏不复上请,径以百石或以下之秩任用乡有秩、啬夫。汉初乡吏秩位较之日后者为高,考详另文①。

(五)

汉初亭部亦分二等。《秩律》载县吏有校长,校长有秩百六十石(页197/简464)、秩百廿石(页203/简471—472)二等。按校长当即传世文献之亭长。《张家山汉墓竹简》【注释】曰:

> 校长,见于《睡虎地秦墓竹简·封诊式》的"群盗"条,《续汉书·百官志》注:"主兵戎盗贼事。"②(页203)

按《睡虎地秦墓竹简·封诊式》"群盗"条曰:"群盗爰书:某亭校长甲、

---

① 参见本书第十篇《汉初县吏之秩阶及其任命》。
② 【注释】释县吏之校长,引"《续汉书·百官志》注:'主兵戎盗贼事。'"实是错引。盖此"主兵戎盗贼事"者,乃诸陵园之校长,非县吏之校长。《后汉书·续百官志》"太常"条下曰:"先帝陵,每陵园令各一人,六百石……丞及校长各一人。本注曰:校长,主兵戎盗贼事。"(志25/3574)又《后汉书·舆服志》:"诸陵校长秩二百石。"(志30/3676)虽然诸陵校长与县吏之校长两者禁捕盗贼之职掌类似,官称相同,但不可以彼校长作此校长。

求盗"乙、丙三人,徼巡到某山,逮捕盗丁,及斩盗戊之首级云云①。据此,校长为亭吏。传世文献所载亭吏有亭长、亭佐、亭候、求盗(亭父)②,无校长。高敏据秦简"群盗"条,谓秦之校长职掌徼巡捕盗贼,与传世文献所言亭长之职掌相同,因断言"'校长'则可能是'亭长'的别称"③。云梦秦简中校长仅一见,不易考证。今张家山汉简数见汉初之校长,可据以证秦及汉初亭有校长,校长当即传世文献之亭长。

"群盗"条谓"某亭校长甲,求盗"乙、丙,"甲将乙等徼循"④。校长为亭吏,官职又高于求盗。《秦汉地方行政制度》考亭有两卒,或称亭父、亭公、弩父、求盗,因地不同而异⑤。校长、亭长皆领率求盗之亭吏,可能因时地不同而一官异名,则校长可能即为亭长,此其一。

《张家山汉墓竹简·奏谳书》《淮阳守》章:从狱史武出行新郪县公梁亭,劫长苍、求盗布、舍人余"共贼杀武于校长丙部中"。"公梁亭校长丙"与发弩贅逮捕苍,"布死,余亡不得"。苍供出受新郪县长信指使,丙、贅即释放苍。后淮阳守偃疑有奸诈,案理其事,劫长苍贼杀人,新郪县长信谋贼杀人,罪皆弃市。公梁亭校长丙、发弩贅"捕苍而纵之",律:纵囚,与同罪。丙、贅亦当弃市⑥。释文有"公梁亭校长丙""校长丙部"之文。按"亭部"史书多见,如"渭城寿陵亭部""凤皇、黄龙所见亭部"等⑦,汉人习惯称亭之辖区为亭

---

① 《睡虎地秦墓竹简》戊午年本《封诊式》,页518,台北,里仁书局,1981年。
② 《后汉书·续百官志》志28/3624—3625。参见前引《秦汉地方行政制度》,页240—243。
③ 高敏:《秦汉时期的亭》,收入中华书局编辑部编:《云梦秦简研究》,页310—311。
④ 前引《睡虎地秦墓竹简》戊午年本《封诊式》,页518。
⑤ 参见前引《秦汉地方行政制度》,页242—243。
⑥ 《张家山汉墓竹简·奏谳书》《淮阳守》章,页219—220。
⑦ 《汉书·元帝纪》:有"渭城寿陵亭部"(9/292)。《成帝纪》:有"渭城延陵亭部"(10/305)。《哀帝纪》:有"渭城西北原上永陵亭部"(11/340)。《汉书·张禹传》:有"平陵肥牛亭部"(81/3350)。《后汉书·章帝纪》元和二年诏:"凤皇、黄龙所见亭部无出二年租赋……"注引《古今注》:"黄龙见洛阳元延亭部。"(3/153)《安帝纪》:延光三年,赐"凤皇所过亭部,无出今年田租……"(5/238)尚有其他亭部之例不列举。

部①。"校长丙部"即"公梁亭校长丙"所辖之亭部。校长可能是亭长之别称,此其二。

《张家山汉墓竹简·奏谳书》《江陵余》章曰:

> (汉高祖十年五月庚戌,)校长池曰:"士五(伍)军告池曰:'大奴武亡,见池亭西,西行。'池以告,与求盗视追捕武……"……军曰:"武故军奴,楚时亡,见池亭西。以武当复为军奴,即告池所……"(页 216/简 36—48)

军发现其故奴武,即向该地亭之校长池报案,其述发现武之地为"池亭西",又曰"即告池所",是校长池任职之亭以池之名为称。《奏谳书》为法律公文,其文字应当精确,若池之上尚有亭长,不得称该亭为池亭;池当为该亭之主吏,即亭长。汉初县吏校长,当即亭长,此其三。

上文已述高敏据秦简之校长职掌与传世文献之亭长职掌相同,因断言秦简之校长为亭长。又上述《张家山汉墓竹简·奏谳书》《淮阳守》章曰:公梁亭校长率领求盗二人,徼巡到某山,捕斩群盗,则校长之职掌禁捕盗贼。上述《江陵余》章,校长池据告武为亡奴,即"与求盗视追捕武";追捕亡奴,亦属禁捕盗贼之职责。《秦汉地方行政制度》引《后汉书·续百官志》本注曰:"亭长,主求捕盗贼,承望都尉。"(志 28/3624)考亭长之本职为"典武禁盗贼"(页 241)。亭长、校长之职掌相同,亦皆亭吏;亭长、校长可能是一官而异名,此其四。

县吏之校长,传世文献仅见一例。《史记·彭越列传》:秦末,群雄起,众拥彭越起事。越与众约,后期者斩,因诛最后到一人,"令校长斩之"(90/2591)。拥彭越起事之众皆乡里少年,所见识之官不过乡亭小吏。所谓校长,必亭吏校长。亭之校长职掌禁捕盗贼,故彭越使校长斩最后期者以立威。

---

① 《秦汉地方行政制度》谓史书中"亭之涵义:则亭舍曰亭;亭舍旁之聚落城壁曰亭;而一亭所部之区域亦曰亭,谓之亭部",页 60。

校长分秩百六十石及秩百廿石二等,是汉初亭以其主管吏之秩级不同,亦可分二等。

汉代之亭,于传世文献有亭、都亭、市亭、旗亭、乡亭、野亭之目。"在京师及郡国县道治所者曰都亭",城门有门亭,"街市有市亭,而与门亭通称旗亭"。又乡野者通称乡亭,或称野亭。考详《秦汉地方行政制度》①。至亭之等级高下,则无考。

（六）

综上所述,汉初郡不分等,郡守、尉皆秩二千石,与内史秩相同,亦与九卿同。其后京兆尹、左冯翊、右扶风三辅为畿郡,其长官亦称九卿;一般郡太守治行优异,为天下最者,乃入长三辅,然三辅长官与一般郡太守皆秩二千石。武帝征伐匈奴,边郡有万骑太守,秩中二千石。元帝以十二万户郡为大郡,大郡太守秩中二千石。成帝省万骑太守、大郡太守秩,其后郡太守皆秩二千石。

又据《秩律》,汉初高后时诸县分为五等。各等之长吏秩分别为:(一)县令秩各千石,丞、尉各四百石。(二)县令秩各八百石,丞、尉者半之。(三)县令秩各六百石,有丞、尉者半之。(四)县长秩各五百石,丞、尉三百石。(五)县长秩各三百石,丞、尉者二百石。

《汉书·百官公卿表》载西汉县令秩千石、八百石、六百石,县长秩五百石、四百石、三百石,而分汉县为六等。"成帝阳朔二年除八百石、五百石秩。"则汉县尚有县令秩千石、六百石,县长秩四百石、三百石,凡四等。

据《尹湾汉墓简牍·东海郡吏员簿》,以长吏之秩及县尉之人数,西汉末东海郡之县可分为七等。

(1)县令秩千石,丞一人秩四百石,尉二人秩四百石。(凡四县)

---

①前引《秦汉地方行政制度》,页58—66。

(2) 县令秩六百石,丞一人秩三百石,尉二人秩三百石。(凡三县)

(3) 县长(侯国相)秩四百石,丞一人秩二百石,尉二人秩二百石。(凡八县、二侯国)

(4) 县长(侯国相)秩四百石,丞一人秩二百石,尉一人秩二百石。(凡一县、二侯国)

(5) 县长秩三百石,丞一人秩二百石,尉二人秩二百石。(凡一县)

(6) 县长(侯国相)秩三百石,丞一人秩二百石,尉一人秩二百石。(凡一县、三侯国)

(7) 县长(侯国相)秩三百石,丞一人秩二百石。(凡二县、十一侯国)

西汉后期县主吏称令者甚少,为长者则甚多;与《秩律》所显示汉初县主吏多为令,为长者极少,刚好相反。或可据此谓汉初至西汉末二百年之发展,诸县主吏之秩位渐趋低落,为数不少县之主吏从县令降级为县长。

汉初乡之等级分为二等,依县令、长之秩级而分。县令秩千石至六百石,其县之乡部主吏秩二百石,此为一级。县长秩五百石至三百石,其乡部主吏秩百六十石,此为第二级。汉初乡部主吏秩在百石以上,须上请朝廷任命,其后乡部吏皆秩百石以下,由郡县长吏自辟除。

传世文献述汉乡亦分大小。五千户以上为大乡,郡为置乡有秩,五千户以下为小乡,县为置乡啬夫;乡有秩或乡啬夫为乡主管吏,管一乡之事。唯五千户之大乡极少,故乡置啬夫为通制。

汉初亭部亦分二等。《睡虎地云梦秦简》及《张家山汉墓竹简》所载亭部之校长即传世文献之亭长。《张家山汉墓竹简·二年律令·秩律》载县吏有校长,校长有秩百六十石、秩百廿石二等,故汉初之亭部可分二等。汉初校长秩百石以上,亦须上请朝廷任命。

初刊于《新亚学报》第二十二卷,页119—133,香港,新亚研究所,2003年10月。

十三　汉代县丞尉职掌杂考

（一）

汉代县级政府之长官为县令、长、侯国相,县佐官为县丞、县尉、侯国丞、侯国尉①。县令、长、相与县丞、尉、侯国丞、尉俱朝廷所任命,即朝廷命官,为长吏,与长吏自置之属吏不同。

县佐官之员额秩次,严耕望《秦汉地方行政制度》引述《汉书·百官公卿表》及《后汉书·续百官志》曰:

> 《百官表》云,令长相皆"有丞、尉,秩四百石至二百石"(《汉书》19上/742)。《续百官志》,令长相"丞各一人;尉,大县二人,小县一人"。

---

① 严耕望:《秦汉地方行政制度》谓县佐官除各县俱有县丞尉外,尚有少数县有狱丞"专典讼狱",马丞"专知马政",此外又有方略吏,更为罕见。见严耕望:《中国地方行政制度甲部——秦汉地方行政制度》,页218—221。又据《尹湾汉墓简牍·东海郡吏员簿》,东海郡郯县有"狱丞一人,秩二百石"(79-6)。《尹湾汉墓简牍》之释文,各条释文不加号码。今为方便读者,对《尹湾汉墓简牍》各条释文,加一页码与该条释文在该页之顺序号,称为"页-条编号",如79-6,表示第79页之第6条释文。

注引应劭《汉官》："大县丞、左右尉，所谓命卿三人，小县一尉一丞，命卿二人。"（《后汉书》志28/3623）按就汉碑所见，一般县皆丞一人，尉或一人，或左右各一人，与《续志》《汉官》合。①

今据《尹湾汉墓简牍·东海郡吏员簿》，西汉末东海郡三十八县，其各县佐官人数秩次如下：

> 县丞一人秩四百石，尉二人秩四百石。（凡四县）
> 县丞一人秩三百石，尉二人秩三百石。（凡三县）
> 县丞一人秩二百石，尉二人秩二百石。（凡八县）
> 县丞一人秩二百石，尉一人秩二百石。（凡三县）
> 县丞一人秩二百石。（凡二县）
> 侯国丞一人秩二百石，尉二人秩二百石。（凡二侯国）
> 侯国丞一人秩二百石，尉一人秩二百石。（凡五侯国）
> 侯国丞一人秩二百石。（凡十一侯国）

东海郡地处关东，为一般之内郡，其下辖各县邑侯国皆有丞一人，秩四百石至二百石；尉则有二人，有一人，秩亦四百石至二百石，亦有不置尉者，二十县邑中，不置尉者二县，十八侯国中，不置尉者十一侯国。

县丞、尉亦自置属吏。《秦汉地方行政制度》曰：

> 卫宏《汉官旧仪》："更令吏曰令史，丞吏曰丞史，尉吏曰尉史"②……盖县令（长）、丞、尉各有属吏，称为令史、丞史、尉史，亦即《百官表》所云"百石以下有斗食佐史之秩，是为少吏"者也。（《汉书》19上/742）（页220—221）

丞史、尉史可考之例甚少③，盖丞、尉所置吏远少于县令（长、相）所置。

---

① 见前引严耕望：《秦汉地方行政制度》，页218—219。县丞一人，尉或一人，或左右各一人，盖指一般县而言，严耕望又考西汉长安县丞不止一人，杜陵县丞亦不止一人。东汉洛阳县丞三人。西汉长安县及东汉洛阳县，皆有四尉，盖京师特制，三辅尤异。

② 参见《汉官旧仪》卷下，孙星衍等辑，周天游点校：《汉官六种》，页49。

③ 严耕望考丞史仅一例，尉史六例，见前引《秦汉地方行政制度》，页221。

县丞、尉之职掌，《汉书·百官公卿表》无一字言及。《秦汉地方行政制度》引《续百官志》本注及其他传世史料，释秦汉县丞、尉之职掌曰：

> 县丞之职，《续百官志》本注云："丞署文书，典知仓狱。"……县尉之职，《续百官志》本注云："尉主盗贼。凡有贼发，主名不立，则推索行寻，案察奸究，以起端绪。"（志28/3623）是职主盗贼也……是尉又主更卒番上也……又尉常以部为称，故多与令长别治……故任职者亦颇有能自申其意以为治。（页219—220）

所谓"丞署文书，典知仓狱"，或是县令长（侯国相）所发之公文，得有县丞（侯国丞）之副署；而仓库及监狱事务，例归县丞（侯国丞）负责，以分担县令长（侯国相）之责任，此可见县令长（侯国相）与县丞（侯国丞）职掌之大体分际。望文生义，无他佐证，不敢确言。

以史料太少，对汉代县丞、尉之职掌，知之不详。

（二）

《尹湾汉墓简牍·东海郡下辖长吏不在署、未到官者名籍》载西汉末东海郡若干县丞、尉外出公干，其事有"输钱都内""输钱齐服官""送罚戍上谷""上邑计""市鱼就财物河南""市材""送徒民敦煌"，今据以考论汉代县丞、尉职掌之若干外勤事项。

《尹湾汉墓简牍·东海郡下辖长吏不在署、未到官者名籍》所载除二十二条外出勤务者外，又告假者五条，又以亲人死而宁假者六条，又其官职出缺者十条：七人死亡，三人免职，又见劾停职者二条，又未到官者六条。牍文于死、免、有劾、未到官四类皆无日期，出郡公干及告、宁各条均有一日期，盖为出发公干或开始请假之日期。今统计其日期：正月四条，三月一条，七月三条，八月二条，九月十一条，十月八条，十一月四条，二月、四月、五月、六月及十二月无记录，或其时无人请假或外出公干，推测此牍文为西汉末某一年度"东海郡下辖长吏不在署、未到官者"之记录。

《尹湾汉墓简牍·东海郡下辖长吏不在署、未到官者名籍》载西汉末东海郡长吏外出公干凡二十二例,今列表以见其官名及公干之任务、日期如下:

页-条编号	官名	任务	出公干日期
96-1	郯右尉	输钱都内	九月十三日
96-2	海西丞	输钱齐服官	七月七日
96-3	兰陵右尉	输钱都内	九月十二日
96-4	曲阳丞	输钱都内	七月廿五日
96-5	承丞	输钱都内	九月十二日
96-6	良成丞	输钱都内	九月廿一日
96-7	南城丞	输钱都内	九月廿一日
96-8	干乡丞	输钱都内	九月十二日
96-9	南城尉	输钱都内	九月廿一日
96-11	郯狱丞	送罚戍上谷	正月十三日
96-12	郯左尉	送罚戍上谷	九月廿一日
96-13	朐邑丞	上邑计	十月五日
96-14	费长	送卫士	十月五日
96-15	开阳丞	市鱼就财物河南	九月廿一日
96-16	即丘丞	市□ 就□□	九月廿一日
97-1	况其邑左尉守丞	上邑计	九月廿三日
97-2	厚丘丞	□□邑□	十月廿?日
97-3	厚丘右尉	市材	三月五日
97-4	平曲丞	送徒民敦?煌?	七月七日
97-5	司吾丞	送罚戍上谷	十月五日
97-6	建阳相	送保宫□	十一月三日
97-7	山乡侯相		十月

二十二例中，其人之官职为县长侯国相者三人，县丞十三人（其中一人为县狱丞），县尉六人（其中一人以县尉守县丞事）。是县长吏外出执行勤务，长相三例，丞尉十九例，显示县长吏职务之分工：县令长相为主吏，负责一县之行政，除特别事项外，俱坐镇县内。县廷之重要外出勤务，不便委托掾史者，由县丞尉任其事，遣县丞主持为多，遣县尉者次之。

县长侯国相出外公干之任务，一条字迹不清，无考；一条"送卫士"，一条"送保宫□"，所送到之地点俱为皇宫，盖特别事务，乃以县长侯相护送。

先述"送卫士"。卫士为卫尉麾下属官所领之兵卒，守卫京师皇宫外围墙及陵庙寝园①。卫士每年更换，由郡县已受操练之正卒番上代替②。

牍文所载负责送卫士者为费长，乃费县之县长。县长出外繇，县廷事务不可闲置不理，得有人代理其职务，故县长外繇较少。县长外繇，当请准于郡府，或受郡太守派遣。东海郡三十八县邑侯国，送卫士仅此一条，若谓所送卫士仅为费县之正卒，其他各县不出卫士，绝无是理，则所送卫士应是东海郡各县番上之卫士，集合于郡府，由郡太守指派费长领送。送卫士到京师为皇宫之守卫，其事重要，乃特派遣县长主领其事。

次述"送保宫□"。少府属官有保宫令丞，保宫为皇宫中暂时安置宫外人之场所③。"送保宫□"，或是送某人或某物到保宫。送到皇宫，即使非奉诏，亦是格外慎重，故建阳侯国相亲自护送，或郡太守令建阳侯国相护送。

尚有一条侯国相外繇，牍文漫漶，不知其外出之任务。《东海郡下辖长吏不在署、未到官者名籍》载外出公干者二十二例，其官职为县长侯国相者仅三例，知其任务者二例，护送之目的地皆是皇宫，盖其事特异，故县长相亲自护送或郡太守令县长相主其事。

---

① 参见廖伯源：《西汉皇宫宿卫警备杂考》，《历史与制度——汉代政治制度试释》，页3—7。
② 参见黄今言：《秦汉军制史论》，页58—66，南昌，江西人民出版社，1993年。
③ 廖伯源：《〈尹湾汉墓简牍·东海郡下辖长吏不在署、未到官者名籍〉释证》，《秦汉史论丛》，页265—303，台北，五南图书出版股份有限公司，2003年。

（三）

《东海郡下辖长吏不在署、未到官者名籍》载输钱都内八例，一例输钱齐服官，其后一条曰："右九人输钱都内。"是视输钱齐服官为输钱都内。按西汉大司农属官有都内令、丞，都内为西汉朝廷之国库，赋税之收入藏于都内，再用以支付朝廷官吏之俸禄及各项政务费用①。齐服官为官局织造，下辖三服作坊，元帝初年，三服工人各数千人，费用巨万，其经费来自官款，由大司农统筹拨给②。据牍文第96-2条，东海郡海西县丞押送应输齐服官之钱，直接送到齐服官。盖东海郡离齐郡不远，京师则在两郡之西方甚远，东海郡县部分应解京师都内之款，大司农指示可直接输齐服官，以免来回解送。李均明谓"这是帐入都内，而现金直拨使用单位的做法"③。

《东海郡下辖长吏不在署、未到官者名籍》中，输钱都内或输钱齐服官凡九例，押解输钱者皆是县佐官，即县丞、尉。县政府征收赋税后，上缴朝廷之部分是县遣丞、尉直接输送到京师之都内；抑或是县先送郡府，由郡集中再转上朝廷，由郡府指派某一位或数位县佐官负责押解。今试考证如下：

《东海郡下辖长吏不在署、未到官者名籍》载县（侯国）丞、尉输钱都内或输钱齐服官者凡九条，各条皆有一日期，应是其出发之日期，盖出发前向郡府报告，列入记录。九人出发之日期如下：

七月七日	一人
七月廿五日	一人
九月十二日	三人
九月十三日	一人

---

①参见滕昭宗：《尹湾汉墓简牍概述》，页33，《文物》，1996年第8期，北京。又参见高敏：《尹湾汉简〈考绩簿〉所载给我们的启示——读尹湾汉简札记之三》，页7—8，连云港"尹湾汉墓简牍学术研讨会"会议印本，1998年8月。亦参见前引廖伯源：《〈尹湾汉墓简牍·东海郡下辖长吏不在署、未到官者名籍〉释证》。

②前引廖伯源：《〈尹湾汉墓简牍·东海郡下辖长吏不在署、未到官者名籍〉释证》。

③李均明：《读尹湾简牍杂记》，页4—6，连云港"尹湾汉墓简牍学术研讨会"会议印本，1998年8月。

九月廿一日　　　　三人

除七月七日出发者为输钱齐服官外,其余八人俱输钱都内。八人之目的地相同而分四次出发,出发之日期又相隔甚近,若谓是由郡太守派遣而负责输东海郡应上缴之钱,则于理不顺。盖如郡输钱都内,派一官一次押送即可,似不必在短期内分数次遣官输钱,亦不必同一天遣三官押解,因官员输钱押送,职在负责指挥,自有服役者搬运及军卒保卫①。

东海郡各县、侯国应上缴之钱币,似由各县自行输上京师都内②,此为地方行政之重心在县不在郡之又一证据③。上文谓较为重要之外繇不遣属吏,而遣县丞、尉。县丞、尉乃朝廷所任命。一般郡府朝廷任命之官员仅太守、太守丞、都尉、都尉丞凡四员,若全郡之重要外繇皆遣郡府之朝廷命官,显然不可能。郡下辖各县之朝廷命官则可以承郡命令出外繇。然则地方政府上缴钱币之作业,郡府如何参与其事?今推论如下:郡府为县廷之直属上级政府,当统筹全郡钱物上缴京师:各县应就其赋税收入、行政支出及盈余亏损等项目,呈报郡府。郡府集各县之账目,整理出全郡之总账,呈报京师大司农府及丞相府。大司农统筹全国财务,决定各郡上缴钱货之数目及输往何处,呈报丞相府批准。丞相府命令到郡,郡守秉承命令,决定各县上缴钱货输往何处。各县执行郡府之命令,各自输送。

（四）

《东海郡下辖长吏不在署、未到官者名籍》有"送罚戍上谷"三例:

---

①八例输钱都内,其中二例是南城丞与南城尉,日期俱是九月廿一日。同一县于同一日遣二佐官输钱都内,高敏谓其事不可理解。见前引高敏:《尹湾汉简〈考绩簿〉所载给我们的启示——读尹湾汉简札记之三》,页8。按其事必有特别之理由,今已不得而知。
②参见前引高敏:《尹湾汉简〈考绩簿〉所载给我们的启示——读尹湾汉简札记之三》,页7。
③秦及西汉地方行政之重心在县级政府,详廖伯源:《汉代郡县属吏制度补考》,《简牍与制度——尹湾汉墓简牍官文书考证》,页75—81。

页-条编号	官名	任务	出发日期
96-11	郯狱丞	送罚戍上谷	正月十三日
96-12	郯左尉	送罚戍上谷	九月廿一日
97-5	司吾丞	送罚戍上谷	十月五日

所谓"罚戍",高敏认为即秦简之"赀戍",盖有罪受罚戍边①。上列三次送罚戍皆是到上谷,而出发日期分别在正月、九月、十月,前两次送罚戍者分别为郯狱丞与郯左尉。滕昭宗因此认为"(东海郡罚戍)从郯县即太守府所在出发的,一年内两次……疑各县囚徒多集中在郯县,故郯设有二百石狱丞"②。按滕氏之说可从。《汉书·地理志》:郯县为东海郡首书县,乃东海郡太守治所所在。西汉末东海郡郡府不置监狱,诸县则各有监狱;《东海郡吏员簿》载各县之属吏职务与监狱有关者,有狱史与牢监,狱史各县人数参差,多数为2人,少数一人,有一县不置,最多为郯县,凡五人。牢监除五县不置外,其他各县皆各置一人。郯县不但狱史人数为各县之最,郯县吏员尚有"狱丞一人,秩二百石"(79-6),乃朝廷命官,且东海郡三十八县,仅郯县有狱丞。盖郯县郡太守治所所在,各县之重案尚须呈报郡府,郡府或案验重审,为提问嫌犯方便,于郯县置较大之监狱③。各县罚戍送边之前,先送郯县狱集中,郡太守派遣官员,负责押解。

狱丞之职掌,望文生义,当掌刑狱之事。送罚戍边郡,属刑狱之事,狱丞为之,正其本职。县多不置狱丞,一般县之刑狱,多以县丞领之,发展到东汉后期,知狱事成为县丞固定之职掌,故《后汉书·续百官志》曰:"(县)丞署文书,典知仓狱。"(志28/3623)然秦及西汉,县佐官职掌之分际似无严格之限定,故上表送罚戍上谷者为郯县狱丞、郯县左尉,司吾县丞。而《史记·陈涉世家》谓押解谪戍赴边者为县尉(48/1950—1952)。

秦汉县佐官之职掌之一为押解罚戍赴边。

---

① 前引高敏:《尹湾汉简〈考绩簿〉所载给我们的启示——读尹湾汉简札记之三》,页9—11。
② 参见前引滕昭宗:《尹湾汉墓简牍概述》,页33。
③ 详前引廖伯源:《汉代郡县属吏制度补考》,页78—79。

又《东海郡下辖长吏不在署、未到官者名籍》有"送徒、民敦煌"一例：

页-条编号	官名	任务	出发日期
97-4	平曲丞	送徒、民敦煌	七月七日

送徒、民敦煌，徒者刑徒，民者百姓，盖解送刑徒，及护送百姓到敦煌郡。送徒罚作，秦时已有其例，《史记·高祖本纪》曰："高祖以亭长，为县送徒郦山。"（8/347）《汉书·高帝纪》师古注引应劭曰："秦始皇葬于骊山，故郡国送徒士往作。"（1上/7）武帝时，听近臣所忠之言，大捕犯法之富贵子弟。《史记·平准书》曰："乃征诸犯令，相引数千人，命曰'株送徒'。"（30/1437）《汉书·食货志》师古注曰："言被牵引者为其根株所送当充徒役。"（24下/1172）是逮捕犯法，株连及数千人，皆送充徒役。又《后汉书·钟离意传》：光武帝时，意为大司徒掾，"诏部送徒诣河内……意遂于道解徒桎梏"（41/1406—1407），徒乃刑徒，防其逃亡，于押解期间系桎梏于其手脚，当为秦汉之通制。汉高祖以亭长送徒骊山，以徒逃亡者多，遂纵其余，则高祖虽为县最低级之小吏，实负押解之责。钟离意为大司徒掾，受大司徒派遣，持诏令地方送徒，并负责解送。此二例皆特异，大司徒掾受遣"诏部送徒"为特异，可不必辨；亭长小吏，长途押解数十或更多刑徒，亦是特异，一般当遣较为重要之之官吏负责押解。此例谓送徒者为县丞。

上文述"罚戍"，亦为刑徒之一种。罚戍有罪，其惩罚为戍边，到边疆为军卒，与押送到边服徒刑之"徒"，应有刑罚轻重之差别。

送民到边郡敦煌，其事无考。《史记·平准书》：武帝时，山东饥荒，"乃徙贫民于关以西，及充朔方以南新秦中，七十余万口，衣食皆仰给县官。数岁，假予产业，使者分部护之，冠盖相望。其费以亿计，不可胜数"（30/1425）。徙民边郡，可纾解内郡乱源，亦可实边。大规模徙民边郡，必有官员护送，沿途安排照顾。此条谓送民到敦煌，不知是否与徙民实边有关。

（五）

《东海郡下辖长吏不在署、未到官者名籍》有"市鱼就财物"等三例：

页-条编号	官名	任务	出发日期
96-15	开阳丞	市鱼就财物河南	九月廿一日
96-16	即丘丞	市□　就□□	九月廿一日
97-3	厚丘右尉	市材	三月五日

市鱼就财物河南，市者购买，市鱼，乃是买鱼；就财物，就，雇人搬运谓之僦。《史记·平准书》：桑弘羊以为"天下赋输或不偿其僦费"。《索隐》引服虔曰："雇载云僦，言所输物不足偿其雇载之费也。"（30/1441）牍文"就"即"僦"字。《居延新简》"寇恩爰书"中，雇载之僦皆作就①。市鱼就财物河南，谓买鱼及雇人搬运财物到河南郡，以开阳县丞主其事。按其事在郡府文书中有记录，必非开阳县长私遣县丞市买托运②。开阳县府运输财物到河南郡，盖京师大司农统筹天下财物，平衡各地之有无，命令地方政府输送，其事应是常有。至县府遣官市鱼，则甚为费解。尚有二条牍文，其一谓"市□就□□"，不知所买何物与所运何物；其一谓"市材"，盖购买材料。三条皆谓县长遣其佐官购物运输。购物运输不遣掾史，而遣县丞、尉主其事，则所购

---

① "寇恩爰书"中，就字多见，皆有雇载之义。如"凡为谷百石，皆予粟君，以当载鱼就直。时粟君借恩为就，载鱼五千头到觻得"（E.P.F.22:6—7）。见甘肃省文物考古研究所、甘肃省博物馆、文化部古文献研究室、中国社会科学院历史研究所编：《居延新简》，页475，北京，文物出版社，1990年。

② 《汉书·盖宽饶传》：盖宽饶迁卫司马。"先是时，卫司马在部，见卫尉拜谒，常为卫官繇使市买。宽饶视事……卫官私使宽饶出，宽饶以令诣官府门上谒辞。尚书责问卫尉，由是卫官不复私使候、司马。"（77/3244）卫官私使盖宽饶市买，宽饶以公事之程序行之，故其事记录在案，尚书检查其事，追究私使官员之责任，卫尉府风气乃为之一变。然盖宽饶之做法过于狷直，不合官场自存之道。长官私遣下属，虽有违法例，必不能禁绝。

买运输者数量当甚大,其事重要,不便遣属吏为之。

(六)

《东海郡下辖长吏不在署、未到官者名籍》有"上邑计"二例:

页-条编号	官名	任务	出公干日期
96-13	朐邑丞	上邑计	十月五日
97-1	况其邑左尉守丞	上邑计	九月廿三日

上邑计。上计为下级政府向其所属上级政府报告其一年之行政成绩。严耕望《秦汉地方行政制度》考汉代上计制度甚详:汉代上计为两级,是"郡国上计于中央……县道上计于郡国也","西汉时代县道上计于郡国,令、丞、尉自行也……郡国上计于中央,由郡丞、国长史代行"(页258—262)。所谓"县道上计于郡国",县道指县级政府,包括县、邑、道、侯国,上计于所属之郡太守或王国相。

上表"朐邑丞"及"况其邑左尉守丞"上邑计,若谓乃两邑上计于东海郡,恐非是。《秦汉地方行政制度》考证"西汉时代县道上计于郡国,令、丞、尉自行",县令(长、相)、丞、尉俱会郡府,课殿最(页261)。此两条仅谓朐邑丞、况其左尉守丞上邑计,朐邑令、朐邑左尉、朐邑右尉、况其长及况其右尉俱不与其事,应非县邑上计于郡,此其一。

《东海郡下辖长吏不在署、未到官者名籍》载长吏"输钱都内"及"䌛"二十二条,除三条牍文字迹漫漶,不知其公干之任务,二条"上邑计"正在讨论不计外,余十七条之任务为输钱都内(八条)、输钱齐服官(一条)、送罚戍上谷(三条)、送卫士(一条)、市鱼就财物河南(一条)、送徒民敦煌(一条)、送保宫(一条)、市材(一条),仅市材一条不能确定其地点,十六条皆是到东海郡外公干。则二条上邑计亦当是到郡外公干,盖同书于一册,俱不在署也。

若是县邑上计于郡,在郡内执行公务,不可谓其不在署①。此二条与其他郡外公干同类,则此二条非县邑上计于郡,此其二。

此牍文为西汉末某一年度"东海郡下辖长吏不在署、未到官者"之登记,而仅有二条"上邑计"。若此二条上邑计是谓县邑上计于郡,则东海郡三十八县邑侯国上计于郡皆应记载于此牍文中,不应只此二条。是此两条上邑计非谓县邑上计于郡,此其三。

此两条朐邑丞杨明、况其邑左尉守丞宗良上邑计为"不在署",其上邑计时不在东海郡。则此二条似谓东海郡上计于中央,然亦非是。《秦汉地方行政制度》考"西汉郡国上计于中央,由郡丞、国长史代行"(页262)。东海郡上计于中央,应遣东海郡丞奉计京师,不应派遣朐邑丞与况其左尉守丞。此两条非谓东海郡上计于中央,此其一。

此两条"上邑计",一条出发时间为九月廿三日,一条为十月五日。郡上计于中央,不应于不同时间分遣两官。此二条上邑计非郡上计于中央,此其二。

此两条之"上邑计",既非县邑上计于郡,亦非郡上计于中央,滕昭宗谓"当直接上计于长安城内之公主府或管理公主府之宗正府"②。汉代县分四类:县、侯国、邑、道。《汉书·百官公卿表》曰:"列侯所食县曰国,皇太后、皇后、公主所食曰邑,有蛮夷曰道。"(19上/742)《尹湾汉墓简牍·集簿》谓西汉末东海郡三十八县邑侯国中,"县十八,侯国十八,邑二"(77-1)。谢桂华据《东海郡下辖长吏名籍》及《东海郡下辖长吏不在署、未到官者名籍》中有朐邑与况其邑,已言东海郡之二邑即朐与况其③。朐及况其为皇太后或皇后或公主之食邑,此牍文谓朐邑丞及况其邑左尉守丞事"上邑计",既非县、邑

---

①滕昭宗:《尹湾汉简所见上邑计》(《中国文物报》,1998年7月8日第53期第三版)曰:"细查《考绩簿》正面,第一项为9人输钱……第二项为13人外徭……无一人是在东海郡内差徭的。故知上邑计绝不是上于驻郯县之东海太守府,那么,上邑计于何处?当直接上计于长安城内之公主府或管理公主府之宗正府。"
②参见上引滕昭宗:《尹湾汉简所见上邑计》。
③参见谢桂华:《尹湾汉墓简牍和西汉地方行政制度》,《文物》1997年第1期,页43,北京。

上计于郡,亦非郡上计于中央,则应是到京师向其邑主上计①。此牍文为西汉末某一年度"东海郡下辖长吏不在署、未到官者"之记录,而仅有二条"上邑计",盖东海郡仅有二邑。

东海郡有十八侯国,侯国相当亦向封邑主(列侯)上计,以列侯例居其国,应在侯国内完成向列侯之上计手续。

邑上计于邑主,例遣邑丞。牍文第97-1条:"况其邑左尉宗良九月廿三日守丞上邑计。"况其邑向邑主上计,遣邑左尉守丞宗良奉计。细审牍文,宗良本为况其邑左尉,平时并无"守丞",于九月廿三日出发上计时,临时加"守丞"。故牍文"守丞"两字书于日期之后,而非书于其本职之后,作"况其邑左尉守丞宗良九月廿三日上邑计"。宗良之所以守丞,盖其时"况其邑丞孔宽"未到官②,况其邑上邑计于其邑主,无邑丞可遣,乃遣况其左尉,临时加"守丞"奉计。此条显示邑上计于其邑主,遣邑丞奉计已成惯例③。

邑丞职掌之一为奉计邑主。

（七）

《汉书·百官公卿表》不言县丞、尉之职掌;《后汉书·续百官志》本注谓县"丞署文书,典知仓狱。尉主盗贼"(志28/3623)。汉县丞、尉之职掌,文献资料极少。《尹湾汉墓简牍·东海郡下辖长吏不在署、未到官者名籍》有二十二条记录东海郡下辖长吏出外勤。外出公干之长吏,其官职为县长侯

---

① 滕昭宗谓"当直接上计于长安城内之公主府或管理公主府之宗正府"。公主即指邑主,邑主尚有可能是皇太后或皇后。至谓上计于管理公主府之宗正府,似非是。按县、邑、侯国、道行政隶属于郡、王国,县、邑、侯国、道上计于郡国,郡国再上计于中央,就行政系统言,已完成上计,不必再上计于宗正。

② 见《东海郡下辖长吏不在署、未到官者名籍》第99-3条。

③ 上引滕昭宗:《尹湾汉简所见上邑计》曰:"每年九月或十月,汤沐邑县级行政机构要派县丞(不是县丞的情况其邑左尉也权假以守丞的名义)上邑计。显然这是将汤沐邑本年度的总体情况,以及钱粮收支及上贡物资按照朝廷所定的比率,送到公主本人那里。"

国相三人,县丞十三人(其中一人为县狱丞),县尉六人(其中一人以县尉守县丞事),显示县长吏职务之分工:县令长相为主吏,负责一县之行政,除特别事项外,俱坐镇县内。县廷之重要外出勤务,不便委托掾史者,由县丞、尉任其事,遣县丞主持者为多,遣县尉者次之。县丞、尉外出公干之任务可分三类:一为输钱都内:大司农属官有都内令,都内乃京师之国库,地方政府之盈余,输入都内。地方官署之经费,亦由都内调钱挹注,故地方政府输钱都内,不一定输往京师,亦可输往都内指定之官署,如输钱齐服官者是。二为送徒边郡:刑徒解边服刑,罚戍送边为卒。又移民边郡者,亦由县丞、尉护送。三为购买运输物资。又县为皇太后、皇后、公主食邑者称邑,邑丞得到京师向邑主上邑计。此项职掌为邑丞所独有,与一般县佐官无涉。

1999年12月2日初稿。2000年1月7日二稿。

初刊于《简帛汇刊》第一集,页139—154,台北,中国文化大学史学系,2003年12月。

征引文献

一、基本史料

《史记》,点校本,北京,中华书局,1959年。
《汉书》,点校本,北京,中华书局,1962年。
《后汉书》,点校本,北京,中华书局,1965年。
《三国志》,点校本,北京,中华书局,1959年。
《晋书》,点校本,北京,中华书局,1974年。
《隋书》,点校本,北京,中华书局,1973年。
《旧唐书》,点校本,北京,中华书局,1975年。
《新唐书》,点校本,北京,中华书局,1975年。

《后汉书补表》,钱大昭撰,收入《二十五史补编》,上海,开明书店,1937年。
《后汉书集解》,王先谦集解,据"乙卯长沙王氏校刊本"影印,台北,艺文印书馆影印版,1956年。
《资治通鉴》,点校本,北京,古籍出版社,1956年。

《全上古三代秦汉三国六朝文》，严可均校辑，北京，中华书局，1958年。

《读通鉴论》，王夫之撰，《四部备要》本，台北，中华书局，1966年。

《王氏合校水经注》，桑钦撰，郦道元注，王先谦合校，《四部备要》本，据长沙王氏合校本校刊，台北，中华书局，1970年。

《三辅黄图校证》，陈直校证，西安，陕西人民出版社，1980年。

《太平御览》，李昉等撰，台北，大化书局，1980年。

《睡虎地秦墓竹简》丙辰年戊午年合刊本，台北，里仁书局，1981年。

《东观汉记校注》，刘珍等撰，吴树平校注，郑州，中州古籍出版社，1987年。

《后汉纪校注》，袁宏撰，周天游校注，天津，天津古籍出版社，1987年。

《居延汉简释文合校》，谢桂华、李均明、朱国炤合校，北京，文物出版社，1987年。

《通典》，杜佑撰，《十通》第一种，台北，商务印书馆，1987年台一版。

《东观汉记》，刘珍等撰，《四部备要》本，北京，中华书局，1989年。

《汉官六种》，孙星衍等辑，周天游点校，北京，中华书局，1990年。

《居延新简》，甘肃省文物考古研究所、甘肃省博物馆、文化部古文献研究室、中国社会科学院历史研究所编，北京，文物出版社，1990年。

《汉书补注》，王先谦补注，据"光绪庚子长沙王氏校刊本"影印，台北，艺文印书馆，1996年。

《尹湾汉墓简牍》，连云港市博物馆、东海县博物馆、中国社会科学院简帛研究中心、中国文物研究所编，北京，中华书局，1997年。

《张家山汉墓竹简》，张家山二四七号汉墓竹简整理小组编，北京，文物出版社，2001年。

《周礼注疏》，《十三经注疏》本（据嘉庆二十年江西南昌府学雕本影印），台北，艺文印书馆，2007年。

二、专书及论文集

安作璋、陈乃华：《秦汉官吏法研究》，济南，齐鲁书社，1993年。

毕汉思（Hans Bielenstein）：The Restoration of the Han Dynasty, vol IV, The

Government, The Bulletin of the Museum of Far-Eastern Antiquities, vol 51, Stockholm, 1979.

陈梦家:《汉简缀述》,北京,中华书局,1980 年。

段玉裁注:《说文解字注》,据经韵楼藏版景印,台北,艺文印书馆,1966 年。

何琳仪:《战国古文字典——战国文字声系》,北京,中华书局,1998 年。

黄今言:《秦汉军制史论》,南昌,江西人民出版社,1993 年。

加藤繁:《中国经济史考证》(中译本),台北,华世出版社,1976 年。

李剑农:《先秦两汉经济史稿》,台北,华世出版社,1981 年。

李均明、何双全编:《散见简牍合辑》,北京,文物出版社,1990 年。

李晓杰:《东汉政区地理》,济南,山东教育出版社,1999 年。

廖伯源:《历史与制度——汉代政治制度试释》,香港,香港教育图书公司,1997 年。(台湾版:台北,商务印书馆,1998 年。)

《简牍与制度——尹湾汉墓简牍官文书考证》,台北,文津出版社,1998 年。(大陆版:桂林,广西师范大学出版社,2005 年。)

《秦汉史论丛》,台北,五南图书出版股份有限公司,2003 年。(简体字版:《秦汉史论丛(增订本)》,北京,中华书局,2008 年。)

《使者与官制演变——秦汉皇帝使者考论》,台北,文津出版社,2006 年。

《制度与政治——政治制度与西汉后期之政局变化》,北京,中华书局,2016 年。

刘修明:《从崩溃到中兴》,上海,上海古籍出版社,1989 年。

刘增贵:《汉代婚姻制度》,台北,华世出版社,1980 年。

罗振玉:《齐鲁封泥集存》,收入《罗雪堂先生全集》七编,台北,大通书局,1976 年。

吕思勉:《秦汉史》,台北,开明书局,1969 年台一版。

牟润孙:《注史斋丛稿》,香港,新亚研究所,1959 年。

彭卫:《汉代婚姻形态》,西安,三秦出版社,1988 年。

齐思和:《中国史探研》古代篇,台北,弘文馆出版社,1985 年。

钱大昕:《廿二史考异》,日本京都,中文出版社,1980年。

钱穆:《两汉经学今古文平议》,台北,东大图书公司,1978年。

《政学私言》,台北,商务印书馆,1996年台二版。

《史记地名考》,香港,太平书局,1962年。

秦蕙田:《五礼通考》,据文渊阁《四库全书》本景印,台北,商务印书馆,1983年。

瞿兑之:《秦汉史纂》,香港,龙门书店,1967年。

沙学浚:《地理学论文集》,台北,商务印书馆,1972年。

孙慰祖等编:《古封泥集成》,上海,上海书店出版社,1994年。

谭其骧:《长水集》,北京,人民出版社,1987年。

谭其骧主编:《中国历史地图集》第二册(秦·西汉·东汉时期),上海,中国地图出版社,1982年。

《中国历史地图集》第三册(三国·西晋时期),上海,中国地图出版社,1982年。

王人聪、叶其峰著:《秦汉魏晋南北朝官印研究》,香港,香港中文大学文物馆,1990年。

王子今、白建钢、彭卫主编:《纪念林剑鸣教授史学论文集》,北京,中国社会科学出版社,2002年。

萧启庆:《元代史新探》,台北,新文丰出版公司,1983年。

徐复观:《周秦汉政治社会结构之研究》,香港,新亚研究所,1972年。

徐复观先生纪念论文集编辑委员会编:《徐复观先生纪念论文集》,台北,学生书局,1986年。

严耕望:《中国地方行政制度史》上编卷上《秦汉地方行政制度》,台北,《中研院历史语言研究所专刊》之四十五,1961年。

杨联陞:《国史探微》,台北,联经出版事业公司,1983年。

余英时:《中国知识阶层史论(古代篇)》,台北,联经出版事业公司,1980年。

余英时著,邬文玲等译:《汉代贸易与扩张》,上海,上海古籍出版社,2005年。

袁祖亮、袁延胜合著:《人口研究论稿》,北京,新华出版社,2004年。
札奇斯钦:《北亚游牧民族与中原农业民族间的和平战争与贸易之关系》,台北,正中书局,1973年。
张维华:《汉史论集》,济南,齐鲁书社,1980年。
赵翼:《廿二史札记》,《四部备要》本,台北,中华书局,1968年台二版。
中华书局编辑部编:《云梦秦简研究》,北京,中华书局,1981年。
祝总斌:《中国古代史研究》,西安,三秦出版社,2006年。

三、论文

初师宾、任步云:《建武三年居延都尉吏奉例略考》,《敦煌学辑刊》第三辑,兰州,兰州大学历史系敦煌学研究室。
高敏:《尹湾汉简〈考绩簿〉所载给我们的启示——读尹湾汉简札记之三》,连云港"尹湾汉墓简牍学术研讨会"会议印本,1998年8月。
金发根:《坞堡溯源及两汉的坞堡》,《中研院历史语言研究所集刊》第37本上册,台北,中研院历史语言研究所,1967年。
劳榦:《从汉简所见之边郡制度》,《劳榦学术论文集甲编》,台北,艺文印书馆,1976年。
李均明:《读尹湾简牍杂记》,连云港"尹湾汉墓简牍学术研讨会"会议印本,1998年8月。
廖伯源:《汉代爵位制度试释(上)》,《新亚学报》,第十卷第一期下,香港,新亚研究所,1973年。
     《汉代爵位制度试释(下)》,《新亚学报》,第十二卷,香港,新亚研究所,1977年。
罗彤华:《两汉"客"的演变》,《汉学研究》,第五卷第二期,台北,汉学研究中心,1978年。
全汉昇:《唐宋帝国与运河》(初版1943年),收入《中国经济史研究》上册,香港,新亚研究所,1976年。

滕昭宗:《尹湾汉墓简牍概述》,《文物》,1986年第8期,北京。

《尹湾汉简所见上邑计》,《中国文物报》,1998年7月8日第53期(总第618期)第三版。

王利华:《中古时期北方地区畜牧业的变动》,《历史研究》,2001年第4期,北京,中国社会科学院。

吴式芬、陈介祺:《封泥考略》,载严一萍编:《封泥考略汇编》,台北,艺文印书馆,1982年。

谢桂华:《尹湾汉墓简牍和稀罕地方行政制度》,《文物》,1997年第1期,北京。

严耕望:《秦汉郎吏制度考》,《中研院历史语言研究所集刊》第23本,《傅斯年先生纪念论文集》上册,台北,中研院历史语言研究所,1951年。

朱绍侯:《〈尹湾汉墓简牍〉是东海郡非常时期的档案资料》,《史学月刊》,1999年第3期,开封,河南大学。